53년간의 사랑 이야기
-사모곡

53년 간의 사랑이야기
실천총서 060

초판 1쇄 인쇄 | 2025년 7월 15일
초판 1쇄 발행 | 2025년 7월 20일

지　은　이 | 김선미
발　행　인 | 이어산
기 획 · 제 작 | 이어산
발　행　처 | 도서출판 실천
등 록 번 호 | 서울 종로 바00196호　　등 록 일 자 | 2018년 7월 13일
　　　　　 | 진주 제2021-000009호　　　　　　　　| 2021년 3월 19일
서울사무실 | 서울특별시 종로구 율곡로 6길 36
　　　　　　02)766-4580, 010-6687-4580
본사사무실 | 경남 진주시 동부로 169번길 12. 윙스타워지식산업센터 A동 705호
　　　　　　055)763-2245, 010-3945-2245　팩스 055)762-0124
편 집 · 인 쇄 | 도서출판 실천
편집디자인 | 김성진

ISBN 979-11-92374-85-7
값 15,000원

* 이 책은 전부 또는 일부 내용을 재사용하려면 저작권자와 '도서출판 실천'의 동의를 받아야 합니다.
* 이 책의 국립중앙도서관 출판예정도서목록(CIP)은 서지정보유통지원시스템(http://seoji.nl.go.kr)과 국가자료종합목록시스템(http://www.nl.go.kr/kolisnet)에서 이용하실 수 있습니다.
* 잘못된 책은 교환해드립니다.

선미와 규철의 사랑 이야기

53년간의 사랑 이야기
— 사모곡

53 years of love letters.

도서출판 실천

추억의 한 편이 된 연애 시절과 군 복무 시절

가족과의 단란했던 시절

망부가
김선미

피 토하듯 구곡간장이 녹고
꿈인가 생시인가 비몽사몽되어
헝클어진 하늘을 바라보네

신은 어디에 숨었는가
부처님은 눈만 감고 계시는가
성모님은 아시만 모시는가
부모님은 어디로 출타하셨는가
아직 구만리 창창한데
두 눈을 어찌 감았을까
살면서 한 바가지 눈물 쏟았다면
요 며칠 흘린 눈물 강을 이루네

그대 없는 세상 꿈도 미래도 없어
올해가 결혼 오십 주년
핑크빛 계획은 산산히 부서지고
처음 연애 시절 그대가 그랬었죠
횟종이에 까만 볼펜으로
철길을 쭉 그리며 함께 가자고
난 흔쾌히 대답했죠 "좋아요"
히포크라스 선서를 한 당신은
제자들의 환송으로 인술을 펼쳐
존경받는 어른과 아이들의 우상
부름 받던 날도 환자를 치료하셔

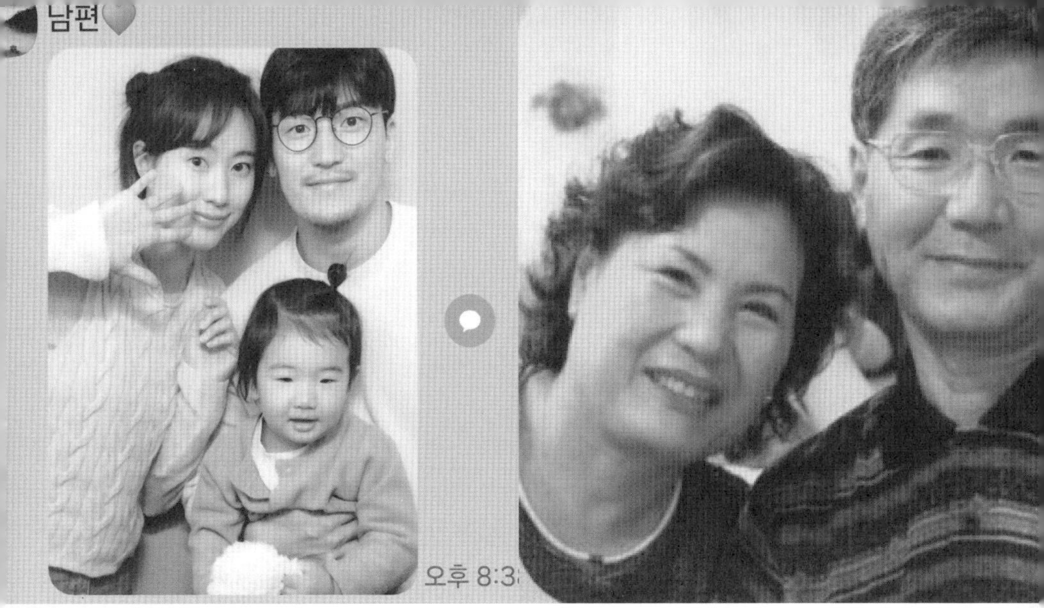
남편

가신 님을 그리며 망부가

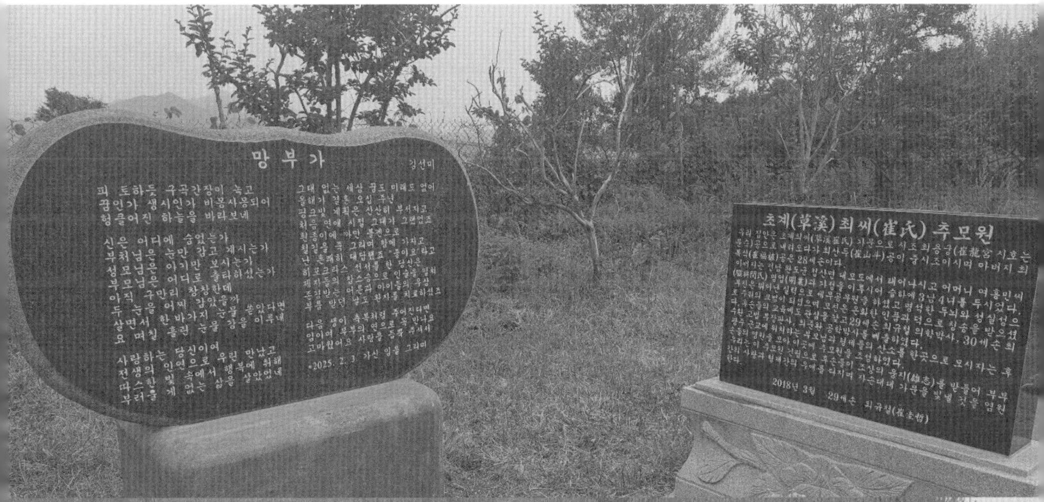
망부가
김선미
피 토하듯 구곡간장이 녹고
꿈인가 생시인가 비몽사몽되어
헝클어진 하늘을 바라보네
신은 어디에 숨었는가
부처님은 눈만 감고 계시는가
성모님은 아기만 보시는가
부모님은 어디로 출타하셨는가
아직 구만리 창창한데
두 눈을 어찌 감았을까
살면서 한 바가지 눈물 쏟았다면
요 며칠 흘린 눈물 강을 이루네
사랑하는 당신이여
전생의 인연으로 우린 만났고
따스한 빛 속에서 행복에 취해
부러울 게 없는 삶을 살았었네
그대 없는 세상 꿈도 미래도 없어
올해가 결혼 오십 주년
핑크빛 계획은 산산히 부서지고
처음 연애 시절 그대가 그랬었죠
흰종이에 까만 볼펜으로
철길을 쭉 그리며 함께 가자고
난 흔쾌히 대답했죠 "좋아요"라고
히포크라스 선서를 한 당신은
제자들의 참스승으로 인술을 펼쳐
존경받는 어른과 아이들의 우상
부름 받던 날도 환자를 치료하셨죠
다음 생이 축복처럼 주어진다면
임이여 부부의 연으로 꼭 만나요
고마웠어요 사랑을 듬뿍 주셔서
*2025. 2. 3. 가신 임을 그리며
초계(草溪)최씨(崔氏) 추모원

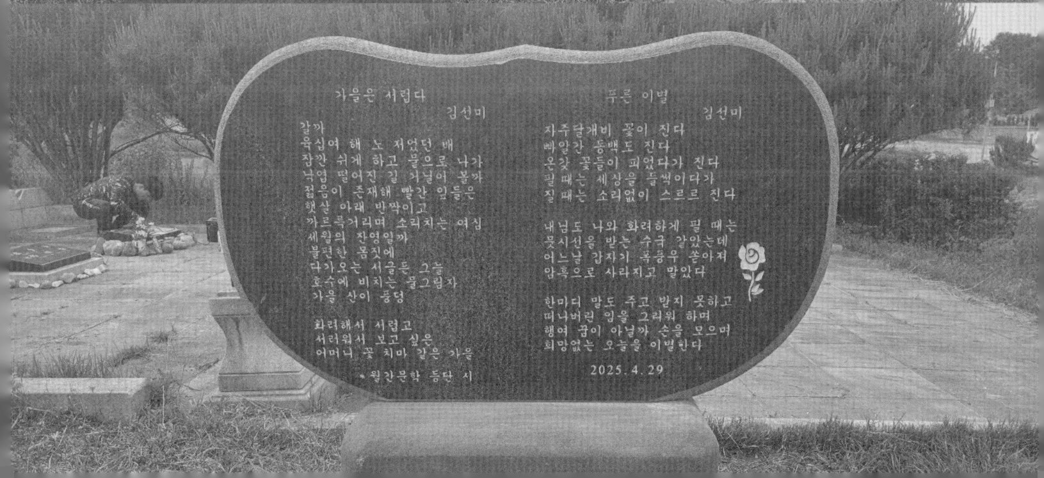
가을은 서럽다
김선미
갈까
육십여 해 노 저었던 배
잠깐 쉬게 하고 뭍으로 나가
낙엽 떨어진 길 거닐어 볼까
젊음이 존재해 빨간 잎들은
햇살 아래 반짝이고
까르륵거리며 소리치는 여십
세월의 잔영일까
불편한 몸짓에
다가오는 서글픈 그늘
호수에 비치는 물그림자
가을 산이 풍덩
화려해서 서럽고
서러워서 보고 싶은
어머니 꽃 치마 같은 가을
*월간문학 등단 시
푸른 이별
김선미
자주달개비 꽃이 진다
빠알간 동백도 진다
온갖 꽃들이 피었다가 진다
필 때는 세상을 들썩이다가
질 때는 소리없이 스르르 진다
내님도 나와 화려하게 필 때는
뭇시선을 받는 수국 같았는데
어느날 갑자기 폭풍우 쏟아져
암흑으로 사라지고 말았다
한마디 말도 주고 받지 못하고
떠나버린 임을 그리워 하며
행여 꿈이 아닐까 손을 모으며
희망없는 오늘을 이별한다
2025.4.29

저자의 말

이렇게라도 함께 하렵니다

김선미

차례

1부	동그라미 사랑 (규철 글)	11
2부	동그라미 사랑 (선미 글)	41
3부	사랑 그리고 갈등 (규철 글)	65
4부	사랑 그리고 갈등 (선미 글)	91
5부	재회 후 깊어진 사랑 (규철 글)	129
6부	재회 후 깊어진 사랑 (선미 글)	143
7부	군 복무와 결혼생활 (규철 글)	173
8부	군 복무와 결혼생활 (선미 글)	257

1부 동그라미 사랑 (규철 글)

도서출판 실천

규철 글.
1972년 1월 9일(일요일)

우울한 토요일 오후

나 혼자만의 약속이었지만(꼭 그렇게만 생각되지는 않았는데) 공교롭게도 오늘, 여러 가지 일이 겹쳐 바쁜 시간인데도 나의 발길은 한성 다실 앞에 거의 다 닿았습니다.
두리번거리다가 구석 의자에 자리를 잡고(이때까지만 해도 나 혼자만의 약속이 될 줄은 꿈에도 생각지 못하고) 벽에 걸린 시계로 나의 눈길이 자꾸 갔습니다.

나로서는 바쁜 시간을 내어 줄 수 있는 사람을 그저 고마워해야 할지, 그렇지 않으면 미움을 느껴야 할지 망설였으나 역시 미움을 더 느끼는 나의 마음은 어찌 된 일일까요. 씁쓰레한 미소를 지으며 일일다방(하필) 아가씨를 불러 커피 한 잔을 시켜 놓고 있자니, 별의별 생각이 다 떠올랐습니다. 한 잔을 거의 마시고 나니 결론(?)이 났습니다.

'피치 못할 사정이 있기 때문에…' 라고 생각했죠.
아쉬운 발걸음으로 터벅터벅 집으로 향하는 마음에 불현듯 떠오르는 것은 선미 양의 집이라도 알아 놓을 걸, 하는 절박한 심정이었습니다. 그러나 아쉬움을 달래며 집에 와서 책상에 앉으니 편지지가 앞에 있어 펜을 들었습니다. 지금 이런 내 마음을 선미 양에게 전해야만 할 필요성이 강했기 때문입니다.
글로써 어떻게 내 마음을 전부 전할 수 있겠습니까만, 직접 만나서 이야기하는 것이 좋기 때문에 내일 다시 약속을 잡고 마음을 전하려고 하오. 나만의 약속이 되지 않기를 바라는 절실한 마음이 지금의 솔직한 내 심정이라고 해야겠지요.

  - 내일 오후 4시 한성에서 기다리겠습니다. -

 만약 이 편지를 늦게 받는다면, 6시 정각에 *-****으로 전화해 주면 고맙겠습니다.

1972년 1월 9일 규철 올림.

규철 글.
1972년 6월 1일(목요일)

마지막이 될지 모를 선미에게.

어제와 오늘 생각한 끝에, 나의 마음을 결정했습니다. 그래서 홀가분한 마음으로 문화 다실에 들어섰습니다. 그러나 시간의 흐름에 따라 홀가분한 마음은 어디론가 사라지고 불안한 마음이 밀려들었습니다. 결국, 나타나지 않는 선미를 만나기 위해 중흥동에 갔고, 거기서도 못 만나서 선미 동생을 만나고 집으로 돌아왔습니다. 오늘 만나면 하려던 말은 글로 전하렵니다.

세상을 정직하게, 올바르게, 꿋꿋하게 살려고 노력하는 나, 그렇기 때문에 위선자가 되었습니다. 작년 10월 23일 처음 선미를 만난 순간, 얌전한 처녀라고만 생각하였고 그다음 30일과 31일 백운산에서 봤을 때는 나도 모르게 광자, 화초, 선미 세 사람 중에서 선미한테로 쏠리는 내 눈길을 의식했습니다.
그때부터 점점 다가오는 선미의 모습. 그러나 나는 저항했습니다. 이래서는 안 된다고. 모든 회원을 위해서 나의 마음을 누구에게나 보여 주어서는 안 된다고 나에게 자꾸만 타이르는 위선자가 되었습니다. 그래서 친구들이 물었을 때도 셋 중에서 약간 선미가 마음에 든다고만 하는 정도였죠.

그러던 중 2월 어느 날의 다방에서 화초에게서 이런 이야기를 들었습니다. "선미가 무등산에서 규철 씨가 올지도 모른다고 얼마나 찾았다고요." 그 말을 들었을 때 농담처럼 듣고 웃어넘기려 했지만 정작 내 속마음은 그렇지가 않더군요.

'그렇다. 선미도 나를 좋아하고 있다'라고. 속으로 나는 얼마나 반갑고 흐뭇했는지. 그러나 위선자인 나는 내 마음을 억제하면서까지 선미를 의식했고, 또 의식적으로 선미를 피했던 것입니다.

 그렇게 지내다가 5월 말경 형군이 사건으로, 아마 6월 10일이라 기억됩니다. 선미 양과 단둘이 처음으로 앉게 되었지요. 그때는 나도 모르게 선미 양이 마치 내 애인인 것처럼 여겨졌고, 애인이 되어 주었으면 하는 마음 간절하였으나 결국 위선자인 나는 아무 말도 못 하고 돌아와야 했습니다.

규철 글.
6월 18일 ,

  나는 내가 다른 사람을 위해서 잘못된 행동을 6일, 10일에 했던 것을 후회했습니다. 그뿐만 아니라, 역시 선미는 나를 다른 회원과 같이 생각하고 있다고 오판하고는 얼마나 섭섭해했는지 잘 모르실 겁니다. 그 후 선미는 예전으로 다시 돌아간다고 했습니다. 그날 뉴욕제과에서 나는 말을 이을 수가 없을 정도로 가슴이 벅차고 기뻤습니다. 물론 선미가 나를 이해하고 다시 돌아온 것만 해도 다행인데 더 기쁜 것은 예전에 섭섭하게 여겼던 마음이 조금 사그라들었다는 말을 듣고 더 감격했습니다.

  드디어 설악산 등반에 모든 회원이 참석하게 되었죠. 선미는 편지에 모든 사람이 피로한 기색이 역력하였다고 했지만 다른 사람은 정확히 모르겠지만 나만은 결코 그렇지않았습니다. 설악산 등반에서도 마찬가지로 선미를 의식하고 피했습니다. 아직 회가 끝나지 않았기 때문이었죠.
 선미는 광주에 도착하자마자 무정하게 폐막식을 한다고 했지만, 그때 우리 심정으로서는 다음까지 계속 진행하면 누군가는 분명히 마음의 상처를 크게 입을 것 같아 의도적으로 빨리 정리했던 것입니다. 선미를 편안하게 만나고 싶은 내 의도도 상당히 작용했던 것이죠.

규철 글
8월 13일(일요일)

　선미가 따라 준 술잔을 연거푸 마셨습니다. 내가 좋아하는 여자가 따라 주는 술잔이기 때문이기도 했지만, 영영 헤어질지도 모른다는 아쉬움 때문에 그렇게 마신 것입니다. 8일, 21일을 기다리며 얼마나 방황한 줄 아십니까. 모르실 겁니다. 같이 철길을 걷자고 할 것인가. 말 것인가, 선미씨는 뭘 그렇게 고민했냐고 물으시겠죠. 만약 선미가 거절한다면 어리석게도 '동그라미회'의 이미지가 완전히 망가져 버린다는 강박감에 시달리고 있었기 때문입니다.
　그러나 나는 8월 21일(월) 드디어 선미 양에게 말했습니다. 조마조마하는 마음에서 선미의 눈초리를 살피고 있을 때 선미는 거절하지 않았습니다. 그 순간 얼마나 기뻤는지 모릅니다. 여러 번 만났지만 만날 때마다 내 마음이 얼마나 흐뭇하였는지. 그리고 헤어질 때마다 어찌나 아쉬웠는지.
이렇게 만나면서 선미한테 나는 말했습니다. 사랑이란 자기를 희생하며 목숨을 아끼지 않는 것이라고, 바로 그런 것이 사랑이라고.
　위선자인 나는 사랑을 부정했습니다. 그리워하고 기다리는 것, 이런 것은 사랑이 아니라고. 그러므로 나는 누구도 사랑할 수가 없을 것이라고. 나는 선미와 평범한 사랑은 하고 싶지 않았습니다. 다른 사람들이 흔히 말하는 낡고 진부한 그런 사랑은 말입니다.

　어느 날, 송정리 둑에서 놀다가 오던 중 선미는 장래성이 있는 사람과 결혼할 것이라고 했습니다. 이런 말을 들었을 때 내 마음은 참으로 섭섭했습니다. 역시 선미도 보통 사람과 같은,

사랑할 수밖에 없는 사람이라고 생각했습니다. 그렇지 않으면 내가 못난 탓으로 마음과 마음이 통하는 그런 수준이 못 되어 그런 말을 일부러 하는 것으로 받아들이고 몹시 섭섭했던 것이죠. 그러나 언젠가는 마음과 마음이 통하는 선미와 규철이가 될 것이라는 자신감도 있었습니다.

 그러다가 드디어 10월 29일(일요일) 선미로부터 자세한 이야기를 듣고 나로서는 무엇이라고 말해야 할지 몰랐습니다. 마음과 마음이 통하는 너와 내가 되기를 바라는 마음에서 "관념의 문제"라고 나는 대답했습니다. 그리고는 아쉬운 작별. 집으로 돌아오면서 "설마" 했습니다. 왜냐하면, 마음과 마음이 통하는 그런 선미가 되었을 것이라고 믿었기 때문입니다. 아니 믿기 보다는 그랬기를 당연히 바랐고 믿고 있었던 거지요.

규철 글.
11월 1일(수요일)

　드디어 가장 충격적인 이야기를 들었습니다. 헤어져야 한다는 선미의 글. 어떻게 해석해야 할지 모르고 그냥 무턱대고 선미를 만나야겠다고 작정했습니다. 2일(목요일) 사평을 찾아갔습니다만 못 만나고 겨우 집에서 만나 이야기를 하게 되었습니다. 언뜻 해석한 것이 관념의 전(前) 문제가 중요하다고 그랬습니다. 관념이란 바뀔 수가 있는 것입니다. 내가 말하는 관념의 전 문제를 "장래성"이 없다는 결론을 선미 양은 내리고 말았습니다. 나중에 불행해질 것인데 무슨 장래성이 있는 것일까! 라고. 지금 쓰는 이 밀은 내 생각입니다. 언젠가는 참으로 어리석었다고 생각될지도 모르겠지만, 이 순간은 내 말이 전부 옳게만 생각됩니다.
　어제, 오늘 나는 생각했습니다. 1일 나는 선미에게 "선미는 사랑이 무엇인지 아느냐?" 물었습니다. 사과에 새긴 사랑의 글씨, 그 사랑을 내가 이제까지 생각하고 있었다. 현대는 존재하기 힘든 그런 사랑을 할 수가 있으면 얼마나 좋을까 무의식적으로 새겼습니다. 그러나 어제 생각한 끝에 나는 선미를 사랑한다는 결론을 얻었습니다. 비록 죽음은 각오하지 못하더라도 보통 현대에 있을 수 있는 진실한 사랑. 장래성과는 무관한, 오직 마음과 마음으로 통할 수 있는, 그 사람을 위해선 무엇이든지 다 해낼 수 있는, 오직 오직 정으로만 맺어질 수 있는, 그런 진실한 사랑을 선미와 나눌 것이라고.

　진실한 사랑은 흔하지 않다고 생각합니다. 왜냐면 보통 여자들이 선미와 같은 생각을 하고 있기 때문입니다. 선미의 글에서 말했듯이 "남녀가 연애하다가 오래 못 가면 결국 손해

보는 것은 여자 쪽이라"라고 말했죠. "왜 그렇다고 생각됩니까."
"남자들은 도둑놈들이기 때문에?" 물론 도둑놈들도 있습니다.
여자 몸만을 생각하는 사람들도 많은 것은 사실입니다.
그러나 남자도 그렇겠지만 특히 여자가 진실한 사랑이 아닌,
장래성 같은 것을 생각하는 거짓 사랑을 하기 때문이라고
나는 확신합니다. 이것은 나의 주위에서 많이 본 결과에 의한
것입니다.

 그러므로 나는 오늘 결단을 내리려고 했죠. 나는 의대
학생이어서 공부를 해야 합니다. 다른 사람도 그렇겠지만 나
역시 어떤 일을 끝맺지 못하면 마음이 불안하여 다른 일에 손을
댈 수가 없어서 오늘 기어코 결정 내리려고 했죠. 만약 선미가
거짓된 사람이 아닌, 진실된 사랑을 할 수만 있다면(그렇다면
관념의 전 문제이기 때문에 관념은 문제가 안 된다고
생각합니다.) 선미 양의 아버님을 뵈옵고 어떻게 하든지, 무슨
수단을 써서라도 설득하려고 했습니다.

 "극한적인 행복이 없고 또한 극한적인 불행이 없는 이상
무한히 가능한 것을 추구해서 우리는 힘껏 싸우겠습니다."라고
말씀드리려고 했습니다. 만약 선미 양이 그런 진실한 사랑을
할 수 없다고 할 때는 역시 내가 생각하는 사랑이란 우리에게
적용될 수 없다고 간주하고 비록 내 마음 선미를 붙들었으면
하는 마음 간절하더라도, 어떤 절망을 느낄지라도, 결코 잊을
수가 없을지라도, 그리고 가슴이 터질 듯 괴롭더라도, 나 자신을
위해서, 선미를 위해서, 헤어질 것을 각오했던 것입니다.

 사랑은 주는 것이라고 말합니다. 그렇습니다. 주는 것입니다.
그것으로 만족하고 이루어질 수 없는 사랑을 노래하며 언젠가는
세차게 타오르던 불꽃이 꺼져버리면 잊듯이 버릴 날이 올

것입니다. 그런데도 나는 아둔하게 기다리며 체념하려고 했습니다. 선미 양이 나에게 말했죠. 나 역시 마찬가지입니다. 사랑이란 것이 무엇인가를 어느 정도 알았고, 내가 위선자였다는 것을 알았으며 다음부터는 융통성 있는 규철이가 될 것을 노력해야겠다는 것을 배웠습니다.

만약 헤어진다면, 영영 이별한다면, 추억은 괴롭다고 하지만 나는 절대 후회하지 않으렵니다. 그 추억으로 괴로워하기 일쑤지만 괴로움도 언젠가는 없어질 것이며 오직 아름다움만 남을 것이라고 믿기 때문에 후회하지 않습니다.

선미 양.
나는 무척이나(글로써 표현할 수 없는 것을 한탄하며) 바라고 있습니다. 진실한 사랑을 할 수 있는 선미가 되어 주라고. 만약에 될 수가 없다면 이별을 해야 하겠죠. 위선이 아닙니다. 절대 위선자가 되지 않을 것을 결심한 나. 선미 양을 만나고 싶습니다. 마지막이라도 좋습니다. 물론 헤어지는 마당에서 안 만나는 것이 상책일지 모르지만, 그냥 헤어지기에는 너무나 아쉬움이 큽니다. 그리고 선미에게 줄 것들도 있어서 꼭 전해야겠습니다. 이번 주 토요일 안으로, 시간이 나는 대로 연락 바랍니다.

다시 한번 두 손 모아 빌렵니다. 진정한 사랑을 할 수 있는, 줄 수 있는, 그런 선미가 내 앞에 나타나기를. 이 밤도 편안히. 그리고 앞날에 축복이 있기를 바라면서.

1972년 11월 4일 규철.

ps.
 글을 쓰다 보니 생각나는 대로 갈겨 쓴 탓으로 두서없이 되었고, 표현력이 부족하여 이해하기 어려운 점이 많을 것 같아 더

쓰렵니다. 위선자였다는 것은, 내가 하고 싶으면서도 어떤 것에 대한 내 순진한 마음을, 내가 잘난 것처럼, 숨기는 것을 말하는 것입니다. 융통성이 없었다는 것은, 내가 생각하고 있는 것이 항상 옳다고 우기면서 막상 그것이 옳지 않은 것을 어느 정도 알 때는 바로 정정하면서도 생각대로 나아가지 못함을 의미합니다.
 예를 들면 앞에서도 말했듯이 사랑이란 것을 예전의 그러한 사랑만을 사랑이라고 했던 생각은 어딘가 모순된 점을 알면서도 쉽게 못 고친다는 것 등을 의미합니다.

 그리고 오늘 선상이를 만나 이야기를 했습니다. 내일 오거든 내가 할 말이 있으니 꼭 좀 연락 바란다고 부탁했었죠. 아무래도 내일도 안 올 것 같아, 글로라도 내 마음을 토하지 않으면 가슴이 터져 버릴 것 같아 장황하게 썼습니다. 가슴은 좀 후련한 것 같습니다. 다방에서도 어찌나 불안하던지 낙서를 했습니다. 같이 동봉하겠습니다.

 오늘 선미가 안 나왔다는 것, 약속하였는데 부담감이 너무 컸던 탓인지, 그렇지 않으면…. 그런 점에 있어서 선미도 융통성이 없는 것 같습니다.

    사랑을 했다는 사실이 가슴속에
    남아 있는 것으로 이미 영원한 것이다.
    이만큼 사람과 사람 사이에
    뿌려진 애정이 미래의 씨앗이길
    결코 허망한 것이 아니고
    얼마든지 귀중한 자양분이 될 것이다.

            황순원의 -인간 접목 중에서 -

오늘 밤도 신비한 동화 속에 취해 보고 싶습니다. 그리하여 작은 기적을 꿈꾸어 보렵니다. 사랑스러운 선미를 사랑하는 규철이가 사랑하는 내 마음을 보내면서 아쉬운 작별을 고하는 시간입니다.
우표는 30원짜리를 붙일 테니 만약 중량이 넘어서 미납되면 욕하지 말고 지불 좀 해 주세요. 나는 욕 안 했으므로 선미도 욕하지 않으리라 믿는 마음입니다. 다음부터는 미납되는 편지는 다른 사람한테는 절대 부치지 않을 마음에서 한 말씀 드리는 것이라오.

규철 글.
1972년 6월 1일(목요일)

선미 양에게 띄우는 사연.
사이몬 앤 가펑글의 '엘콘도르 파사'에 귀를 기울이며 펜을 들었습니다.

> 달팽이보다도 참새가 되겠다.
> 그렇게 될 수만 있다면 그래야지
> 못이 되기보다는 망치가 되겠다.
> 그렇게 될 수만 있다면 그래야지
> 전에 이곳에 왔다가 가버린 백조처럼
> 멀리 노 저어 가야겠다.
> 사람들은 땅 위에 얽매어
> 가장 슬픈 소리를 내고 있다
> 가장 슬픈 노래를.
> 길 보다는 숲이 되겠다.
> 그렇게 될 수만 있다면 그래야지
> 나는 발밑에 대지를 느끼고 싶다.
> 그렇게 될 수만 있다면 그래야지.

 한밤의 정적을 깨뜨리고 달리는 기차 소리에 마음을 실어 보내오. 수평선을 넘어가는 하얀 구름을 아쉬워한다는 사람들이 생각납니다. 보슬보슬 소리 없이 내리는 가랑비를 맞으며 오솔길을 걸어가며 눈썹 가로 흘러내리는 빗물에 간질거리는 맛을 느끼며 입가에는 만족한, 소리 없는 미소를 띤다는 사람들.
 하얀 눈 위에 뽀드득뽀드득 발자국 소리를 음악 삼아 아무도 모르게 잊어버릴, 잊어버릴 발자국들 한없이 남기고 싶은 사람들, 위의 모든 사람을 어리석다고만 생각해야 할까요. 충족되지 않은 상태로서의 사랑을 즐기며(사랑이 아니더라도) 완성된 사랑에 권태를 느끼는 사람들.

　삶을 소중히 하고 희망으로써 내일로 연결해 보기도 하고 내일의 해가 저물어 갈 때는 그 하루가 어설프기도 하고 허전해하면서도 웃다가 울고 가는 삶의 도가니 속에서 흑과 백이 지울 수 없는 교차로에서 맴돌다가 몇백 년이라도 살 수 있는 것처럼 내일 내가 죽는다는 것은 몇억에 하나라도 있을 수 있는 것처럼 자위하며 다시 발길을 떼어 놓는 사람들을 어리석다고 생각한다면 그 사람은 바보가 아닐까요.

　사람들은 흔히 오월을 사랑의 달, 신록의 달이라고도 하며 또 어떤 이들은 잔인한 달이라고도 하더군요. 지금에 와 생각해 보니 이번 5월은 역시 다시는 돌아보고 싶지 않은 잔인한 달이었으며, 어느 달에 뒤지지 않게 반성도 많이 한 것 같습니다. 그러한 오월이 방금 지나고 새로운 유월이 시작되는 이 시점에서 내 마음도 새롭게 단장을 하고 의연한 자세로 다시 긴장해 보렵니다.

　선미 양에게 상의할 이야기가 있는데 이번 토요일 시간을 내주시겠습니까. 문화 TV방송 지하실에 있는 문화 다실에서 5시에 기다리겠습니다. 모든 사람은 희로애락의 옛 추억 속의 자기를 그리워하며 그곳으로 다시 가고 싶어 하고, 그 추억을 영원히 지니고 싶어 하며 때로는 포로가 되고 말기 때문에 지금 순간의 행복을 모르고 있답니다. 선미 양도 빨리 행복을 찾기 바랍니다. 바로 곁에 있는 조그마한 행복을.

　　　　　　　　　　1972년 6월 1일 0시 20분 규철.

규철 글.
1972년 9월 8일(금요일)

선미 양.
가을 아침에 찬란한 햇살을 바라보며 간단히 글을 적어봅니다. 지난번 선미 양과 즐거운 시간을 보내고 헤어졌을 때 바빴던 탓으로 약속을 깜빡 잊어버려 그대로 이번 주일을 보낼까 했으나 내 마음이 허락하지 않는다고 졸라 대어 할 수 없이 바쁜 시간에 펜을 들었습니다. 내 선택을 칭찬하며 이 글을 씁니다.

지금쯤 선미 양은 달리는 차에 몸을 싣고서 심심하면 꺼내 보는 수첩을 쳐다보고 있을까요. 나도 아침을 빨리 먹고 학생의 본분을 다하기 위하여 바쁜 걸음을 재촉해야 하겠습니다. "빨리 밥 먹어"라는 조카의 명령에 어쩔 수 없이 펜을 놓아야겠군요. 토요일(9일) 4시 30분 한성 다실에서 기다리렵니다. 그때 만나서 재미난 이야기 하기로 하고, 그럼 안녕.

1972년 9월 8일 규철

규철 글.
1972년 10월 12일(목요일)

선미 양에게.
가을 색이 점점 진하게 물들어가고 가을의 노래가 깊게 퍼지는 이즈음, 내 마음도 더불어 점점 살쪄 가는 것 같습니다. 방금까지 가을 소풍을 준비하기 위해 부산한 움직임을 보이며 즐거운 표정을 마음껏 짓던 조카가 내일의 설렘을 가슴 위에 얹어놓은 손으로 달래며 이제 막 잠이 들었는지 조용해졌습니다.

너무나 먼 옛날 즐거웠던 소풍. 그 추억들이 하나하나 떠오르지만 많은 날이 지난 탓으로 아련할 따름, 거의 퇴색해 버렸나 봅니다. 이런 생각을 하는 내 마음이 벌써 늙어버렸다는 생각도 들면서. 그러나 그렇지만도 않은 것이, 나(我) 여기 이 자리에서 앞으로 가나, 뒤로 가나 플러스 아니면, 마이너스이거나 모든 것이 변조되는 방향은 항상 플러스라고 생각되므로 의미 없이 늙기에는 우리 앞에도 많은 기회가 있다고 생각합니다.

사람이란 역시 아무리 나이를 많이 먹어도 자기가 겪어온 햇수만큼 축적한 경험과 거기에서 어떤 의미와 가치를 찾으려는 것. 그런 사람만이 영원한 젊음을 찾을 수가 있는 것 같더군요. 제법 철학자나 된 것처럼 글을 써서 실례.

가을밤이 점점 깊어만 가는군요. 오늘 밤도 또다시 애써 시간을 가지면서 선미 양의 모습을 그립니다. 그러다가 선미 양과 함께 글로써 대화를 나누고 싶어졌습니다. 내일은 조선대학교 회장을 뽑는 날, 덕분에 하루를 쉬게 되었고 더구나 우리는 학년 말에 시험 범위를 늘여 낙제생을 많이 추리자는 교수님들의 의견대로 중간고사를 거의 치르지 않게 되었습니다. 다만 21일과 23일, 두 과목만 치릅니다.

 선미 양이 광주에 있다면 당장 찾아가 우리 둘, 단둘만의 시간을 갖고 나의 이야기, 선미 양의 이야기를 나누며 한적한 길을 걸어보고 싶은 충동을 절감합니다. 그러나 어떨 수 없이 이렇게 펜을 들었습니다. 어젯밤에는 꿈을 꾸었습니다. 선미 양이 집에 있음을 확인하고 찾아 갔으나 오빠 때문에 불러낼 수가 없어 궁리 끝에 조그마한 돌멩이를 선미 방 창으로 던졌습니다. 그러나 돌멩이를 너무 세게 던진 탓에 그만 유리창을 깨버리고 말았습니다. 어쩌다 보니 그 돌멩이마저 깨졌는데 알고 보니 그 돌은 바로 선미 양이 준 돌이었습니다. 나쁜 꿈인 것 같아 마음이 좀 무거워지더군요.

 어제 체육대회는 좋은 결과를 맺었는지요. 그렇지 않다면 교장 선생님의 꾸중이나 안 들었는지 궁금합니다. 여하튼 기쁘시겠습니다. 선미 양이 맡은 일이 좋은 결과를 맺었든 안 맺었든 간에 힘든 일을 실력껏 발휘했다는 그 사실, 끝난 후에 오는 여러 가지 좋은 유쾌한 기분들, 성취감을 음미할 수 있는 여유는 살아가면서 가장 값진 것이지요. 나도 기쁘군요.

 오늘이 가기 전에 잠을 자야겠습니다. 지금쯤이면 꿈나라를 돌아다니며 엷은 미소를 띄우고 있을 선미 양을 규철이가 조용히 깨워볼까 짓궂은 생각을 하면서.
                                    1972년 10월 12일 규철.

규철 글.
1972년 10월 16일(월).

즐거운 하루가 지나 다시 새로운 주를 맞이했습니다. 등교한 오늘, 공부 시간 필기를 하는데 어제 조그맣게, 그러나 여러 곳에 다친 상처 때문에 곤란을 느꼈으나 아플 때마다 길 없는 산을 이리저리 헤매면서도 재미있게 내려온 일이 생각되어 웃음이 났습니다. 하루의 일과를 마치고 다원에서 내려오니 제법 쌀쌀한 바람이 불어 곧 겨울이 올 것 같은 캠퍼스를 쳐다보았습니다. 그러나 아직 겨울은 멀리 있어 가을의 아쉬움을 좀더 누려도 될 것 같아 안도감이 들었습니다.

 어제 사 놓았다는 조그마한, 귀여운 땅개가 나를 마치 제 어미에게 보내 주라는 애원을 하는 듯 슬픈 눈이 되어 물끄러미 바라보는 모습이 어찌나 애달픈지. 어젯밤 끙끙댈 때는 잠을 설치게 하는 놈이 마냥 얄미웠는데 지금은 불쌍해서 머리를 쓰다듬어 주고 나서야 세수를 했습니다. 맑고 차분한 머리로 책상에 앉아 공부하다가 선미 생각에 펜을 들어봅니다.

 선미 양.
 선미 양의 저번 편지를 받고 많이 놀랐습니다. 그래서 다시 천천히 읽어보고 생각합니다. 선미 양에게도 이런 면이 있을까. 내가 예측 못 한 성향을 두고 이상하다고 여기는 것이 적절한 것은 아니지만 이상한 것은 실이며, 어쩐지 섭섭해지기까지 합니다. 아무튼, 달리는 차에서도 말했듯이 선미 생각은(그 이상한 생각)잘못 된 것이며, 이상하게 여기지 않고 당연한 일로 받아들이는 것이 못내 불안했으며 오히려 미신에 가까운 그런 생각을 사람 된 도리에 빗대다니. 놀라울 따름입니다. 지금 내가 얼마나 걱정이 되는지 모르실 겁니다.

 편지 내용보다 선미 양의 새로운 모습을 보았기 때문이었죠. 나는 바랐습니다. 자기를 감춘다는 것, 억제한다는 것, 다시 말하면 자기를 속이는 일은 얼마나 나쁜 것일까요. 물론 자기의 감정대로 행한다는 것, 감정의 노예가 된다는 것 그것처럼 불행한 일이 어디 있으며 결국엔 유아독존에 빠지고 말 것이 자명한 가치관입니다.

 선미 양이 행한 것은 절대로 감정의 노예가 되었기 때문이 아닙니다. 현명한 선미 양은 어떤 일을 행하기 앞서 먼저 생각할 줄 아는 사람입니다. 생각하고 나서도 관념(idea)을 정리하고 그런 후에도 침착하게 행동하는 것이 올바른 태도라 여깁니다. 선미 양은 자기가 옳다고 생각하는 일은 곧이곧대로 받아들일 뿐 관념으로 승화시키지도 않을뿐더러 현실적이고 지혜롭게 대처하거나 용기로 맞서거나 과감히 실행하지 않은데서 오는 한계인 것입니다.

 그것은 퇴영적, 퇴폐적, 허구적인 것밖에 되지 않을 것입니다. 사람이란 생각이 달라지는 것이며 그와 함께 관념도 달라지는 것이 사실이지만 과거를 토대로 미래를 지향하고 다각적으로 관찰하여 옳다고 생각되는 일은 행동하는 사람을 지성인이라고 합니다. 선미 양과 내가 그런 지성인이 되어야 하지 않겠습니까. 보고 싶어 얼굴은 볼 수 있으나 그 마음 속속들이 다 볼 수 없으니 우리는 그 사람의 표현과 태도와 행동을 통해 인격이나 성격을 판단합니다. 부디 올바르게 생각을 수정하기만을 바랄 뿐입니다.

 곧 저녁 식사 시간이 됩니다. 밥을 먹고, 지난번에 써 놓았던 편지와 함께 이 편지를 봉한 후 우체통에 넣으려고 산책할 것입니다. 공부하다가 12시에는 불을 끄고 캄캄한 공간에 선미양의 모습을 그려보며 혼자서 중얼거려야겠죠. 비록 멀리 있는 선미양이지만 똑 같은 하늘 아래서 똑 같은 생각을 하고 있을 것이라고. 잘 주무시오.

1972년 10월 16일에 규철이가.

ps. 한가지 약속, 다음부턴 서로 시간을 잘 지키자고.

규철 글.
1972년 10월 30일(월)

선미!
갑자기 쌀쌀해지는 날씨에 난로가 그리워 질 때가 되었습니다.
쌀랑한 공기가 차가워서 책상 앞에 앉기가 부쩍 싫어집니다.
좋은 날씨에 학교를 못가고 추운 겨울에 떨면서 공부 할 것을 생각하면 언짢아지지만
어제저녁의 일을 조용히 생각하는 지금의 여유를 확보해 놓고 보니 약간의 추위가 오히려 고맙게 여겨지기도 합니다.

선미와 나,
나와 선미가 어쩌다가 만났습니다. 이 만남은 우연이었지만 분명코 우리 만남은 우연이 아닐 것입니다. 필연입니다. 그런데 이러한 필연을 우연으로 만들려고 하는 기복신앙에 사로잡힌 선미 생각이 우리의 앞길을 방해하고 있습니다. 나에겐, 나에게는 아주 보잘 것 없는, 그리고 힘도 없는 이 그 계통의 미신이 선미에게는 엄청난 가치관으로 자리잡고 있어 방황하게 합니다. 왜 방황했는지 나는 잘 알고 있습니다. 인식의 부족 탓입니다. 좀 더 현실적이고 과학적이고 합리적으로 생각하는 습관을 갖추기를 권합니다.

그러나 이제는 방황하지 않아야 할 때가 온 것 같습니다. 아니 진즉 안 했어야 옳습니다. 선미가 지닌 관념이 중요합니다. 그렇습니다. 옳고 그름을 잘 판단해야 방황하는 마음에 중심이 잡히고 현실에 기반한 행복을 추구할 수 있는 것입니다.
만약 선미가 그 밉살스러운 미신을 여전히 옳다고 긍정한다면, 서로가 좋아한다고, 헤어지기는 너무 아쉽다고, 헤어지면 너무

괴롭다고 할 이유가 없습니다. 선미 방식대로라면 인간 노력의 결과에 따라 행복을 쟁취하는 것이 아니라(선미 아버님께선 그렇게 믿고 계시겠지만) 선미 개인 생각에 따라, 행복과 불행을 결정해 버리는 오판을 낳게 됩니다. 오히려 그런 결정이 불행을 자초하는 꼴이 됩니다.

 비록 헤어지는 순간까지 가슴이 찢어지고 마음이 아프더라도 우린 서로의 행복을 위해서 이성적으로 현실을 개척해야 합니다. 내일의 행복을 위해서 선미와 나는 감정의 노예가 되는 어리석은 사람이 아니라 감정을 지배하는 현명한 사람이 될 수 있도록 노력해야 할 것입니다.
그리고 만약 선미가 밉살스러운 것을 그대로 신봉한다면 그것만큼 무서운 것이 어디 있겠습니까. 서로가 이끌며, 믿고 의지하며 다른 모든 것을 극복할 힘을 기르면서 지성과 용기를 키워간다면 선미와 내가 남남이 되는 일은 결코 발생하지 않을 것입니다.

바라고 있습니다. 예전엔 어떻게 생각했든지 간에 앞으로는 나의 말을 믿고 따랐으면 합니다. 기억나는 이야기를 하나 소개합니다.

> 아내가 아기를 낳게 되어 의사에게 보였더니 아기가 거꾸로 서 있어서 부득이 수술하여 아기를 꺼내자는 의사의 말에 남편은 웃으면서 "이번에는 태어날 아기가 영웅호걸이나 억만장자가 될 수 있어서 다행이요"라고 했답니다. 그랬더니 의사가 "그럼 토정비결을 한 권 사십시오."라고 맞장구쳤답니다.

물론 그 남편은 미신타파를 하는 사람이었지만 수술을 한다고 해서 슬픈 모습을 감추기 위하여 장난으로 했을 것입니다. 그냥 웃고 잊어버릴 이야기가 아닌 것 같습니다. 지금 이런 상황에서는 더욱.

 선미, 내가 좋아하는 선미. 어떻게 하면 모든 시름을 선미로부터 멀어지게 할 수가 있을까요. 오늘 밤 생각 안 나면 내일도 생각해 보고 그래도 안 되면 꿈에서라도 그 해결책을 찾아보렵니다. 편히 주무시오.

1972년 10월 30일 규철.

규철 글.
1972년 11월 14일(화요일)

사랑스러운 선미에게.
느지막한 가을밤,
검은 구름이 온종일 하늘을 뒤덮고 포근했던 낮이 저녁부터는 한 방울 두 방울의 빗물이 떨어지기 시작하더니 지금은 하염없이 내리고 있습니다. 가끔 빗속을 질주하는 차 소리가 들릴 뿐. 빗소리 이외의 아무 소리도 안 들리는 단조로운 시간입니다. 내 마음은 더욱 상상의 나래를 펴고 선미와의 미래를 그리려는 것입니다.

 지금쯤이면 이곳보다 더욱 조용한 시골 방에서 하루의 일을 끝마쳤겠지요. 따뜻한 아랫목에 등을 대고 누워서 휴식을 좀 취하기를 바랍니다. 어쩌면 이미 두 눈동자가 닫히고 꿈의 나라에 갔을지도 모르겠군요. 선미를 허공에 그리다가 하얀 백지 같은 내 마음으로 조용히 데려와 봅니다. 어쩌다가 만난 선미와 나의 사랑 앞에서 커다란 시련이 기다리고 있을 줄은 예상 못 했지만, 선미와 나 사이에 흐르는 고귀한 이 사랑만 변함없다면 어떤 시련이라도 극복해 나갈 수가 있다고 자신합니다. 자신을 믿고 있는 나를 스스로 응시하면서 선미를 평생 지켜 줄 것을 각오합니다.

그리운 선미,
보고 싶은 선미,
사랑스러운 선미,
나에게는 없어서는 안 될 선미,

이 세상 어느 누구보다 사랑하는 선미.
어제도, 오늘도, 그리고 내일도 언제나 그리운 선미를 만난 내가 앞으로 어떤 불행이 오더라도 후회할 수가 있단 말입니까.
선미가 왜 좋으냐고 누가 묻는다면 이렇게 대답하렵니다.
아름다움, 고운 마음씨, 멋있는 모습이라기보다, 아니 그것들도 모두 이유에 해당하지만, 더 중요한 것은 말로는 다 할 수가 없는, 오직 선미를 사랑해야만 느낄 수 있는 내면적인 가치에 있다고 말하고 싶습니다. 그리고 이 세상에는 선미보다 더 아름답고, 더 마음씨가 곱고 더 멋이 있는 사람이 있어도 나는 그것을 모릅니다. 선미를 사랑하는 나 아니면 결코 발견할 수 없는 순수하고 고아한 인격, 그 성실한 여인에 대해서는 글로도, 말로도 표현 못 하는 것이라고 대답하겠습니다,

선미! 교육현장에서 국무에 무척이나 바쁘겠습니다. 지난번 일요일 나의 강요가 언짢게 여겼는지 몰라 미안스러운 마음으로 무거웠습니다. 아무튼, 그날 하루를 재미있게 보냈다고 했던 정훈의 반응에 한편 다행스러웠고, 이번 주에도 선미를 만나고 싶은 마음 그지없지만 바쁜 생활에 시간이 허락될지 몰라 약속은 하지 않겠습니다. 날마다 보고 싶어 달려가고 싶지만 그렇게 할 수 없는 것을 아쉬워하며, 될 수 있는 대로 빠른 날에 보고 싶은 얼굴 볼 수 있기만을 기대하겠습니다.

여전히 비가 내리고 있습니다.
오늘 만나지 못한 이별, 꿈속에서나 만날 수 있기를 바라면서 이만 안녕.

1972년 11월 14일 규철.

　　　　교차로

선과 선의 흐름이여
손과 눈의 흐름이여

여기는 네 거리
내가 서 있는 곳

우르러 구름길 본다
발길 다시 옮긴다

그래, 밝고 흐림의
지울 수 없는 교차로

웃다 울다가 가는
삶의 도가니속

굽어서 날빛을 찾는
발길 다시 옮긴다.

　　　　　-이태극

　　　선미! 선미!

기다림의 시간 속에서 합류해야 하는
현실 상황에 따르기만 하기에는 너무나 아쉽기만 한 내 마음
눈을 뜨자마자 무거운 책가방을 들고 등굣길에 나서면

다른 계절과는 달리 사람들의 모습은 별로 안 보여서
바쁜 발길을 더욱 재촉하여 교실에 들어서면
흐르는 땀과 함께 수업을 시작하곤 합니다.
일과를 마치고 집에 돌아오면 어느덧 해는 저물어
하루하루가 학교만 다니는 날 같아서 허무한 생각도 듭니다.
그런데도 바쁜 이런 시간 속에서도
그리움은 더욱 커지니 어찌하면 좋을까요.
조용한 호숫가에 있는 한 쌍의 백조를 꿈꿔보고 싶은 밤입니다.

    ps. 일요일(10일) 4시. 문화에서 기다리겠습니다.

    1972년 12월 6일 규철.

규철 글.
1972년 12월 10일(일요일)

선미!
자꾸만 자꾸만 내 마음을 아프게 하는 이름 가만히 불러봅니다.
며칠 전 편지를 보낸 후부터 오늘까지 선미를 만난다는 기쁨으로 설레는 시간을 꼬박 기다려 왔는데, 어떻게 된 일인지 기다리는 사람은 결국 나타나지 않고 말았습니다. 무슨 일이 생겼을까 하는 의아심을 품고 저녁 내내 선미집을 찾았으나 선미는 고사하고 동생조차 만나지 못했으니. 허전하고 섭섭한 마음은 어쩔 수 없이 발길을 돌리고 말았습니다.

지금도 '무슨 일이 생긴 것일까.' '설마 큰일이야 있을까.' 하는 근심이 떠나지 않고 있습니다. 이 글 받는 즉시 서신 주길 바랍니다. 13일 한 과목 시험을 치르고 나면 14일, 올해의 마지막 공부를 마치고 복학하게 됩니다. 14일이나 15일(선거일) 선미를 만나고 싶습니다. 내가 약속하는 것보다 선미가 약속하는 것이 나의 마음이 편해질 것 같아 부탁하는 것입니다. 즉시 서신 연락바랍니다.
내일도 복습 테스트를 한다니 준비해야 될 것 같아, 하고 싶은 말은 다음을 약속하면서 펜을 놓습니다. 안녕히 계시오.

1972년 12월 10일 규철.

2부 동그라미 사랑 (선미 글)

선미 글.
1972년 2월 16일

규철 씨 전.
잔재된 겨울의 부산물인지 아니면 봄비인지,
추측하기 어려운 애매한 비가 여린 모습으로 내리고 있군요.
보내 주신 글월과 사진 잘 받았습니다.
여러 회원의 소식도 덕분에 잘 들었습니다.
염려해 주시는 덕분에 화초, 광자, 그리고 저도 무사한 나날들 잘 보내고 있습니다.
구정을 정훈씨와 보내셨다죠.
물론 재미있었겠지요.

16일, 무등산을 등산하셨다는데 무사히 갔다 오셨는지도 궁금하군요.
갑자기 이른 새벽부터 비가 왔는데 혹 계획이 수포로 돌아갔는지도 모르겠습니다.
저도 이번 일요일 가족 등반하기로 했습니다.
장소는 무등산. 코스는 약사에서 세인봉 방향으로 갈까 합니다.
너무 짧은 거리기는 하지만 부모님을 모시고 가는 데는 역시 그 코스가 안전하다고 생각합니다.
화초는 지금 고향에 있답니다. (전남 영암군 미암면 남산리 1구 영선부락 신화초)
정을 담뿍 담은 편지해 주시기를 바랍니다.
따분한 날을 보내고 있을 터이니.
아르바이트도 다 끝나셨다죠.
대체로 하루를 무엇으로 메꾸시는지.
좋은 비결이라도 있으면 알려 주세요.
심심함에 잠겨있는 우리를 위해서 생활의 지혜나 방법 같은 것

안내해 주시기 바랍니다.

점점 불안이 엄습해 오기 시작합니다.
사회인이 된다는 것이 퍽 어렵고 두려운 일일 것 같아요.
반란과 순종에서 부대껴 온 작은 강아지처럼 구김살 없이 자라 온 우리가
세찬 환경을 어떻게 헤쳐 나가려는지.
그렇지만 저는 제가 택한 분야에 언제나 감사드립니다.
항상 동심 속에서 생활할 수 있는 환경이니까요.
순수 속에서 생활하면 순수해질 수밖에 없겠죠.
보람 있는 방학이 되시길 바라겠습니다.
절대 후회하는 일일랑 하지 마세요.
규철 씨 집안에 만복이 깃들기를 빌겠어요.

1972년 2월 16일(수요일)

ps. 정훈씨에게 안부 전해 주시기 바랍니다. 광자는 아무일 없으니 걱정하지 마세요.

선미 글.
1972년 3월 6일(월요일)

규철 씨 전.
바위 틈 사이에 쌓인 하얀 눈이 따뜻한 봄기운에
어찌할 바를 몰라 서투른 몸짓처럼 녹고 있습니다.
규철 씨 가족과 동그라미 회원 모두 잘 계신지요.
염려해 주신 덕분에 우리도(광자, 나) 잘 있답니다.
한 가지 기쁜 소식 알려드리겠습니다.
화초가 영암국민학교로 발령이 났답니다.
역시, 노력은 정당한 결과를 보상받기 마련인가봐요.
화초의 노력 끝에 보람이라는 열매가 달린 것이죠.
바로 인과응보라는 것일 수도 있을 테고.
아니 정훈씨 같으면 운이라고 해야 할까요.
그건 그렇고.
화초에게 종종 서신 연락해 주시기 바랍니다.
혼자 참 적적할 거예요.
그리고 남학생 여러분들 공부 열심히 하시기 바랍니다.
나중에 후회해 보았자 이미 때는 늦은 거예요.
대표적인 예로써 저나 광자와 같이.
생전 처음 느껴보는 패배의 쓴잔을 마시는 이런 기분,
이런 마음은 경험해 본 사람만이 공감하고 깊이 이해할
것입니다.
그리고 보니 꼭 뭐 제 푸념만 늘어놓은 것 같군요.
이해해 주세요.

선미 글.
1972년 4월 6일(목요일)

규철씨에게.

    산울림

  봄의 산등성이를 오르노라면
  산이 홀로 울고 있는 소리가 들린다
  머언 곳에서, 가까운 곳에서
  아련히 들려오는 저 솔바람 소리, 물줄기 소리

  내 목소리도 이제 내 목소리가 아니다
  꿩들의 울음소리도 이제 꿩들의 울음소리가 아니다
  머언 산 바위 절벽에 부딪혀
  다시 나에게로 돌아오는 저 원시의 목소리
  깊은 골짜기마다 나무 등걸, 물줄기에 부딪혀
  다시 그들에게로 돌아가는 저 짐승의 순수한 목소리들
  봄의 산등성이를 오르노라면
  산이 다시 소생하는 소리가 들린다
  머언 곳에서, 또 가까운 곳에서….

            - 박 상 용 -

〈할미꽃 말린 것 실물 동봉〉

앞에 있는 꽃 무슨 꽃인지 아시겠어요.
우리와 가장 친근한 꽃.
이 꽃에 대한 진실 말씀드려볼까 해요.
어느 조그만 마을에 홀어머니가 딸만 셋을 고이고이 길러 시집을 보냈대요.
할머니가 된 그 어머니, 딸네 집에 놀러 가려 했대요.
세 딸이 서로서로 자기 집에 오라고 말했대요.
그 할머니 먼저 큰딸 집에 갔어요. 큰딸은 처음 며칠은 대접이 극진했어요.
그러나 사흘이 가고 나흘이 지나자 차차 싫은 눈치를 했어요.
그래서 그 할머니는 둘째 딸네 집으로 갔어요. 둘째도 마찬가지였어요.
하루, 이틀은 좋았으나….
그 할머니 생에 허무를 느끼고 마지막 셋째딸 집으로 향했어요.
그런데 가다가 그만 병이 난 거예요.
노령에 충격이 너무 컸고, 고생길을 거듭 걸었기 때문에 병이 난 거죠.
셋째 집이 바로 저기 보이는데 할머니는 안타까운 마음으로 셋째 이름을 불렀어요.
그러다가 그곳에서 쓰러졌어요.
시냇가 언덕에서.
나중에 셋째가 뛰어나왔으나 때는 이미 늦었어요.
그곳에 고이고이 어머니를 모셨어요.
한 해가 가고 봄이 되자 그곳에서 한 송이 꽃이 피어났어요.
그래서 사람들은 그 꽃을 ○○꽃이라 부르죠.

어제 식목일, 엄마 산소에 갔답니다.
성묘 겸 봄나들이죠.
할미꽃이 많이 피었더군요.
하도 반가워서 몇 송이 꺾어 왔어요.
꼭 할머니 냄새가 나는 것 같지요.
규철 씨는 그날 어떻게 보내셨어요.
등산? 산보? 아니면 진리 탐구에 여념이 없으셨는지.

좋은 계절이네요.
내가 좋아하는 진달래꽃도 피어나고
봄의 향취를 듬뿍 맡으며
보람 있는 오늘이 되기 바랍니다.

      1972년 4월 6일 선미.

선미 글.
1972년 7월 8일(토요일)

규철 씨 貴.
7월로 접어든 첫 번째 주말
오늘도 생활에 얽매이다 보니
주위의 흥겨운 표정들과는 달리
허탈감에 빠지는 것은 무더운 여름 날씨 때문이라 자위해 봅니다.

그간 규철 씨를 비롯해서 동그라미 회원들 모두 안녕하신지요.
달리는 차 속에서 인생을 깊이 성찰하는 지금, 나 역시 잘 있답니다.
화초, 광자도 잘 있을 거예요.
무척 바쁘시겠어요.
그간의 시험은 잘 치르셨는지,
그리고 다음 시험 대비도 잘 하시는지.
궁금한 게 많네요. 아무쪼록 기운 내시고 좋은 결과 있기를 바랄게요.
교사라는 직업은 교사 개인의 시험은 없는 대신
자기 반 아동의 시험으로 반별 성적과 담임의 지도 역량을 확인하는 문제가 있기 때문에
부담과 함께 책임과 자존심의 사활이 걸리기도 하답니다. 때로는 복잡한 심정이 되기도 하고.
학년별 반별의 모든 대결이 시험과 마찬가지로 담임한테로 돌아가는 책임감이 여간 무거운 것이 아니랍니다. 쉬운 직업이 어딨겠습니까만.

그러니까 그 많은 아동의 시험을 잘 보게 하는 것은
첫째, 질(학습 태도와 생활 여건 혹은 수준)이 좋은 아동이 많아야 하고,
둘째, 담임의 지도 기술과 실력이 있어야 하고
셋째, 아이들을 설득하고 마음을 헤아리는 요령이 더불어 있어야 합니다.
그런데 모든 것이 뒤에서 쫓아가는 저로서는 늘 꼴찌를 탈피하려고 애쓰고 있답니다.
상위권에 들려고 노력은 하지 않으면서 탑이 되려는 결심을 굳게 하고 있답니다.
돌이켜 보면 그저 내 실력을 쌓기 위해서만 공부했던 것이 얼마나 수월한 일이었는지를 절실히 느낀답니다.
그런데 한 가지 말씀드릴 것이 있어요.
학교에서 7월 말까지 근무한다고 그러는데 어떻게 해야 할지 모르겠습니다.
화초, 광자의 일정도 확실히 모르겠고.
다음 모임 때쯤이면 확실해지겠지만,
바쁜 시간이라도 시간을 내서 한 번 상의해 보시는 게 좋을 것 같습니다.
그리고 한 가지 부탁이 있습니다.
아주 바쁘겠지만 조금이라도 시간이 허락하면 광자한테 편지 좀 자주 해 주시기 바랍니다.
깊은 산골짜기에서 혼자 참 외로울 거예요.

그리고 지난번 그날, 당돌하게 지껄였던 것 진심으로 사과합니다.
이해 못 하실 것이 많을 테지만 나름대로 판단하셔서 이해해 주시기 바랄게요.
나라는 사람, 때때로 저도 이해 못 할 때가 많아요.

생각할수록 그날의 일 때문에 수치스러운 마음만 더해가는 군요.
좀 더 세상을 폭 넓게 생각하지 못하였던 것 같고,
생각이 좁았다는 것, 민망하고 미안한 마음밖에 떠오르지
않습니다.
나의 인생관이 그렇게 말하도록 만들었는지도 모르겠습니다.
그날의 일은 그만 잊었으면 좋겠습니다.
돌이켜보면 볼수록 그런 일을 벌여 놓고
결과는 얼버무리려는, 무책임한 나 자신,
용두사미 꼴이 된 제 자신이 정말 밉군요. 자존심도 좀 상하구요.

앞으로 저 때문에 동그라미에 상처가 생기는 일은 없을 거예요.
성의가 없는 저의 태도이지만 동그라미가 막이 내릴 때까지는
최선의 노력을 하겠습니다.
모르는 것 많이 가르쳐 주시기 바랍니다.
어떤 사람은 편지 한 장 쓰려고 하루 동안 끙끙 골머리 앓는다는
말을 듣고 무척 웃었습니다.
저는 몇 날 며칠 방황하였던 일을 생각하니 웃음이 아니 나오고
어처구니가 없군요.

    며칠 남지 않은 시험
    좀 더 많이 노력하셔서
    좋은 열매 맺도록 바랍니다.
    그럼 몸 건강히, 편한 하루가
    되길 바라며 …….

        1972년 7월 8일 선미.

선미 글.
1972년 9월 9일(토요일)

저에게 무척 할 말이 많겠죠.
저도 할 말이 많은 것 같군요.
내일(월요일) 학교에 끝나는 즉시
규철 씨 집으로 가겠습니다.
바쁘시겠지만 집에 계셔주세요.
아마 시간은 7시부터 8시 반, 사이일 거예요.

굉장히 마음이 안 좋으시겠지만
성난 얼굴은 하지 마세요.

그럼 규철 씨, 만나서 이야기하도록 하고
이만 안녕을 고하겠습니다.

1972년 9월 9일 선미 올림.

선미 글.
1972년 9월20일(수요일)

차창 밖
가녀린 고갯짓 하는 너
작은 소망을 듬뿍 안고
착한 미소 번질 때
가을은 점점
더 영글어 간다.

미안한 마음 전해야 겠네요.
요사이 무척 바쁜 시기인가 봐요.
모든 일이 나를 피곤하게 만드네요.
토요일 일직에 해당된 모양이에요.
10월도 바쁜 달이 계속되고,
제 생각으로는
10월 말에나 만났으면 좋겠어요.
달력을 보니까 10월 28일이 토요일이네요.
그러니까 10월 28일 5시 문화교실, 어떠세요.
만날 것을 기약하며, 그때까지 안녕히 계세요.

1972년 9월20일 선미 올림.

선미 글.
1972년 9월 21일(목요일)

43 × 24 = 1039
1039 — 6 = 1033 ≒ 1000

여러 날을 두고 생각해 봐도
풀 수가 없군요.

미해결의 답답함을 해소하기 위해서라도
규철 씨를 뵈어야 될 것 같습니다.
오늘
달이 뜨는 저녁에
조용히 노크하겠습니다.

1972년 9월 26일 선미.

선미 글.
1972년 10월 30일(월)

마지막 글을 올리며.
마지막이란 어휘는 우리 인간에게 서글픔과 무한한 고독을 안겨 주는 것임을 새삼 깊이 느껴봅니다.
하얗게 매달린 이슬비 속에 나타나는 영롱한 얼굴,
난 그 얼굴을 잊어버릴 수가 없습니다.

애틋한 그리움과 정이 서렸던 지난 시간들,
추억이라고 하기엔 너무나 마음이 아파 힘껏 도리질 쳐 다른 생각으로 메꾸어야만 이 상태를 견뎌낼 것 같습니다.

사회라고 하는 울타리 안에서 우리는 얼마나 많은 희생을 겪어야 하며 수난의 길을 밟아야 할까요.
하나의 나뭇잎처럼 힘없는 인간이기에 질서에 순종해야 되며 주어진 일상에 쫓겨서 삶을 영위할 수밖에 없나 봅니다.

환경이라는 것, 비록 마음은 갈기갈기 찢겨져 괴로움으로 가득하지만, 환경에 적응할 수밖에 도리 없는 것이 나약한 저의 처신이 아닐까 합니다.
규철 씨에게 말씀드렸습니다.
그간 많은 것을 배웠다고. 그 중에서도 전 사랑이 무엇인지를 틀림없이 배웠습니다.
처음 동그라미가 우리 가슴속에 제각각 주어져 있을 때부터 규철이라는 사람을 무의식 속에서도 의식했는지 모릅니다.

어느덧 세월은 흘러 점점 우리는 서로를 알게 되었습니다.

회원 한 사람 한 사람이 서로를 이해하고 또 걱정해 주는 아주 좋은 사람들로만, 형성된 그룹이었습니다.
그 좋은 사람 중에 나의 마음을 끄는 유일한 한 사람이 바로 규철씨였습니다.
우연히 그 사람의 생일을 알게 되었습니다.
그러기 전 무심코 제가 이런 말을 한 적이 있습니다.
우리가 서클을 만드는 것은 좋으나 이성간의 이상한 관계가 있으면 당장 깨버리자고. 어떤 사람들은 의아하게 생각했을 거예요.
어째서 저 사람한테서 저러한 이야기가 나올까.
난 항상 아버지 말씀도 잘 듣고 성장했습니다.
늘 부모님께서는 네가 항상 반듯하고 올바른 선택을 하면서 삶을 펼쳐나갈 것을 믿는다. 내 딸은 우리를 거역하지 않으리라 믿는다, 이렇게 항상 아버지도 그러시고 어머니도 그러셨어요.
난 그런 점을 다시 깊이 생각해 보았습니다.
부모님도 싫어하시고 사회에서도 그저 환영하지 못하는 연애라는 건 절대 하지 않으리라 마음 먹었습니다.
그런데, 그런데 내가 사랑을 느끼게 되다니, 난 회의에 빠지기 시작했습니다.
한 사람의 남성을 생각하게 되면서 부터 저는 저를 받치던 그동안의 가치관이, 그 주춧돌이 자꾸 흔들리기 시작했습니다.

생일은 우리 집안에서 무척이나 중시하는 것 중의 하나입니다.
궁합이 맞아야 시집도 가고 장가도 간다고 철저히 믿는 분위기에서 자랐습니다.
꼭 18세기 사람같습니다만, 그것을 믿는 부모님, 그 부모의 자식으로 자라면서 스며든 관념이 깊게 뿌리 박힌 내 의지는 어쩔 수가 없나 봅니다.
물론 부모님 앞에서 우길 때도 많았습니다.

이제 어린애가 아니다,
내가 좋은 사람을 찾는 것도 의의 있는 일일 것이라고 역설하기도 했습니다.
어느 정도 이해는 하시는 것 같더군요.

언니와 방법을 모색해 보기로 했습니다.
그래서 언니에게 생년 월일(7월 22일)을 알려 주었어요.
그랬더니 언니가 혀를 차면서 확실히는 모르나 상극인 것 같다고 하더군요.
실망이 무척 컸습니다. 상심이 깊어 아무것도 할 수 없게 되더군요.

그렇지만 실망만 하고 있지는 않았습니다.
한 가닥 희망을 갖기로 했습니다.
언니가 틀렸을 거야, 상극일 리가 없어. 스스로 부정하면서 힘과 위안을 애써 갖기도 했습니다.

점점 시간은 흘러 여름 방학이 다가오고 있었습니다.
불안하더군요.
그래도 만약 상극이라면 이번 여행을 함으로써 그 사람에 대한 나의 마음이 점점 쏠리게 된다면 어떡하지. 초조한 미래가 막연해지기까지 하더군요.
그래서 가지 않겠다고 말씀 드렸던 것입니다.
전 그 당시 주위에서 해 주는 많은 말을 들었어요.
나의 마음을 친구들에게 차분히 이야기할 기회를 마련했습니다.
이해해 주더군요.
화초가 그러더군요.
너와 난 진정한 친구이기 때문에 자신의 생각을 강요할 수도 없다고. 그러니까 스스로 생각을 많이 해서 현명한 선택을 하라고 하더군요.
무척 방황했습니다.
말 못 할 나의 사연 때문에 규철 씨와의 약속도 어기고, 혼란스럽게 해드렸던 점도 정말 마음 아팠습니다.

설악산 등반이 우리들의 커다란 계획이었고, 또 나의 계획이기도 한 것을 깨끗이 포기해야 했지만, 어쩐지 쉽게 단념할 수가 없었습니다.
전 마음을 가다듬고 가기로 작정했습니다.
그 마음을 여기에 쓰고 싶지는 않습니다.
굳이 써 본다면 여행의 즐거움도 맛보고 싶었고 한 사람을 바라보고 깊이 관찰해 보고 싶은 바람도 있었기 때문입니다.

전 차마 아버님께 동그라미 회원들과 등산 간다고 말씀드리지 못했습니다.
이해해 주지 않으리라 생각했기 때문입니다.
아버지 말씀을 거역하고 부모님을 속이고 저는 집을 나섰습니다.
그럼에도 흥분되고 설레더군요.
우리들은 흥겨운 마음으로 여행길에 올랐습니다.
짧지도 길지도 않은 며칠간 느끼는 것이 많았습니다.
나나 화초나 퍽 재미있는 여행이라고 공감했습니다.
그러나 규철씨는 그리 즐거운 여행이 아닌 것 같은, 어두운 표정을 역력히 읽을 수가 있었습니다.
다른 회원들로 마찬가지였어요.
서운하더군요.
즐겁게 못해 드린 책임이 우리한테 있었겠지만 ,아무튼 갈 때 두근거리며 좋아했던 나의 마음과는 달리 특급열차에 실려 광주로 향해 올 때는 무엇인지 모르게 마음이 무겁게 가라앉았습니다.

음식점으로 들어갔습니다.
때 늦은 점심을 위해 우린 식사를 기다렸습니다.
난 여러 사람의 얼굴을 살피기 시작했습니다.
모두 피로한 기색이 역력하더군요.
그때 규철 씨가 말씀하셨습니다.
동그라미 폐막식을 한다고. 난 그말을 듣고 기어이 올 것이 오고야 말았구나, 그렇지만 이건 너무하다.
여정에서 갓 돌아온 우리인데….
내 마음속에서 혼자 갈등하고 독백을 했습니다.
실망감, 아니 서로에게 허점을 보였기 때문에 이렇게 쉽게 해결해 버리려고 할까.
이상한 감정이 북받치기 시작했습니다.
정을 쏟았던 동그라미, 그 동그라미가 이젠 완전히 없어져 버린다.
그리고 그에 부수적으로 따른 한 사람과도 영원한 이별이다.
생각하니 막 눈물이 나오기 시작했습니다.

이별은 항상 슬픈 것입니다.
왜 그렇게 서러웠는지. 지금 생각하면 약간 웃음이 나옵니다만 그땐 정말 서럽더군요.
그래서 기어이 눈물을 흘리고야 말았습니다.
눈물을 보이기는 참 싫었는데 걷잡을 수가 없더군요.
저 하나 때문에 모든 사람의 마음에 부담을 준 것을 생각하니 몹시 미안하더군요. 전 그대로 헤어지고 싶지 않더군요.
앞으로 영영 못 만날지도 모르는 사람들을 그대로 보내드리기가 아쉬웠습니다.
또 우리는 다방에서 주점으로 옮겨 갔습니다.
막바지 이별들을 가슴에 안은 채. 정말 헤어져야 할 순간이 다가왔습니다.

마지막 인사로 우린 서로 등을 돌려야 했습니다.
그 날이 지나고 점점 마음의 고통이 심해졌습니다,
정말 허전한 나날들이었고 괴롭다고 느끼기 시작했습니다.
인간들은 정이라는 것에 이렇게도 약할까도 생각해 보았습니다.
인간은 생각하는 갈대라고 흔히 이야기합니다.
그런 말대로 인간이기 때문에 더욱더 흔들리기 쉽고
반성도 하는 것 아니겠습니까.

그렇게 좌절감에 싸여 있을 때 규철 씨 편지를 받았습니다.
사진 찾으러 나간 거죠. 옛날처럼 회원도 아니고 이젠 완전히
남남이라는 생각을 가지고서 말입니다.

그런데 거기에서 규철 씨는 철길을 그리면서 나의 의향을
물었습니다. 난 그 자리에서 즉각 승낙했습니다.
나도 이제 나, 나만의 세계를 갖고 싶다고 결심했기 때문입니다.
그날 이후 우린 자주 만났습니다. 점점 편안하고 기분이
좋아지더군요. 나의 생활에 생기가 돌기 시작했다는 표현이
알맞을 것입니다.

어느날 아버님께 말씀드렸습니다.
무슨 일이 커지기 전에 말씀드려야겠다고 판단했기 때문에 저의
부모님이나 가족들 모두 동그라미에 대해 좋게들 생각하고
있었습니다.
그런데 내가 그중 한 사람을 사귀고 있다고 하니까, 점점 그
문제가 크게 대두되기 시작했습니다.

먼저 생일을 물어보시더군요.
솔직히 말씀드렸더니 잘 알았다고만 하시더군요.
그 뒤 하룻밤이 지나고 아버님께서 저를 부르셨습니다.

조용히 타이르시더군요.
상극이니까 사귀어서는 절대 안 된다고. 상극이라는 말에 대해서는 선미 네가 더 잘 알 것이라고 하셨습니다.
난 무슨 말을 해야 할지 몰랐습니다.
내가 좋아하는 사람을 상극이기 때문에 단념해야 한다고 생각하니 절망적이더군요.
무엇인지 모를 어떤 대상을 향해 항의 하고도 싶었습니다만, 나도 그것에 대해 이해하고 있기 때문에 그냥 물러설 수 밖에 없었습니다.

난 아버님께 그런 말씀을 듣고도 규철씨를 만났습니다.
규철씨 말씀대로 관념을 씻어 버리기 위해 노력 해보았습니다만, 마음 한 구석 불안한 것은 어쩔수가 없었습니다.
그동안 난 언니하고 의논하고 친구하고도 의논했습니다.
한결같이 그러더군요.
너의 마음 정히 알겠으나 결코 너의 불안한 마음과 같이 이루어질 수 없는 일, 구태여 시간만 끌면 서로 가슴의 상처만 커진다는 것입니다.

저도 나를 충고해 주는 주위 사람들 말을 백번 따르고싶은 마음도 있지만, 차마 어떻게 헤어지고 마음 편히 살 수 있을까 고민했지만 용기가 나지 않았습니다.
그래서 바로 어제 29일(10월) 그런 폭탄선언을 한 것입니다.

그 전부터 저의 태도가 애매모호한 점이 많아 혼란스러웠으리라 짐작합니다.
나로서도 어처구니가 없는 일이지요.
그날 마지막 데이트라는 말이 나오자 서글퍼지더군요.
눈물이 나오기 시작했어요.

좋아했던 나의 마음이 규철씨께서 사과 한 알에 움푹하게 패어
놓은 사랑이라는 단어에 나의 마음은 이미 흔들리고 있었습니다.
이렇게 헤어지지 않고 다른 길이 없을까.
난 다급하고 불안한 마음에 짧은 머리를 굴려보았으나
뚜렷한 궁리가 떠오르지 않더군요.
이것이 최선이라고 여기며 받아들였습니다.
그런데 지금, 왜 이렇게 괴로운지 모르겠습니다.
자꾸 뜨거운 눈물이 흘러내리고 있습니다.

지금 그 사과를 손에 쥐고 있습니다. 어떤 보물보다 나를 위로해
주는, 나의 마음에 자리잡고 있는 한 알의 사과가 과일이 아니라
어떤 사랑의 증표처럼 의미심장합니다.
비록 헤어지더라도 시들어 말라버릴 때까지 소중히 간직
하겠습니다. 사과에 새겨진 사랑이라는, 이 단어를 영원히
간직하며 살아가겠습니다.
나의 인생관인 '후회하지 않는 인간이 되자'를 되새기면 절대로
후회하지 않을 작정을 새롭게 해 봅니다.

규철 씨.
역시 그날이 마지막 데이트가 되어 버린 것 같군요.
내가 먼저 다음에 만나자고 했습니다만, 지금 생각하니 후회가
막심합니다.
도저히 만나지 않고서는 살 수가 없을 것 같습니다.
규철 씨를 몰랐던 시절로 다시는 돌아가지 못할 것 같습니다.
그러나 이미 엎질러진 물, 규철 씨 앞에서 등을 돌려 버린 나
자신의 선택이 너무 한심하고 부끄러워서 이대로 끝남이 좋을 것
같다고 결론 짓습니다.

관념, 관념. 난 거기에서 헤어나지 못하기 때문에 이렇게 되었나

뵙니다.
규철 씨. 정말 미안하다는 말 밖에 나오지 않습니다.
좀 더 재미있고 유쾌하게 해 드리지 못하고 이렇게 물러가는 것을 용서바랍니다.

이번 토요일도 솔직히 말씀드려 나가서 뵙고 싶습니다만, 내 슬픔이 터져 버릴 것이 두려워 참기로 했습니다.
그것이 서로에게 더 바람직하지 않을까요.
깊이 정들기 전에, 잊도록 해요.
선미라는 사람, 아주 깨끗이 지워버리세요.
정말 바보 같다고 비웃어 주세요.

편지를 쓰다 보니 열 장이 넘어버렸군요.
처음이자 마지막 신기록이 될 편지. 이 편지도 읽고 난 후 찢어버리세요.

규철씨!
항상 건강하고 행복하기를 멀리서 늘 기원하겠습니다.
안녕히 계십시오.

     1972년 10월 30일 밤에, 선미올림.

ps. 글씨를 깨끗이 쓰고 싶었으나
 너무 떨려서 손놀림이 여의치 않았습니다. 미안합니다.

3부 사랑 그리고 갈등 (규철 글)

규철 글.

선미!
무척 오랜 시간이었습니다.
하루에도 수차례 생각이 나지만 억지로 잡아 매둔 채 오늘도 내일도 국가고시 준비에 여념이 없습니다. 거의 20년 동안의 공부를 총결산하는 시험인지라 초조와 불안감 속에 보내지 않을 수가 없군요. 그렇지만 곧 있으면 끝날 일을 생각하면 재미도 있고, 그것으로 마음을 달래기도 하면서 촌음을 아끼며 공부하고 있습니다.
하루에 네 끼의 식사를 하는 생활로 인해 방금도 야참을 하고 책을 폈습니다. 선미 생각에 잠깐 틈을 내어 펜을 들었지만 쓸말은 별로 없고 공부하고 있다는 말외는 떠오르지 않으니, 괜히 펜을 들었다는 생각이 듭니다.

지난 22일 어머님께서 선미가 온다는 소식을 전해 듣고 무척 반가운 눈치였는데, 안 오게 되어 섭섭하셨던 모양입니다. 어제나 혹시 오늘이라도 선미가 집에 왔을지도 모르겠다는 생각이 드는 군요. 요즘은 집에 자주 가지 않아서 그곳 소식이나 형편도 잘 모르고, 어머님의 안부도 많이 궁금해서 여쭤보는 말이니 부담갖지 않았으면 합니다. 모레쯤 집에 들릴 예정입니다.
보고 싶은 선미를 볼 수 있어 몹시 들떠있습니다. 즐거운 마음, 가벼운 발길은 이미 그곳으로 향하고 있습니다. 기다렸던 시간이 너무나 길고 힘들었던 탓인지 막상 갔을때는 정신적, 육체적으로 몹시 지친 상태였습니다.
 덕분에 많은 공부를 할 수 있었습니다. 달콤했던 일요일을 지내고 다시 새로운 아침을 맞았습니다. 상쾌한 기분으로 아침

햇살을 받으면서 코스모스의 계절인 가을길을 걸어갑니다. 너무나 유쾌해서 나의 일주일 계획이 활짝 펼쳐집니다.

 일과를 마치고 집에 오니 어제 왔어야 할 반갑지 않은 편지가 마루에 놓여 있었습니다. 선미의 작은 사연을 읽고 소리없이 미소 띠면서 "제기랄, 그럴 줄 알았어…." 꼭 나오라고 했던 나를 스스로 원망했습니다. 그리고 당연히 그러하리라는 선미의 마음을 몰랐던 것, 선미 생각이 더 나으리라는 것을 깨닫지 못했던 나를 바보라고 자책했습니다.

어젯밤 열심히 편지를 쓰던 중, 반가운 친구들(옛날 아세아 다방에서 소개해 준)이 찾아와 밤늦게 이야기하면서 날을 새었습니다. 그렇게 함으로써 선미를 만나는 내 마음이 한결 가벼워지겠고, 선미도 역시 부담감이 없이 즐거운 마음으로 나를 대하리라 생각합니다.
언젠가는 서로가 부담감 없이 더욱더 즐거운 마음으로 만날 수 있으리라고 기대하는 바이니 선미도 역시 그와 같은 기대 속에서 편안하게 지내기를 바랍니다.

어젯밤 설친 탓으로 졸음이 몰려옵니다. 선미가 연기했던 일요일 오후의 데이트를 토요일 오후 5시로 당겼으면 하는 바람입니다. 부득이한 사정이 있다면야 할수 없지만.
꼭 토요일 뵙기를 희망합니다. 기다리겠습니다. 안녕히.

> 1973년 9월 24일, 25일

국가고시 시험 날짜는 2월 5일이지만 1월 30일(추측)에나 가게 될 것 같군요. 시험을 끝내고 서울에서 며칠 머물다 오려고 했지만 오래 머물러서는 안 될 것 같아 하루이틀 정도 머물다가 내려올 예정이니, 2월 9일 6시에 금란 다실에서 만납시다.
그때는 재미있었던 이야기들 많이 해줄테니 기대해 주길 바라고,
그동안 몸조심 하십시오. 빨리 공부해야겠습니다. 안녕히.

                    1974년 1월 26일 0시 20분
                          당신의 규철이가

규철 글.

선미!
무한한 공간 속에서 펜을 들어봅니다.
이렇게라도 하지 않고서는 미쳐버릴 것만 같은 이 심정을 조금이라도 달래 볼 길이 없기 때문입니다. 시간은 고마운 친구라고 말들 하지만 잊기에는 지난 날들이 나에게는 너무나 행복한 나날들이었고 즐거운 날이었기 때문에 지금 이 순간뿐만 아니라 앞으로도 몹시 괴로울 것 같습니다,

한 여인을 알았다가 세차게 타오르는 불이 커지듯 그렇게 쉽게 잊어버릴 수 없는 것. 포기 할 수 없는 것은 무엇때문일까요. 미련 때문이라고 하기에는 지난 날 선미에게 향한 나의 마음이 너무나 컸으며 앞으로도 선미에게로 향할 나의 마음이 무척 클 것이기 때문에 포기할 수는 도저히 없을 것 같습니다,

지난 토요일 밤,
말하지 않으려는 것을,
말하기 무척 어려운 이야기를 결국 선미가 했습니다.
헤어지자고,
선미가 그러한 마음을 갖고 있는 이상 헤어져야 당연한 것이라고,
그 이야기를 들은 순간, 나는 실감이 나지 않았습니다.
어떻게 그렇게 모진 말을 할 수 있는 것일까.
아버님을, 나의 가족을 버릴수 없기 때문에, 나중에 꼭 불행이 찾아올 것이라고 생각되며, 우리가 지금 생각하고 있는 그러한 행복도 하나의 이론에 불과하며 이론과 실제는 차이가 많기 때문에 그러한 마음을 버릴 수가 없어 헤어져야 한다고

했습니다.
나로서는 이해 할 수가 없습니다.
물론 아버님도, 가정도 외면해서는 안된다는 것 잘 압니다. 그럴 필요조차 없습니다.
그러나 궁합 때문에 불행해진다는 아버님, 선미의 그런 과학적이지 못한 생각을 이해할 수 없습니다. 결혼이냐 가족이냐를 양자 선택해야 한다는 바람직하지 못한 견해가 안타까울 뿐입니다. 결국 한참 시간이 흐른 후, 어쩔 수 없이 내가 대답 했습니다.
"그렇게 하도록 하자고"
나로써는 받아들일 수 없고, 이해할 수도 없으며, 다만 나로부터 멀리 있는 선미의 마음을 가깝게 다가올 수 있도록 하는 것이 어려운 일이라고 생각되었기 때문에 헤어지는 것이 서로의 행복을 위해서 좋겠다고 판단했습니다. 그리고 시민관 앞에서 선미는 버스를 타고 나는집으로, 서로가 등을 지고 반대 방향으로 멀어졌습니다. 그 이후로 나의 복잡한 심정은 갈피를 잡지 못하고 있습니다.

다음 날 아침, 유난히 찬란하게 비추는 태양의 빛을 창가에서 느껴 눈을 뜨고 난 후 비로소 선미와 헤어졌다는 것을 실감했습니다. 엄연한 현실 앞에 선 나는 어찌 할 바를 몰랐습니다. 밤을 먹는 둥 마는 둥, 책가방을 들고 연수 집에 갔습니다. 혼자서는 도저히 마음을 가라 앉힐 수가 없기 때문에 둘이서 공부를 하면 가능할 것 같아 찾아갔던 것입니다.

다행하게도 시험은 잘 치를 수가 있었습니다.
모든 시험을 끝마쳐버린 후에 찾아오는 기쁨을 찾기는 커녕, 공허, 고독, 절망만이 가슴을 채웠습니다. 친구들의 웃음들 사이에 끼어있어도 마음은 수렁에 빠진 같아 그만 집으로 돌아왔던 것입니다.
그날 밤 형균, 연수 셋이서 조용한 시간을 마련하여 나의 이야기, 선미 이야기를 했었어요. 그리고 함께 걱정해 주었습니다. 참으로 좋은 친구들. 나의 마음을 조금이라도 위로해 주려는 친구들이 너무 고마웠습니다. 그러나 그것도 한 순간에 지나지 않았습니다.

생각하고 또 생각해 보았습니다.
정말로 너무도 많은 시간들을, 어떻게 해야 할 것인가, 무엇이 잘못된 것일까. 왜 그렇게 생각할까.

그날 저녁 선미가 나에게서 멀리 있는 사람이라고 생각했지만 나는 전혀 그렇게 생각되지 않는 것입니다.
선미와 나는 서로가 같이 생각하고 있다고, 그리고 절대로 헤어져서는 안된다고. 항상 내일을 믿고 기쁨의 날들이 항상 찾아올 것이라고 믿기 때문에 인생은 불행 하지 않는 것이며, 행과 불행이 기계처럼 짜여져 있는 것이 아니라고. 우리가 추구하는 대로 벌어지는 것이 행복과 불행이라고.
불행을 추구하면 불행이 오는 것이라고 믿는 나처럼, 선미도 그렇게 믿을 날이 반드시 올 것이라 확신하는 밤입니다.

　선미.
지금 이 순간도 달려가서 붙들고,
우리는 절대로 헤어질 수 없다고,
그때 그 철도를 다시 걷자고
그리하여 영원한 안식처를 찾아보자고
졸라보고 싶은 마음 간절하지만 참으렵니다.
기다리렵니다.
어떤 해결책이 나올 때까지

어떻게 하면 선미의 마음을 바꾸도록 할 수 있을까.
시간이 지나면 잊을 수 있을까.
어떤 상황에 의해 선미의 마음이 변할 수 있을 것이라는 기대를 가지면서
기다리려는 것입니다.

밤이 더욱 깊어갑니다.
무척 아름다웠던 밤이 아니고
무서운 밤이 되고 말았습니다.
아름다운 밤이 꼭 돌아올 것을 믿으면서,
하루빨리 찬란한 태양을 볼수 있는 아침이 오기를 빌면서 펜을 놓습니다.
안녕.

       1973년 2월 13일(화요일) 규철.

규철 글.
1973년 3월 13일(화요일)

선미.
죽은 색의 이파리들은 전부 말라버린, 그리고 모두 날려 버린 나목에 봄이 찾아와 푸른 꿈을 성취하기 위하여 머리를 내밀어 웃음 띤 얼굴로 나를 쳐다봅니다. 오랜 시간 동안의 고통과 번민 그리고 갈등한 나에게도 봄은 찾아왔는지, 지난날의 아픔 속에서도 모든 형상을 조각할 수 있는 시간이기 때문에 오늘도 내일도 푸른 꿈에 활짝 웃어 보일 수 있는 것 같습니다.

그렇게 웃어 보일 수 없는 사람들은 하나 더하기 둘은 셋이라는 사실을 알면서도 하나를 더 보태면 넷이 된다는 것을 모른 채 어리석게 죽어가는 것입니다. 선미와 헤어진 순간, 그렇게도 아팠던 마음은 조금씩 아물어 갔지만, 지난날이 생각나면 의식적으로 피해 보기도 하고, 아쉬워하기에는 너무나 많은 생각을 하게 하였던 선미를 한참 그려보기도 하고.
아니면 어떻게 하면 좋은 해결책이 될 것인가를 연구하기도 했습니다. 그러던 중 신학기를 맞이하면서 선미로부터 편지를 받았습니다. 마음은 같으나 주위 환경이 달라 어쩔 수 없이 하향길로 내려서고 만 선미는 어느 때인가는 그 기차가 지나가 버릴 날을 기다려본다고 하였습니다.

내 마음은 복잡해지기 시작했습니다. 영원히 잊히지 않을 여인의 모습을 보고 어찌할 바를 모른 채 서 있는 나, 왜인지 아시겠습니까. 당장이라도 선미를 이끌고서 지나가 버릴 기차의 옆에 오고 싶은 마음. 그리고 또다시 올 기차를 피할 수 있는 나의 마음, 너무 간절합니다. 틀림없이 지나버리고 말겠지만.

당분간은 또다시 올 기차를 어떻게 하면 아무 탈 없이 피할 수 있는 해결책을 아직 찾지 못했기 때문이죠. 그런데 오늘 결정을 내렸습니다. 나 혼자로서는 해결을 내릴 수 없는 문제임을 알고 선미와 같이 해결책을 찾아보기로 말입니다.

이번 토요일(17일) 오후 5시. 지난번 만났던 시내버스 정류장에서 같이 만나기로 합시다.
하고 싶은 이야기 어떻게 글로 대신할 수 있겠습니까. 그때 그동안 생각했던 모든 이야기를 하기로 하고 이만 펜을 놓으렵니다. 안녕히.

          1973년 3월 13일 규철.

규철 글.
1973년 4월 11일(수요일)

선미.
봄비가 보슬보슬 내리는 조용한 밤. 낙수에 귀를 기울이며 펜을 들어봅니다.
이런 밤이면 조용히 눈을 감고 상상의 나래를 펼쳐보기도 하고 아니면 고요히 흘러 나오는 음악에 귀를 기울여 보고도 싶지만 마음이 바쁜 나에게는 그러한 여유조차 없는 것을 보면 불행하다고만 생각해야 할까요.

못 만남의 아쉬움을 해결하지 못한 채, 그리운 님의 얼굴을 허공에 그려보고 그릴 수가 없을 때면 다시 그려보려고 애쓰는, 그렇게 하면 그려지는 아름다운 얼굴을 보고 조그마한 미소를 띄우는 사람을 어리석다고 생각하지 않기 때문에 오늘도 내일도 행복하게 살 수 있는가 봅니다.
헤아릴 수도 없는 많은 사람 중에서 우리는 만났습니다.
이 만남은 어느 무엇보다 고귀한 것으로써 다른 것과 바꿀 수도 없을 뿐만 아니라 어느 누구도 떼어 놓을 수 없을 것입니다.
그것은 노력만으로 안 될 것이요, 희생도 안 될 것입니다.
오직, 선미와 나, 둘의 변치 않는 마음에 달렸을 뿐입니다.
예전에 만났던 시내버스 정류장에서 15일 오후 3시 30분에 기다리겠습니다.
내일은 찬란한 태양이 우리에게 비추기를 바라면서. 그만.

1973년 4월 11일 규철.

규철 글.

선미.
내 마음까지도 파랗게 물들만큼 참으로 멋진 오월의 하늘 아래, 책과 함께 보낸 일요일 오후였습니다. 이렇게 멋진 날씨라도 마음이 편하지 못하면 멋지게 보이지 않을 것입니다.

아무리 멋진 옷을 입어도 아무리 멋진 경치를 보더라도 반드시 그것들 만으로서의 멋을 발휘하지는 못할 것입니다. 진정한 멋을 보려면, 또한 보이고 싶으면 멋진 옷을 입기 전에 멋진 마음가짐이 필요할 것이며 멋진 경치를 보기 전에 그러한 경치를 볼 수 있는 마음의 여유와 기분이 필요할 것입니다.

사람이 살아가는 데는 별의별 일이 많기도 할 것이며 또한 그만큼 어려운 것도 사실인 것 같으니까. 하기 싫은 일거나, 어쩔 수 없이 해야 하는 경우도 있고 결국 그렇게 하여 보다 좋은 결과를 맺을 수도 있습니다. 그러나 좋은 결과를 맺을 수 없음을 뻔히 알면서도 어떤 약속 때문에 행하는 경우 이 같이 불행한 일이 또 있을까요.
그러한 불행을 초래할 바에는 서로의 행복을 위하여 비록 어떤 약속을 하였지만 그래도 그 일을 포기하는 것이 당연하리라 생각하는 것입니다. 그리하여 서로가 기꺼이 즐겁게 할 수 있는 일을 찾아 행복을 추구하여 보는 것입니다.

그렇습니다. 약속을 지키지 않은 사람, 그 사람 분명코 나쁜 사람입니다. 서로가 약속을 지키기 위해선 서로가 노력해야 할 필요가 있을 것 같습니다.

선미와 규철. 두 사람 서로 노력을 해야 할 것 같습니다. 노력하다 보면 서로가 이해하고 어떤 조그마한 잘못이라도 아량을 베풀어가면 변치 않는 선미와 규철이가 될 것입니다.

선미의 마음이 변한다고 가정을 했을 시, 그것은 선미의 잘못이 아닌 바로 나의 잘못입니다. 물론, 실수와는 별다른 문제이겠죠. 선미 나는 변치 않으리라고 절대로 서로가 변치 않으리라고 생각합니다. 내가 선미한테 어떤 잘못(커다란)을 저지르리라 생각하지 않을 뿐 아니라, 항상 내 곁에 있는 선미가 될 수 있도록 노력을 할 것을 자신하고 있기 때문이며, 선미 역시 마찬가지로 행할 수 있으리라 믿고 있기 때문입니다.

보다 멋 있는 사람이 나타나면 자기 자신보다 멋있는 사람이 될 수 있도록 노력을 합시다. 그리고 그렇게 될 수 있다고 자신을 갖는 것입니다. 자신감을.

밤이 깊어갑니다. 조용한 밤, 밤하늘 수 놓은 수많은 별이 선미와 나를 위해서 미소를 지으며 쳐다보고 있을 것입니다. 별들의 해맑간 미소가 영원토록 사라지지 않기를 기도하면서 이 밤을 꿈꿔 봅시다.
별들의 미소 짓는 대화를…. 안녕.

1973년 5월20일 규철.

규철 글.
1973년 7월 7일(토요일)

선미.
한 낮의 찌는 듯이 작렬했던 태양도 사라진지 오래되었건만, 아직도 그 열기를 발하고 있어 시원함을 그리워하는 마음 여전합니다.
땀을 흘리고 조그마한 학생들 앞, 교단 위에 서서 일과를 마치고 지금쯤 고단한 몸은 꿈의 마차를 탔겠죠.

중반전에서 종반전에 이르기 시작한 기말시험, 예전보다는 시험 치르기가 용이한 것은 사실이지만, 역시 시험이기 때문에 마음의 부담감은 여전합니다.

모든 시험이 그러하듯, 시험장에서 시험지를 받기 전의 초조, 답안지를 받고 쓰는 정중한 마음, 쓰고 난 후의 희열과 실망.

그렇습니다. 사람이 살아가는 것도 마치 시험을 보는 것과 같이 실망을 느끼기보다는 희열을 느끼기 위하여 오늘도, 내일도 시험대 위해서 초조한 마음으로 기다리고 있고 또한 시험대에 오르기 전 열심히 일을 하고 있는 것 같습니다.

자기가 가지고 있는 능력만을 믿거나, 초조를 느끼지 아니하는 사람, 게으른 사람, 아예 조그마한 능력마저 지니지 아니하고 게으름까지 피우는 사람은 결코 희열보다는 실망의 연속 속에 살다가 결국 인생을 후회하고 말 것입니다.

그렇다고 어떠한 희열을 느끼기 위하여 항상 집념 속에 살며

예약되지 않는 나날을 보낸다는 것도 결국, 후회로 끝나고 말 것입니다. 그렇기 때문에 지난날의 나는(앞으로도 역시) 삶에 있어서 커다란 희열보다는 조그마한 희열을 느끼고 초조하지 않는 생활을 하고 싶은 것 같습니다.

그러나 곧 사회의 발걸음을 내디딜 이 시점에서 생각해 보건데 나의 그러한 생각이 좋게만 생각되지는 않습니다. 이렇게 해도, 저렇게 해도 후회하기는 마찬가지이나, 되는 대로 살아간다는 것은 결국, 사회에서는 허락되지 않을 것 같다고 추측하는 것은 정도가 지나쳤을까요?

아무튼, 지금의 심정은 복잡할 뿐입니다. 한마디로 남보다 멋있게 살고 싶고, 남이 볼 때에 값있게 사는 것이 나의 행복이라고.

흔히들 말하니 그리고 나 자신도 그렇게 되기를 바라고 있으니까. 어떻게 되겠지요. 오랜만에 든 펜이 어쩌다 신세타령으로 흐르게 되어 버렸습니다. 시험이 쓸데없는 잔소리를 하게끔.

기말에 닥친 우리 선미 선생님께서 무척 바쁘시겠습니다. 선미를 본 지가 먼 옛날처럼 느껴지는 것은 무엇 때문일까요.

    보고 싶은 선미
    선미만 보고 있노라면 모든 근심 걱정은
    멀리멀리 사라져 버리고 말기 때문에
    항상 곁에 있고 싶고,
    곁에 있기를 바라온 선미,
    날이면 날마다 웃으면 같이 웃고

슬프면 같이 슬퍼할 수 있는 나날들이 언제나 올까.
오늘도 보지 못한 선미.
오늘 밤 꿈속에서나 만나보려나.

토요일 밤. 보고 싶은 괴로운 마음을 글로써 달래 보려고 펜을 들어 본 것입니다.
남들처럼 날마다 만나 서로의 이야기를 하며, 서로의 얼굴을 볼 수 있다면 오죽이나 좋으련만. 그럴 수 없는 내 입장 안타깝기만 할 뿐입니다.
그러나 곧 만나볼 수 있는 기대 속에 살아가는 것도, 멋있는 것이라고 자위해 보면서, 보다 멋있는 삶을 위하여 꾹 참아 볼 수밖에 없는 나이기 때문에 불행 중 다행이라고 생각해야겠죠.

이번 토요일 14일 5시 정류소에서 기다리겠습니다.

여름밤은 점점 깊어만 갑니다.
다른 해에 비해 많은 모기가 윙윙 소리를 내며 날아 다닙니다.
창밖에서 나의 잠을 재촉할 때가 돌아왔나 봅니다.
이 밤도, 내일 밤도, 언제나, 안녕히.

1973년 7월 7일 규철

ps. 선미가 보고 싶으면 항상 지니고 다니는 사진을 봅니다.
선미도 내가 보고 싶으면 여기 보내는 사진을 보기를 바랍니다.

규철 글.
1973년 8월 13일(월요일)

선미.
막바지에 이른 여름의 태양은 여전히 작렬하고 있습니다. 시원해서 찾아온 병원 높은 곳에서 조그마한 지붕들을 쳐다보고 있노라면 내 마음이 더워지는 것 같아 안 쳐다보려고 노력합니다만, 어쩔 수 없이 쳐다보곤 합니다.
붉은 기와는 시커멓게 타기로 작정하고 타는 것 같고, 시커먼 기와는 타버린 덩어리로 보이는 것 같습니다. 아침 일찍이면 공부한답시고 찾아오는 이곳, 책상 앞에 앉아 있노라면 슬그머니 졸음이 밀려옵니다.
공부는 안되고 쓸데없는 생각만 떠오르고 옆에 있는 급우와 잔소리를 하곤 했었는데. 그 친구 오늘 머나먼 목포, 고화도로 성경을 가르치기 위해 떠나 나 혼자 이방을 지키고 있습니다. 다른 친구들은 공부하기 싫다고 며칠간 그룹 스터디 하더니 중지하고 집에서 공부를 하는지 나타나지 않습니다.
모든 사람의 공통된 마음은 하기 싫은 공부는 하고 싶은 충동이 있을 때와, 꼭 해야만 할 시기에서만 공부가 잘 되고 그때만 교과서를 보는 것 같군요. 거기에다 나이를 먹은 사람들이 책상 앞에 앉아 열중하고 있는 형상은 과히 멋있는 것도 못 된다고 생각되는 탓인지 더욱 하기가 싫어집니다.
선미와 데이트 한지도 벌써 일 년이 지났군요. 그동안 그다지 길지는 않았지만 많은 대화를 나누었고 서로가 많이도 알았습니다. 그리고 많은 이야기꺼리도 남겼나 봅니다. 그중에서도 가장 많이 변한 것은 서로 더 정다워졌다는 사실입니다. 앞으로도 서로가 많은 정을 주기 위하여 노력하는 것이 무엇보다도 중요할 것 같습니다.

인간이란 항상 새로운 것을 원하고 있고 반복되는 생활은 언젠가는 싫증이 나기 마련인가 봅니다. 어쩔 수 없이 올 수밖에 없는 싫증을 참는 것 보다는 조금씩 변화 있는 생활을 함으로써 그의 생활을 더욱 빛나게 되지 않을까요. 물론 무턱대고 새로운 것을 추구하기 위하여 나중에 올 후회도 생각하지 않고 날뛰어선 절대 금해야 한다고 생각하고 있습니다.

선미가 나를 어느 정도 알고 있는지는 확실히는 모르지만, 나의 성격을 약간은 알고 있다고 추측하고 있는 바입니다. 그렇기 때문에 오늘도 내일도 후회되지 않는 행동을 할 것을 약속하는 바이며 선미도 그렇게 믿고 있기를 바라는 바입니다. 보다 아름다운 사랑을 간직하고, 보다 멋있는 선미와 규철이가 되기 위하여 서로의 노력을 아낄 줄 몰라야겠습니다. 서로가 그렇게만 한다면 우리의 사랑은 영원히 빛날 것이며 머나먼 훗날에 아름다운 추억을 아쉬워하며 그날들을 되새길 날이 있을 것입니다.

선미!
요즘 내 마음속에 있는 선미는 나를 더욱 선미로 향하는 마음을 더하게 하는군요. 날마다 보고 싶은 마음을 꾹 참아가며 하루를 보내노라면 보통 일이 아니라, 어쩔 수 없이 참아야 하는 나인 것을 새삼스럽게 재인식하고 또 16일, 오후 5시를 기다리는 것입니다.
태양은 더욱 열을 내어 우리의 마음을 녹이듯 저 모든 형상을 녹일 것 같군요. 이 더운 날 고생하고 있을 선미에게 어떻게 하면 시원하게 해 줄 수가 없을까, 공상을 해보며 펜을 놓을까 합니다.

시원한 여름날이 되기를 빌며.
1973년 8월 13일 규철.

규철 글.

선미.
가을의 문턱에서 지난 여름 방학을 생각해 봅니다. 의료봉사, 지리산 등반, 어느 여름보다 뜻있게 보내기도 했지만, 공부도 제대로 못 해보면서 어영부영 바쁜 여름 방학이 끝난다는 아쉬움과 함께 지난 월요일 등교하였으나 아쉬움이 덜 하도록 방학을 일주일간 연기했기 때문에 시골에서 학교에 다니기 위하여 상경한 고등학교 동창 친구와 함께 보낼 수 있어 매우 다행스럽게 생각했습니다.
오랜만에 만난 친구와 회포를 나누기도 하면서 바쁜 시간을 보내던 중 오늘, 보내기 싫었을 뿐만 아니라, 가기도 싫어했을 발길을 서울로 향해 떠나보내고 나니, 섭섭한 마음 그지없이 이렇게 책상 앞에 앉아 그동안 멀리했던 책에게 미안한 마음을 금치 못하고 한가한 마음으로 펼쳐봅니다.
의과대학 4학년생 치고 공부를 너무 멀리한 것 같아 후회도 하지만, 해이해진 마음으로 책을 보았자, 효과가 그렇게 크게 기대가 되지 않을 것을 생각해 보면 더 멋있게, 더 뜻있게, 지내지 못한 것이 오히려 후회됩니다. 이제부터는 본연의 자세로 돌아와 안정된 마음으로 책을 가까이 하면서 마지막 학기를 후회 없도록 열심히 하겠다는 각오를 해봅니다.

여자가 생각하는 마음, 남자가 생각하는 마음은 공통된 것도 많지만, 서로 다른 점도 많다고 생각되기 때문에 선미에게나, 나에게나, 이번 지리산 등반이 아주 즐거운 여행이 못되었지만, 어떻게 생각해 보면 아주 뜻있는 여행이 된 것 같았습니다.
여자의 마음을 잘 알지 못하는 나인지라, 그리고 그릇된 마음을 지닌 나인지라, 가끔 잘못도 저지르기도 하고, 선미의 마음을 조금이나마 아프게 하기도 하였나 봅니다만. 우리 서로가 서로를 더 알 수 있는 기회가 되었고 또 서로를 더욱 가깝게 될 수 있는 계기가 되었기 때문입니다.
내가 선미를 생각하고 그리워하는 마음, 선미가 나를 생각하는 마음은 언제나 같은 것이며 앞으로도 영원히 같을 것을 기대하면서 서로가 항상 믿고, 괴로움이 있을 시엔 서슴치 않고 같이 대화를 나눔으로써 우리가 찾는 찬란한 행복의 문은 나타날 것이요, 그리고 영원히 계속될 것입니다.
남이 손에 쥐어 주지 않을, 우리들 스스로가 찾아야 할 행복은 바로 우리들 옆에 서서 우리를 향해 미소를 띠면서 손짓을 하고 있습니다. 흔히들 진실된 행복은 없다고 하지만, 여기는 광주, 그것도 화순, 각기 다른 곳이라고 아쉬워 할 것이 아니라, 똑같은 전라도의 땅이라는 생각, 지금 서로가 쳐다볼 수 없는 먼 곳에 있지만, 하늘에 외롭게 비추고 있는 똑같은 형태의 달을 함께 찾아볼 수 있다는 생각을 하면 우리에게도 행복은 항상 있는 것입니다.

그렇게 무더웠던 여름날도 저만치 가버리고 시원한 계절이 돌아옵니다. 그러나 낮에는 제법 무더운 날씨이기도 하고 밤에도 이불이 아쉬워지기도 한 날씨, 감기에 걸리기도 쉬운 조건, 조심. 의무적으로 해야 할 의료봉사는 신청을 받아 적당한 날을 받기로 해서 시원한 날씨에 가려고 결심하였음. 멋있는 가을볕에, 열매가 무르익듯, 우리의 사랑도 더욱 무르익어 갈 것을,
안녕을 고하기 싫지만 안녕.

                                    1973년 8월 29일 규철.

규철 글.
1973년 10월 31일(수요일)

선미!
오늘 하루 공부를 마치고 잠자리에 들어가기 전 몇 자 쓸렵니다.
저번 일요일 오후 문화 다실에서 홀로 기다리다가 쓸쓸히 와버린 후, 무슨 소식이 있을까 하고 기다렸으나 헛일. 걱정이 앞서게 되어 펜을 든 것입니다.
시험공부에 바쁜 요즘 잡념을 해서는 안 될 처지라는 것을 너무나 잘 알면서도 하지 않을 수 없을뿐더러 더구나 복잡한 생각들이 꼬리를 물고 떠오르게 되어 더욱 내 마음을 복잡하게 하는가 봅니다.
자세한 이야기는 만나서 하고 이번 토요일(3일) 오후 5시 예전에 만나곤 했던 정류소에서 기다리겠습니다.

그럼, 그때까지 안녕히.
1973년 10월 31일 규철.

규철 글.
1973년 11월 24일(토요일)

비교적 한가하고 고요한 토요일 밤입니다.
오늘로써 졸업시험 초반전을 마치고 모레부터 다시 시작되는 바쁜 나날들. 토요일은 약간의 여유가 생긴 탓으로 같은 방에 있는 친구들이 모두 안 오려는지. 밤늦도록 나타날 생각을 안 하는군요. 나 홀로 방을 지키면서 시험공부 한답시고 앉아 있건만, 허공에서 웃음 짓는 선미 모습에 상상의 나래를 펴봅니다.
선미가 보고 싶어서 설레는 내 마음을 달래기 위해서 펜을 들어 봅니다. 선미가 말했듯이 쓸데없는 잡념은 멀리하려 했건만, 그렇게 마음 먹을수록 더욱 생각하게 되니 이는 어찌 된 일일까요.
시험공부에 바쁠 때면 잠시라도 생각을 하지 않게 되는 것도 무엇보다도 선미에게나 나에게나 다행스러운 일인 것. 이는 역시 내가 현실주의자이기 때문인 것 같습니다.
아쉽다고 감정에만 치우친 나머지 자기 앞길에 커다란 불행을 안게 되는 이 보다는 감정을 억누른 채, 보다 행복한, 즐거운 내일을 위해 오늘의 이 아쉬움을 참으면서 묵묵히 기다리는 이가 훨씬 현명한 사람이 아니겠습니까.

막상 이런 글을 쓰게 되니 옛날 선미한테 했던 이야기가 생각납니다. 의대생인 나로서는 첫째가 공부이기 때문에 내가 선미를 만남으로써 공부에 장애가 된다면 선미를 만나려는 마음이 없다고, 다만 일주일에 한 번씩 가벼운 마음으로 선미와 함께 즐거운 시간을 갖게 되면 그것으로 만족하고 아마 또 그렇게 될 것이라고 믿고 있고, 그렇게 되기를 바란다고 했었습니다. 어찌하면 그러한 생각을 하게 된 것이 어리석기도 했었고 웃음이 나오기도 했습니다.
날이 갈수록 선미를 만나면 만날수록 선미가 차지하는 내 마음의 영역은 점점 커져만 가고, 가벼운 마음은 점점 무겁게만 되었으니, 이를 어찌하면 좋을까요. 만나고 헤어지는 순간부터는 아쉬움과 함께 집으로 돌아오곤 했습니다.
그리고 그날 하루의 짧음을 어떻게 하면 길게 할 수 없을까 생각하다가 잠자리에 들면 선미와 보냈던 즐겁고도 긴장된 순간들로부터 해이해진 내 마음도 피로의 엄습이 찾아오게 되어 꿈나라로 가곤 했습니다.
사랑은 아름답다고들 합니다. 그러나 그러한 아름다운 사랑은 아무 대가 없이는 오지 않을 것인가 봅니다. 선미와 나의 아름다운 사랑을 위해 나는 이렇게 고된 고뇌 속에 빠져 있는 것이며 선미는 선미대로 어떤 고역 속에 헤매고 있을 것이라 의심치 않습니다. 우리의 아름다운 사랑을 위해 이 모든 고난을 헤쳐나감으로써 먼 훗날, 커다란 미소가 우리를 찾아올 것입니다.
졸업시험은 다른 시험과 달리 범위가 넓은 탓인지 무척 쉽게 나와 시름을 덜고 있습니다만, 바쁘기는 마찬가지이며, 과목이 더 늘어 시험 기간도 아울러 길어져 13일에야 비로소 끝날 것 같군요.
그때까지는 안 만나려고 했으나 다음 주 토요일(30일) 잠깐의 시간을 내어 오늘같이 쓸데없는 잡념을 대신하여 선미와 즐거운 시간을 보내는 것이 훨씬 나으리라고 생각되니 5시, 그곳으로 나오기를 바랍니다. 기다리고 있겠습니다. 안녕히.

1973년 11월 24일 당신의 규철.

규철 글.
1973년 12월 5일(수요일)

사랑스러운 선미!
창문을 열고 밖을 내려다봤습니다.
하늘엔 검은 구름에 덮인 어슴푸레한 반달이 가끔 한 번씩 나오더니 지금은 하얀 눈송이가 이따금 날립니다.

어젯밤 함박눈이 내리던 일이 떠오릅니다.
선미는 어떻게 보냈을까.
나는 아주 재미있게 보냈습니다.
학교 사정으로 인하여 연기된 시험으로 일요일 친구 결혼식에 참석했던 서울 친구들과 한가한 시간을 마련했습니다.
일요일은 월요일 시험 때문에 아쉽게 헤어졌던 탓인지 아니면 함박눈이 펄펄 내려서인지, 그렇지 않으면 너무나 오랜만에 만난 때문인지, 마냥 즐겁기만 했습니다.
만약 그러한 아름다운 밤, 친구들도 없이, 혼자서 지냈더라면 선미와 함께 눈을 맞으며 온 누리가 하얗게 덮인 곳으로 가서 하얀 마음을 지닌 우리들의 사랑 이야기를 울려 퍼뜨리고 메아리에 귀를 기울이고 싶은 마음을 어떻게 달래야 했을까요.

선미와 함께 눈 오던 날의 추억을 더듬어 보기도 하나 기억은 안 나는 군요. 다만 동그라미 회원들과 함께 월출산을 갔던 기억밖에. 언젠가는 이 세상에서 가장 아름다운 함박눈을 맞으며 우리의 사랑 이야기를 할 수 있는 날이 올 것입니다.
우리, 그날이 빨리 오도록 두 손을 모으고 기다립시다.

사랑하는 선미.

지금, 무엇을 하고 있을까.
나를 생각하고 있을까.
내가 선미를 생각하고 있는 것처럼.

사랑하는 선미를 생각하고 있는 나 자신을 생각해 보면 어떤 이들은 행복한 사랑이라고 말하겠지요. 그러나 행복이라기보다는 괴로움으로 와닿습니다. 보고 싶은 선미를 마음대로 보고 싶습니다. 항상 내 곁에 있는 선미가 되기를 바라면서. 지금 이 순간도 엄청난 인내로 견디고 있습니다. 그럼에도 참을 수밖에. 그렇습니다. 우리는 참을 수밖에 없으니. 나도, 선미도, 모두 이 외로운 행복을 참읍시다.
선미와 약속했던 날짜를 일주일 앞당기고 싶습니다. 이번 토요일 5시 그곳에서. 누나가 부탁할 일도 있는 것 같더군요.
요즈음 에너지 정책으로 모든 학교가 방학을 한 것 같은데 사평국교도 방학을 했겠지요. 방학을 하더라도 출근은 계속 하고 있을 것 같아, 학교로 편지를 띄웁니다. 하기야 학교 주소밖에 모르고 있는 나이지만, 밤이 점점 깊어집니다. 지금도 눈이 내리고, 아닌지는 창문을 열어봐야 알겠지만. 눈이 내릴 것이라고 생각하고 눈 내리는 날의 선미와 나의 꿈을 꾸렵니다.
틀림없이 재미있을 것이라고 믿고 선미도 이 밤에 나와 같은 꿈을 꾸기를 빌면서 펜을 놓을까 합니다. 안녕히.

1973년 12월 4일
사랑하는 당신에게, 사랑하는 규철이가.

4부 사랑 그리고 갈등(선미 글)

선미 글.
1973년 1월 20일(토요일)

우리들의 사랑은 귀하고 고귀한 것이라고 말했습니다.
정말 그렇습니다.
우리들의 사랑은 그 무엇과도 절대 바꿀 수 없는 고귀한 상록수입니다.
제가 당신을 믿고 당신이 절 믿는다는 것으로도 커다란 힘에 쌓인 것 같습니다.
과거에 제가 당신의 마음을 상하시게 해드린 것 정말 뼈아프게 생각하고 있어요.

이제 가만히 생각해 보니 제가 너무나 부족한 것 같습니다.
지나간 날들 곰곰이 생각해 보면 내가 왜 그랬을까.
좀 더 따뜻하게 정성스럽게 해드리지 못한 것이 가슴 아픕니다.
지금 돌이켜 보았자 이미 흘러 가버린 강물이지만, 노력하겠습니다.
강물을 헛되이 보내지 않겠습니다.
좀더 생각하며 당신의 마음을 포근히 풀어 드릴 수 있는 내가 되도록 힘 써 보겠습니다.
하루 내내 찔끔거리며 내리던 비가 멎었는지 조용하군요.
지금은 멀리 계시며 땀 흘리시는 모습이 아련히 떠오르지만, 어찌할 수 없는 그리움에 긴 목을 하고 먼 데 산만 바라봐야겠습니다.

사랑하는 당신!
왜 진즉 많은 날을 그리움이 생기지 않게, 싫증이 나지 않게, 당신의 모습을 보아 두지 않았을까 하면서 후회를 합니다.

부끄럽게 고개 숙인 봄 언덕의 이름 모를 꽃잎처럼 태양이 부끄러워 고개 숙이고는 정작 임의 목소리가 곁에서 들리건만 얼굴은 보이지 않으니. 임은 떠나버렸습니다. 그리하여 고개를 하늘 향해 쳐들고 임의 얼굴을 찾으려 하나 임은 자취도 없이 멀어져 버린 걸 때 늦은 후에야 알아차리고는 태양을 원망합니다.
그런 바보도 있는가 하면 커다란 얼굴하고 태양을 향해, 세상을 향해, 아주 떳떳한 웃음을 웃으며 유혹하는 눈길을 건네는 해바라기도 있습니다.
그런 갖가지 꽃의 생리들이 지나가는 나비와 벌들을 선망의 대상으로 여기고 부러운 눈짓을 보내고 있습니다. 나도 태양을 닮은 해바라기처럼 호탕하게 웃으며 마음껏 임을 바라보지 못한 것이 내내 아쉽습니다.

사랑이란 말을 언제부터 제가 이렇게 자주 썼을까요.
변해가는 것이 세월이라지만 정작 변한 것은 나인 것 같습니다.
예전엔 연애란 나쁜 것이다. 생각했습니다. 왜 그랬을까.
난 절대 중매결혼을 하겠다며 호언장담했는데. 그래서 주위 사람들은 너만은 그렇지 않을 것이라면서 인정해 주었는데. 아! 시간이 흘렀습니다.
태양과 같은 밝음이 나에게 비추니 난 꼼짝할 수가 없었습니다.
한 사람의 진실 앞에 엄숙해져 버리고 말았습니다.
그런데 예전처럼 그런 생각은 들지 않았습니다. 한 사람을 안다는 것은 신성한 것이다.
연애의 감정을 못 가져본 사람은 마치 생각 없는 풀 포기와 같다고 생각이 변했습니다.
그리고는 사람들에게 말했습니다.

선미 글.
1973년 2월 11일(일요일)

님께.
예전에 그렇지 않으셨습니다.
무심한 세월만은 정녕 아닌데 무엇이 그리 많은 변화를 안겨 주었단 말입니까.
기다리는 시간들은 날 초조하게 만들고 그러한 날들이 계속되기 때문에 삶보다는 죽음을 많이 생각하였는지 모릅니다.

어떤 피치 못할 일들이 있었을 것이라고 혼자 애태우며 말라가는 나의 육신을 바라보며 자위도 해 보지만 정말 야속하신 당신이라고 말하지 않을 수 없습니다.
괴로운 나날이었습니다.
오직 기다리고 기다리는 편지조차 한 번 밖에 없으시고 그나마 나의 이 마음을 전할 수도 없었으니까요. 저를 잊어버렸습니까.
이젠 밉다고 편지도 하시지 않으신단 말입니까.
아니면 혹시 무슨 일이 일어난 것입니까.
미칠 것 같습니다. 아니 아주 미쳐버려야 날 잊을 것 같습니다.

처음 철길을 같이 걷자 했습니다.
요즈음은 나 혼자 걷고 있는 것 같습니다.
동반자를 찾지 못한 채 말입니다.
말씀해 주세요.
왜 이런 고통을 맛보면서 살아야 되는지.
이젠 더 참지 못하겠습니다.
비록 험난한 길일망정 참고 살려고 얼마나 노력했었는지 모릅니다.

지난날들이 그렇지만 그런 순간들은 모두 즐거웠고 흐뭇했던 과거였습니다.
그런데 이제는 서서히 어두운 그림자가 우리들의 사이를 갈라놓는 것을 보면서 마음이 무거워집니다.
그리운 당신이여. 가련한 선미를 왜 울리려 하십니까.
울다가 울다가 지쳐 있는 나는 보람을 아주 잊어버려 희망마저 사라지고 오직 어두운 절망과 탄식만이 나의 주변을 맴돌고 있습니다.
이러다간 완전히 쓰러져버릴 것 같아 어떻게 하면 날 다시 예전처럼 근심모르는 그때로 돌아갈 수 있게 할까요.
그리운 얼굴이시여 나를 위해 기도해 주시옵소서.
가련하고 불쌍한 이 어린 양을 위해 정성껏 빌어주소서.
웃으면서 살도록 노력했었고, 당신을 위해서라면 내 모든 것을 드렸습니다.
아무런 후회와 고통을 느끼지 않으면서 살자고 노력했습니다.
생각나십니까.
서로 생각하며 행복하게 살아보자던 말씀. 그런데 왜 요즈음은 난 행복한 마음을 조금도 느낄 수가 없습니까.
떠나신 지 한 달이 가까이 오건만 기다리던 소식은 없고 애타는 나의 마음은 무엇에 눌러 질식되버릴 것만 같습니다.

당신이 생각해 주시지 않는 세계란
생각할 수도 없는 무서움이 깔리는 계곡입니다.

        소식을 애타게 기다리며. 2월 11일

선미 글.

오신다 하니 믿겠어요.
나의 일이 걱정이 돼요.
오시면 아시겠지만.
갈피를 잡을 수 없을 정도로
번민의 나날들이었습니다.

만약
오시지 않으면 무슨 일이
일어날 것 같습니다.

왜 이리 산다는 것은 어려운 일일까요.
좀 더 행복하게 살아갈 수는 없을까요.
모든 것이 의문의 연속인 것 같습니다.

웃으며 지긋한 행복을 느끼며
살아가도록 힘써 보렵니다.
작은 보람을 큰 보람으로 느끼면서
내일의 태양을 맞이하렵니다.

      안녕.

선미 글.

1973년 4월 15일. 일요일. 흐림.
변덕스러운 날씨에 짜증스런 눈길을 보내고 설레는 마음으로 버스 정류장엘 갔다.
다행히 그분은 미리와 계셨다.
너무나 반가워 왈칵 부끄러움이 스며와 슬쩍 보니 그분도 반가워 하는 눈빛이다.
금란 다실.
언제부터인가 우린 이곳으로 이사를 왔다.
전환점을 계기로 철새처럼 자리를 이동한 것이다.
낯이 선 아가씨들의 눈총을 받으며 우린 대화의 문을 열어 이야기한다.
여러 가지 이야기 끝에 그분은 사진을 찍자고 하신다.
난 약간 어색한 생각이 들어 반대의 깃발을 올려 놓으니 그 분은 섭섭하신가 말씀을 별로 하지 않으신다.
요즈음 고민이 있다고 하시는 말씀. 난 내 힘으로 어떤 충고를 드리고 싶으나 그렇게 할 수 없는 내 자신에 불만을 품는다.
저녁을 들고 공원에 올라갔다.
아까 다방에서의 지루함을 보상해 주는 높은 언덕은 나의 마음을 시원하게 뚫어준다.
인간의 심리는 묘한 데가 있다.
만남의 시간이 허락되지 않을 때는 그리도 애타게 생각하고 기다려지지만, 막상 만남의 시간이 되었을 때는 행복감 같은 것을 느끼지 못하고 긴박감을 느끼게 된다.
나에 대해서 몇 가지 말씀을 하신다.
현실적인 여자, 냉정한 여자라고.
난 아연한 심정으로 캄캄한 미궁속으로 점점 빠져 들어감을 느낄 수 있었다.

정 같은 것을 외면한 여자 나를 그렇게 보셨다고 하니 오히려 감사를 드려야 겠다.

나의 마음을 절대 노출시키고 싶지 않으니. 완전히 내부에서 승화되어 아주 침착한 내가 되고 싶기에. 그러나 내 위안의 독백 속에 휑 뚫린 서러움이 날 힘들게 한다.

선미는 점점 변모해 가는 것을 모르냐 하던 말씀이 허공에서 울린다.

난 말씀드렸다.

믿겠다고, 그리고 선미를 생각하는 만큼 아니 나도 더 분명히 더 많이 생각하고 있다고.

그 말을 하기 위해 난 망설여야 했다.

부끄러움 때문일까.

그렇다고 말하고 나니 내 자신이 초라해졌다.

그러게 하는 것이 나의 진실일진대 그래서 난 꿋꿋한 마음으로 그를 주시했다.

요즈음 부쩍 허둥대는 모습에서 난 어떻게 행동해야 할까 망설여졌다.

가장 중요한 졸업반이니까 공부에 지장이 없게 해드려야 하는 것이 내 목적이다.

그분도 만나는 것을 반대하실 게다.

아니 나역시 무척 괴로운 일이다.

그러나 난 그분을 위해서라면 어떠한 고난도 참을 용기가 있다.

오늘 밤도 꿈속에 나타날 것이라 기대하며 그분을 위해 아니 우리들을 위해 정성껏 빌어야겠다.

-잠이 오지 않는 밤의 고백-

선미 글.

규철씨께.
주룩 주룩 내리는 봄비는 봄의 서곡이기보다는 삶의 테두리 속에서 못 견디는 괴로움을 당하는 숱한 인간의 마음의 결정체라는 착각을 일으킵니다.

연분홍 진달래꽃을 좋아하는 한 소녀는 생기에 차 있는 봄의 숨결을 생각하며 살았는지 모릅니다.
생기에 찬 봄을 좋아하는 소녀는 생기에 차 있지 못합니다.
그렇기 때문에 그것을 더 좋아하는지 모르겠습니다.

항상 비가 내리면 비가 내림으로써 끝나버리고 바람이 불면 불어대는 바람만이 존재하는 줄로만 알고 있는 웃지 못할, 어리석지만은 않은, 한 마리 사슴과도 같이, 우리네 주위에는 짧으면서도 긴 실화들이 수록되어 집니다.

머언 공간에서 내려오는 빗줄기는 곧 한 곳으로 흘러갈 것입니다.
우리의 마음도 한가지입니다.
다만 처해진 환경의 차이만 있을 뿐 내부에 흐르는 사랑의 감정은 같은 것입니다.

우울함을 표적으로 삼는 소녀의 가슴에도 밝음이 존재해 있어 광명한 햇빛이 비추는 것도 뚜렷이 알고 있습니다.

어느 때던가, 철길을 같이 걷지 않겠느냐고 저에게 물었습니다.
망설임없이 전 대답했습니다.

그렇게 하자고.

전 그때 갈 수 있었기에 그랬습니다.
그런데 시간이 계속 흘러갔습니다.
시간의 흐름에 의해 저 멀리서 뽀얗게 시커먼 기차가 기적소리를
내며 달려오고 있었습니다.
난 어쩔 줄 몰라 당황해야 했습니다.
망설였습니다.
기차는 다가왔습니다.
전 무거운 고뇌를 짊어진 채 철길에서 내려오고 말았습니다.

기차는 지금도 한없이 가고 있습니다.
그 기차는 영원히 그 철길을 달리고 있을지 모르겠습니다.
갈곳 몰라 하는 두 사람, 하지만 어느 때인가는 지나가 버릴 날을
기다리며 하얀 길로 내려서고 맙니다.

어찌된 일인지 하늘은 금방 웃어버릴 것도 같고.
금방 울어버릴 듯한 야릇한 기세를 하고
광활한 대지를 주시합니다.

1973년 2월 21일 선미.

선미 글.

바빠서 몇자 적습니다.
하필이면 토요일 소풍을 가기로 되어있습니다.
만약 비가 오면 약속은 지키겠습니다만, 비가 오지 않을 시는 제가 규철씨 집으로 찾아가겠습니다.
 그럼 안녕히 계십시오.

1973년 4월 19일 선미.

선미 글.

1973년 6월 17일.
울적한 마음이 계속되는 일요일 오후 적적한 심정으로 사평으로 향했습니다.
무엇인가 풀지 못할 의문을 생각하며 새삼 나약한 새가 되어 망망대해에 떠도는 듯한 이 심정은 어디에서 비롯된 것인지.

만날 시간들, 그날을 기다리며 사는 사람들은 얼마나 행복한 사람들인지. 생의 보람을 느끼며 환희에 찬 노래를 부르며 미래의 설계를 하며 희망에 부풀어 편안한 마음으로 현실을 직시하며 또 과감히 헤쳐 나아갈 힘이 부여 될 것입니다.
그리고 항상 그리움의 시간 속에 하루하루가 밝혀지는 것을 볼 수 있습니다.
최규철이라는 사람과 김선미라는 사람!
나 혼자만의 생각이 아니라 규철씨도 같은 생각일 것이라고 판단하고 안심하고 내 속내를 드러내봅니다.

그날 유난히 말씀이 없으셨습니다.
석연찮았으나 그 마음은 이해 되었습니다마는. 어쩐지 말씀하시는 것이 무척이나 거리감이 들어 초라한 느낌이 들었습니다.
서글픈 생각이 들더군요.
저 혼자 초라해 지는 것이 싫었습니다.
비록 어떤 고뇌의 물결이 휩쓸려 온다고 해도 항상 곁에 당당히 있고 싶었습니다.
가장 믿는 사람이기 때문에 같이 생각하고 같이 웃고 싶습니다.

꿈이라는 것은 거짓이 없다는 말을 들었습니다.
어느 날 밤, 꿈을 꾸었나봅니다.
아침에 이선생님께서 그러시더군요.
"김선생, 무슨 고민있어?",
"아니요. 왜요?"
사연인 즉 알아보니

잠꼬대를 하더라고 말하더군요.
규철씨가 말씀하신 고민 중 군대라는 말을 했다고 하더군요.
어째서 그렇게나 군대 가신다는 말씀이 슬펐던지,
가지 말라고 그랬나 봅니다.

정말 생각해 보니 어리석은 것은 선미였습니다.
사나이 대장부가 군대 간다는 것은 너무나 자명한 일인데
긴 세월을 기다린다고 생각했으니 말입니다.(저의 심정으로는 어떻게 하든지
병원에 남아 계시는 것이 좋을 것이라 생각이 듭니다마는.)
결정의 권리는 규철씨 한테 있습니다.
절대 후회하지 않게 처리하시리라 저는 믿고 있습니다.

정말 그 일 때문에 그리하셨습니까.
규철씨 마음속에 존재해 있는 선미를 절대 바깥으로 쫓지 말아
주세요.
선미 마음속에 존재 해 있는 규철이라는 사람은 영원히 바깥으로
못나갈 것입니다.
지나온, 설움 많았던 날조차도 많은 것을 규철씨로부터 배우고
성숙한 인간상을 만들려고 노력했습니다. 내일 뜨겁게 떠오르는
태양은 분명 우리들 위해서 존재해 있는 것입니다.
그리고 빨갛게 사라지는 노을은 뭇 인간들을 위해서 존재하는

것입니다.
우리는 젊음의 뜨거운 피를 가지고 있습니다. 항상 젊음이 우리들의 가슴속에 남아 있습니다.
이런 사실을 간직하면서 우리는 힘차게 달려야 합니다. 내일을 위해서 뛰어야 합니다.
여행을 한다는 것은 자기 외의 다른 사람들을 보면서 뚜렷한 인간상을 구축하려는 기회가 되는 것 같습니다.
잠재해 있는 마음들을 일순간이라도 개방시키고
새로운 경험을 하면서 스스로를 돌아보고, 재조명하고 더욱 다듬는 계기가 되리라 생각합니다, 그러기 때문에 인간은 항상 여행을 원하고 갈망합니다.

어쩌면 인간의 삶 자체가 여행인지도 모릅니다. 태아가 모체의 배속에서 나올 때 그 순간부터 출발의 기적소리가 울린 것입니다. 기나긴 여행길에 지칠 때야 비로소 옛 집으로 돌아가는 것이 인간이고 보면 나도 이 여행길에 많은 것을 얻고 또 남기는 순간 순간을 맞는 것이 아닌가 합니다. 그런데 이 여행이라는 것은 동반자가 필히 따라야 합니다. 동반자가 된다는 것은 매우 어려운 일입니다. 의미와 즐거움도 있겠지만 고통과 시련과 후회도 있을 것입니다.
때때로 의견과 선택의 차이로 충돌할 수도 있겠지요. 이성과 감성의 대립도 생기겠지요. 그 때마다 서로 소통하고 나누고 공감하는 자세가 필요하다고 여깁니다.

스물 두해 동안 고이 길러 온 머리카락을 잘라 버렸습니다.
하나의 개혁인지라 반항인지 모르겠습니다.

후회하리라 생각했습니다만 역시 후회가 되는 군요. 어쩔수 없습니다.
하지만 나에게도 개혁은 있어야 합니다.
새로운 물도 마실 줄 알아야 한다고 봅니다.
보시면 지독히 실망하실 겁니다. 하지만 선미이긴 분명하죠.

〈손으로 그린 얼굴 그림 삽화 첨부〉
어때요? 놀래셨죠? 그림 실력이 너무 없어 표현 부족입니다만 그림보다 훨씬 더 보기 싫어요.

한참 헛말을 많이 하고 보니 미안하군요.
바쁘신 시간 뺏은 것을 생각하니. 이렇게라도 하지 않으면 긴 밤을 헛 생각에 쫓길 것 같아 그리한 것입니다.
이제 그만하라고 잉크까지 떨어져 버려 볼펜을 할 수 없이 잡았습니다.
이해 하십시오.

규철씨가 곁에 있는 것처럼 느껴집니다.
규철씨도 곁에 선미가 있다고 여겨주세요. 안녕히.

1973년 6월 17일 선미.

선미 글.
1973년 7월 18일(수요일)

-비가 오는 날에 -
바람이 몹시 부는 어느 날이었어요.
마침 빗줄기도 세차게 내리고 하늘은 회색빛 우울로 가득한 그런 날이었어요.
나뭇잎은 으스스 몸을 움츠리며 눈물 흘리고 고랑 사이에서는 생의 웅얼거림이 들렸어요.
소리는 자꾸 다가오지만, 난 주춤 주춤 뒷 걸음치며 소리를 듣지 않으려 했어요.

옛날 전설의 신화를 생각하며 그런 꿈처럼 살려고 채곡채곡 쟁여진 마음 속의 대화를 나 혼자만이 간직하려고 생의 소리를 거부하였지요.
이것도 한갓 허무한 꿈 바래고 허물어지는 마음은 붙잡기도 어렵고 가까이 다가 오는 소리를 인식하고 난 도망을 쳤어요.
퍽 우울한 날이예요.
억수같이 쏟아지는 빗속을 걷고 싶어요.
그득 채우지 못한 마음을 한없이 맞고 싶었어요.
한없이 기운차게 내려 온 세상을 휘감아 버렸으면 좋겠다는 생각을 했어요.
조화되지 않은 부조리 속에 난 눈을 흘기며 그 무엇에 대해 원망의 눈길을 던지곤 했어요.
나약한 갈대는 바람 부는 대로 자꾸 흔들립니다.
흔들리는 갈대는 비록 방황 속에서 생활하지만 꺾여지리라고는 생각되지 않아요.
그렇지만 운명이 그에게 주어졌다면 꺾어버리고 말 것입니다.

하얗게 비쳐진 유리창 사이로 비는 자꾸 내립니다.
소리는 더욱 무섭게 들려 길게 늘어진 커텐 너머의 바깥 기척에 숨죽여 봅니다,
하지만 두려운 건 하나도 없어요.
밝음이 물러가고 어둠이 날 휩싸 안아도 난 나의 생각만 하면되니 무엇이 두렵겠습니까.
이럴 때 어머님이 생각나고 내가 좋아하는 임이 생각나고.
우리들에겐 커다란 밝은 빛이 있으니까 아무 염려 없어요.

오로지 밝은 빛을 그리워하다보면 우리도 어느 땐가는 밝은 빛 아래 삶을 영위해 나가겠지요.
처음 밝은 빛이 사라져버릴 때 난 하나님께 울며 기도했어요.
이건 꿈일것이라고. 헌데 하나님은 묵묵히 계시기만 하고 한 말씀도 하지 않으셨지요..
난 울어버렸어요.
그리고 멍청하게 살려고 했어요.
가면극처럼 생활하는 인생일진대 이것도 하나의 연극이라 생각하고 싶어요.
행복하게 보이고 훌륭하게 보이는 것은 그 대역을 잘 맡았기 때문일 것입니다.
난 그런 배우라면 싫어요.
아니 내가 맡아보지 못해서 하는 소리인지 모르겠습니다만, 고뇌의 눈물도 짜보고 또 어느 때인가는 보람의 물결속에 마음껏 취하는 날이 올테니 그렇게 된다면 얼마나 좋은 일이겠습니까.
될수 있으면 웃으려 합니다.
짧다고 말들하는 인생일진데 괴로워도 웃을 수 있다면 복이 오지 않겠습니까.

사랑한다는 건 참 어려운 일인 것 같습니다.
어찌하여 이러한 마음이 자꾸 드는지는 모르겠지만
어쩐지 답답하게 느껴집니다.
바다, 하늘을 마음껏 우르러며 살고 싶은 마음이 있답니다.
좀 더 현명하고 지혜와 지성을 쌓아 수준 높은 삶을 살고 싶어요.
마음을 아주 넓게 가져 생활하고도 싶고. 좁은 집단에서 좁은 마음으로 살아간다면 얼마나 처량한 일이 되겠습니까.
좁은 집단일망정 넓은 마음으로 대범히 살아간다면 그 얼마나 멋진 삶일까요.
마음과 마음, 그리고 주위 환경, 그것이 매우 중요한 일입니다.
마음과 마음이 있기 때문에 주위를 생각하는 것이 아니겠어요.
마음이 흩어지면 모든 것은 자연히 퍼져나가 버리는 것입니다.
우린 서로 마음을 잘 알고 끝까지 놓치지 않도록 노력해야 될 것입니다.

열린 창문으로 빗방울이 여기까지 와서 편지 쓰는 일을 방해합니다.
글씨도 번지고...
아마 그만 쓰라는 뜻인 것 같군요.
하지만 빗방울 땜에 모처럼의 대화를 중단하고 싶지는 않아요.
비록 나 혼자만의 독백같은 글이지만. 역시 다음으로 미루고 이만 그치려 합니다. 복된 나날이 되길 빕니다.

                                      1973년 7월 18일 선미.

선미 글
1973년 9월 3일(월)

규철씨.
참 이상하네요.
내가 왜 이리 웃기는지 모르겠네요.
어제부터 쓰기 시작한 편지를 모두 합치면 10장 정도 되겠네요.
그런데 그게 모두 원망의 시선을 띄우고 있어요.
모두 버려서 한 곳에 두었더니 옆에 계시는 언니 같은 이 선생님도 나보고 웃으시네요.

그래도 기어이 더 쓰고 말리라고 다짐하며 들려오는 노래 소리도 마다하고 또 쓰고 있습니다.
학교에서는 공부를 가르치면서도 몰려오는 피곤함 속에서도 어떤 말을 할까 하고 내내 생각해 봤어요.
올 방학은 그리 편하게 지낸 것도 아닌데, 학교에 나오니 너무 피곤하네요.
권태가 찾아왔는지. 일상이 참 재미없어요.
뭐 재미로 시작한 일은 아니지만 노래 부르는 것도 그렇고 운동 가르치며 트랙을 도는 것도 그렇고, 아이들과 웃고 떠드는 것도 그렇고. 모두 그렇고 그렇네요.

그래도 힘을 내고 우리반 꼬마들을 위해 정열을 내야 할터인데.
어찌 이리 힘이 없을까요.
내일은 우리 학교에서 육상 평가전이 있어요.
평가전이라는 것은 각 학교에서 돌아가면서 경기를 하는 것인데 나의 임무가 그것이라서 노곤한 몸을 이끌며 또 내일 한바탕 씨름을 해야 할 것 같습니다.

이번에는 기어이 자취를 하려고 했는데 교감선생님께서도 관사를 주시며 허락을 하셨는데 집에서 못하게 하시네요.
날 끔찍이 사랑해 주시는 부모님들이어서 그 뜻을 거역 못하다보니 실없는 사람이 되버린 것 같아요.

요즘 나에게는 큰 변화가 일어난 것 같네요.
무슨 변화일까요.
환경에 적응하며 살아왔던 이제까지의 생활방식이 점점 달라지고 있어요.
내멋대로 이 세상에는 나 혼자인 양 생각하며 살고 싶어져요.
비정상적인 생각인지 모르겠지만, 훨훨 날아다니면서 내가 머무르고 싶은 곳에 머무르고 가고싶을 때 마음대로 갈 수 있다면 얼마나 좋을까를 상상합니다.
가만히 생각해 봅니다.
헤어진 지 불과 며칠 안된 것 같은데 이리도 시간이 안 가는 것은 무엇 때문일까요.
필요 없는 시간은 빨리 가고 원하는 시간은 붙들 수 있다면 얼마나 좋을까요.
난 요즘 어린애가 된 것 같아요.
아주 단순한 아기가 되버렸으니. 나 자신 쓴 웃음 지을 때가 있어요. 진정한 사랑을 깨닫고 어쩔 줄 모르는 바보.

누가 그러더군요.
삶의 목적이란 사랑을 하기 위한 것이라고.
난 그 당시 벗의 그 말을 듣고 웃어버렸지요.
그런데 요사이 찾아온 조용한 손님은 그것을 실감나게 해 주더군요.
그리고 나에게 가까운 사람에게는 그것에 대한 예찬가가 되어 노래 부르고 있습니다.
참 행복한 사람들이라고.

그래요. 전 아주 행복에 젖어 있는 한 마리 작은 새예요.
너무 너무 행복해서 가슴이 터져버릴 정도로 말에요.
제가 바라는 건
빨리 세월이 흘러 아니 강물이 흘러가도 이러한 마음이 영원히 가질 살 수 있다면.
오직 그것이에요.
자신을 망각해 버린다는 것은 좋지 않은 것 같지만
때에 따라서는 망각하며 사는 것도 나쁘지는 않다고 봐요.
할말이 너무 많은 것 같아요.
하지만 막상 말을 하려하면 나오지 않고. 그래서 그리도 마음을 태우면서 괴로워했는지도 모르겠습니다만.
생각해 보면 이제까지 나란 사람, 참 나쁘고 야멸차고 냉정했던 그런 사람같았나봐요.
어려서부터 그런 교육 밑에서 자라난 영향이 컸다고 핑계를 합니다만, 그러나 지금은 많이 달라졌어요.
따뜻한 온실 속에서 사는 것이 너무 무의미하고 자신을 찾을 수 없을 것 같아 야생초처럼 자라기를 원해 전 온실에서 뛰쳐나와버린 거예요.
강렬한 태양 빛을 받으며 강하게 살아가는 것이 삶의 진정한 보람이라 느끼며 후회하지 않고 강하게 살아가려는 거예요.

차가운 바람이 힘차게 불어 온실이 무너지고나면 온실속에서 자란 연약한 풀들은 야생에서 자란 것만큼이나 강인한 나를 보고 틀림없이 부러워할 거예요.

짧은 인생길에서 우리 그 무슨 철학이든지 얻으려고 태어났습니다.

완전히 얻어 터득하느냐 아니면 못 얻고 마느냐에 정도 차이가
날 것입니다.
노력하며 살아야 했습니다.
끈질긴 생명의 줄에서 그 누구처럼 행복하게 살아서 부러움도
부끄러움도 없는 삶을 잘 살아야겠습니다.

때에 따라서는 베풀고 희생하며 살고 싶습니다.
참 내가 퍽 우스운 여자 같지요.
내 마음 허공에 둥둥 떠다니는 것 같습니다.

좋아한다는 감정에 충만하고, 사랑한다는 말이 자꾸 되뇌어지고
입속에서 맴돌고 있습니다.
보고 싶어 하는 이 마음 어찌하면 잠재울 수 있을까요.
어떤 때는 계속 생각하다 생각하다 머리가 하얗게 변해버릴 것
같아요.
정신을 차리고 입술을 꼭 깨물며 참아야겠지요.
생각하다 혼란스럽기 전에 이만 펜을 놓아야겠습니다.
항상 난 규철씨 주위를 맴돌고 있음을 알아주세요.
분리가 된다는 것은 슬픈 일이지만 먼 훗날의 행복을 위해서
참으렵니다.

지리산 등반 계획하던 날 재미있는 이 계획을 참지 못하고
미리 가려고 하다 화초와 둘만의 호젓한 여행이 되어버렸지만.
처음부터 저에겐 너무 무리였는지 모릅니다.
내키지 않은 걸음은 그때가 처음이었습니다.
하지만 책임이 있어 친구들과 약속한 저로서는 빠지지도 못하고
결단을 내렸습니다.
그렇지만 마음속으로 내가 가장 아끼고 사랑하는 사람이 있는 뭇
사람들 속에 함께 존재해 있다는 것만으로도 위안이 되어 차에

올랐습니다.

한데 나처럼 그분도 무척 피로한 기색이었습니다.
전날 체육 강습시 여러 가지 동작을 한 관계로 후들거리는 팔다리를 의식하면서도 억지로 견디며 태연한 척, 즐거운 척, 분위기에 젖도록 노력했습니다.
시간이 흐를수록 나보다 더 피곤한 사람은 그분 임을 알았습니다.
마음이 아프더군요.
애만 태우다가 그대로 올라갔습니다.
내일은 20일 음력 스무 이튿날. 그분의 스물 일곱 번째 맞는 생일이었습니다.
이전에 만났을 때 우린 웃으며 얘기 했습니다. 잘못하면 산에서 생일을 맞겠다고. 선견지명처럼 사실이 된 생일도 퍽 재미있고 어쩌면 잊혀지지 않을 추억거리로 남을 것 같은 기대감이 생겼습니다.
어떻게 하면 즐겁게 해 드릴까, 이 궁리 저 궁리를 해 보았으나 신통한 생각이 떠오르지 않았습니다.
그러다가 사 놓은 미역을 보니 좋은 아이디어가 떠올랐습니다.
저와 가까운 화초와 의논해서 내일 아침 일찍 일어나 작은 이벤트를 하자고 모의를 했습니다. 몸이 편찮은 것 같은 규철씨의 안색이 자꾸 밟혔던 밤이었습니다.
저녁때 진지를 안 잡수신다고 하기에 어찌할까 고민이 컸습니다.
마음 같아선 곁에 가서 의논을 하고 싶었으나 주위의 시선으로 쉽지 않았습니다.
자칫 오해 받을 일이 생길 것 같아 신경을 써야만 했습니다.
역시 위선이 많은 저의 성격임을 스스로 느끼면서. 그런데 규철씨도 나만큼 주의를 하는 것 같았어요.
마치 저 자신이 무관심의 대상이 아닌가 할 정도로. 살짝 소외감이 들었습니다.

그리 썩 유쾌한 기분은 아니더군요.
그렇지만 나도 방관만 할 수는 없어 내 할 일을 하리라고 결심했습니다.
다음 날 아침, 제대로 잠을 이룰 수 없었음에도 일찍 일어났습니다.
밖으로 나오니 희부연 하늘에 구름이 발 아래에 있고 산 능선을 휘감고 있었습니다.
화초와 난 산 규철씨의 숙소가 있는 곳으로 달렸습니다.
달리다보니 참아야겠다고, 곤한 단잠을 깨우는 건 좋은 일은 아니다라고 여기며 한 차례 노래만 부르고 다시 돌아와서 생일상을 준비했습니다.
상쾌한 날이 되라고 축하하면서 마음속으로는 또 한가지 더 무엇을 빌었습니다.
앞날에 항상 서광이 비치며 또 나와 함께 행복한 나날이 열릴 것을 기원했습니다.
하룻밤 사이에 얼굴이 더 초췌해진 것 같았습니다.
참으로 말이 없는 사람이더군요.
돌처럼 매력 없는 사람이더군요.
내가 무얼 잘못했을까를 돌아볼 정도로 과묵한 성품이 오히려 섭섭했습니다.

아침이 지났습니다.
낮이 되었습니다.
그리고 밤이 되었습니다.
난 점점 회의에 빠지기 시작해 지더군요.
알 수 없는 상황을 알때까지 마구 달렸습니다.
달리다가 엎어져 버렸으면 하는
바보스러운 짓도 생각했습니다.
울고 싶어 미칠 것만 같았습니다.

내가 너무 쓸모없다는 비감이 들었습니다.
참 소견머리 좁은 여자라고 자책도 했습니다.
혼란을 거듭한, 번잡한 기분속에서 하루가 지났습니다.
쌍계사에서 하동으로 오는 내내
난 우울한 심회속에서 혼자 있고 싶었습니다,
남이 보지 않은 곳에서는 미친 듯 질주하여 내 자취를 감추고 싶어졌습니다.
정말 어리석은 바보는 선미뿐이었습니다.
즐거움을 모르는 것은 바로 나뿐이었습니다.
왜 그랬을까요. 꿈이 너무 커서? 천만에요. 그렇지 않습니다.
그저 순박한 여자가 되고 싶고 규철씨와 다정히 이야기 나누고 싶을 뿐이었어요.
전 계획대로 저의 여행(등반)이 즐겁지 못했음을 알고 혼자 웃다가 자책하다가 그랬습니다.
화초마저 나를 이해 못하더군요.

그러나 지리산만큼은 정말 멋있었습니다.
우울한 가운데서도 전 산에 흠뻑 빠져있었습니다.
실망과 만족이 교차되는 복잡한 마음을 안고 집으로 돌아왔습니다.
나를 우울하게 했던 그분이 집에 도착하자말자 어찌 그리 보고싶던지. 내 마음 나도 모르겠습니다. 녹아내리는 듯한 이 절절한 심정도 왜그런지 모르겠습니다.

이런 저런 심경의 변화,
짧은 여행 동안 전 생각을 무척 많이도 했습니다.
역시 내가 세상을 남자를 다 알지 못한 소치라고 생각하며 생각을 고쳐야 했습니다.
그래, 이 모든 것 역시 다 이해하고 살겠다고.

더 이해하기 위해 내 자신을 더욱 키워가겠다고 각오했습니다.
정신없이 쓰다보니 시간이 많이 흘렀군요.
또 내일을 위해 고단한 몸을 재워야겠습니다.
건강에 주의 하세요.
정말 나중 후회되지 않게 공부 열심히 하셔요.
물론 잘 하실 줄 아오나.

그리고 날 자주 생각해 주세요.
혹 편지 읽으시고 불쾌하셨다면 큰일이네요.
웃어주세요. 이러는 나를 모두 받아주세요. 이해해 주세요.

1973년 9월3일

ps.
　　-멋없는 사람-
　다 쓰고보니 너무 지저분한 감이 있네요.
　하지만 또 지껄이고 싶네요.
　다 읽으셨으면 이 편지는 없애 버리세요.
　낙서한 것이라고 생각하세요. 안녕.

선미 글.
1973년 9월 22일

보십시오.
불가피하게, 벗어 날 수 없는 이 처지에서 어떻게 해야 좋을까 망설였습니다만 역시 이번 학교에서 가는 단체 여행에 참가함이 좋다는 결론을 내립니다.
환경 적응에 좋은 본보기가 될 것 같아서 규철씨를 생각하면 가고 싶지 않으나 현실은 나를 그렇게 선택하게 합니다.
어쩐지 죄송하고 미안하다는 생각이 밀려듭니다만 넓으신 아량으로 이해해 주시리라 믿습니다.
하루 하루가 지나간다는 것. 퍽 기다려지는 날 때문인지 설레고 들뜬 시간들입니다.
그리움으로 물든 날들이 더욱 색채가 진해집니다.
그날(30일) 보고픈 마음으로 한없이 바라보며 즐거운 이야기를 나누었으면 합니다.
3시 그곳에서.

1973년 9월 22일 미 올림.

선미 글.
1973년 9월 29일

둘만의 여행을 떠나면서 글월 올립니다.
퍽 지루했던 며칠이었습니다.
그리고 유난히 보고 싶은 마음이 강했던 그런 날들이었습니다.
그곳에 가려고 몇 번 망설이다가 가지 않음이 좋을 것 같아 가슴만 마냥 허공에 띄우기를 반복하다가 결국 작정을 했습니다.
정말 이번 방학 때는 저 나름대로 계획을 멋있게 세워도 보고 그랬습니다만, 현실의 모든 여건들이 나의 계획을 외면해 버리더군요.
마음이 안 좋아도 참는 도리밖에 어쩔 수 없었습니다.
며칠간 일지라도 집이 그립고 또 나를 오라고 부르는 소리가 있으면 오겠습니다.
코스도 가면서 세워보겠습니다.
이번 여행은 나에게 생각함을 안겨주는 여행이 될 것 같습니다.
높은 산을 보며 넓은 바다를 보며 좁은 마음을 넓고 크게 키워보겠습니다.
지난 번 약속했던 날짜는 지키기가 어려울 것 같습니다.
안정이 되면 제가 방문 하겠습니다.

그곳에서 생활은 재미있게 지내셨으리라 짐작합니다.
재미 있었던 이야기는 차후에 듣기로 하고, 몸 건강히 안녕히 계십시오.

1973년 9월 29일 선미.

선미 글.
1973년 11월 18일

-그대 옆에-
하던 일 뒤로 미루고
잠시 당신 곁에 앉아 있고
싶습니다.

잠깐만 당신을 못 보면
마음엔 안식도 뭐도 없고
고뇌의 바다 위에서
내 하는 일
모두 다 끝없는 번민으로
변하고 맙니다.

불만스러운 낮의 여름은 한숨 지며
오늘 창가에 와 있습니다.
꽃 핀 나뭇가지 사이 사이에서
꿀벌들이 노래를 부르고 있습니다.

임이여
어서 당신과 마주 앉아
목숨을 바칠 노래 부릅시다.
침묵에 그득 찬
이 한가한 시간속에서.

-타고르-

직선의, 예리한 빗줄기가 허공을 긋고 어둠이 거미줄처럼
밀려올 때면 왜 나는 여기에 혼자 쓸쓸히 있을까, 예전에는 전혀
예측하지 못했던 낯선 곳에서 나그네의 외로움처럼 끝없는
심연의 세계로 빨려 들고 있습니다.

어떤 사람이 묻습니다.
지금 너의 소원이 무엇이냐고,
대답합니다.
오직 한가지
이 우주에서 단 한 사람과
마주 앉아 얘기하고 싶다고,
그리하여 내일의 꿈을 같이 꾸고 싶다고.

오늘 하루 온 종일 학교에 있었습니다.
일직을 하면서 꼼짝하지 않고 나를 응시해 보았습니다.
뭔가 석연찮으면서도 어쩔 수 없어 젖어 있는 반복되는 일상에
말 할 수 없는 권태가 느껴져 밖을 쏘다니고도 싶었습니다.
그러다보면 아픈 내 마음이 치유될 것 같은 기대감이
들었습니다만
가만히 좀더 깊게 생각해 보니
내가 어리석은 것 같아 차분히 마음을 가라앉히고 있습니다.
울적한 마음을 노래에 담아 흥얼거리기도 했습니다.
차가운 빗줄기에 어두운 기분 떨치려 피아노도 치고, 악보를
외기도 하면서 시간을 보냈습니다.
그러나 그 아무것도 텅 빈 듯한 내 마음을 채우지 못했습니다.

쓸쓸한 계절 탓도 있겠지만, 심연의 끝에 까지 떨어진 나의
고독이 다가오는 겨울의 육중한 침묵을 어떻게 견딜까, 혼자

초조히 굴다보니 급기야 공포가 밀려올 정도로 쇠약해 진 나를 발견했습니다. 나중 아니 내일은 생각지 말고 오늘 이 하루를 어떻게 보람차게 보낼 것인가에만 집중해야겠습니다.

지금 한창 시험을 치르고 계실 분께 쓸데없는 말을 한 것 같군요.
하지만 내 마음속의 말을 어떻게 다 풀 수 있겠습니까.
그저 묵묵히 기다리는 것만 제가 할 일인 것을. 세월이 가는 것도 그저 바라만 보고 있겠습니다.
먼 훗날 나에게 다가올 아름다운 미래를 기다리며 먹물 같고 칠흑 같은, 이 어둡고 쓸쓸한 기다림을 견뎌내겠습니다.

비록 나에게 좋은 환경이 주어지지 않는다 하더라도 굴복하지 않고 꿋꿋이 내 있는 힘을 바쳐 뛰어넘을 것입니다.
정성을 다해 우리의 삶을 가꾸어 갈 것입니다.

'참배 나무에서 참배나고 돌배나무에선 돌배가 난다.'는 옛말처럼 교육자로서의 소명의식을 갖고 자라는 어린이들을 진정한 참배나무로 성장시키는 일에 몰두할 것입니다.
그리고 오늘처럼 이런 괴로운 잡념은 다시는 하지 않기로 했습니다.
회의적인 생각은 물거품처럼 덧없는 것이라 지워버리고 대범하고 성실하게 오늘을 살아가야겠습니다. 그러기 위해선 내적인 충실을 기해야 하겠지요. 야무지게 살아야겠습니다.
그러면서도 복되고 착하게 그리고 아름다운 내일의 설계를 충실히 꾸려봐야겠습니다.
먼 안목으로 불필요한 여인의 감상은 접어버려야 하겠습니다.
 이제야 조금 마음이 가라앉는군요.
이다지 중요한 시기에서는 잡념은 마귀예요.
마귀들을 쫓아버리고 열심히 오직 공부에만 열중하시기

바랍니다.
최적의 시기는 다시 돌아오지 않습니다.
그것을 이용하는 가치에 따라 큰 전환이 되리라 생각합니다.
그렇지만 모든 영광과 부귀도 건강이 없인 실현 불가능한 것이기에 건강을 소중히 생각하시기를 바랍니다. 부디 몸 건강하시기 바랍니다.
규철씨 뒤엔 제일 먼저 어머님이 계시고, 누님이 계시고, 그리고 선미가 있습니다.

갑자기 추위가 들이닥치는 것 같습니다.
벌써 중부지방엔 첫눈이 내리기 시작했고요.
어제저녁 내린 눈이 산을 하얗게 덮었습니다.
가을이 짧아 아쉬운 것도 망각할 만큼 잿빛 하늘은 허연 눈발을 사정없이 내려보냅니다.
항상 그립고 보고 싶을 때마다 꺼내 보는 작은 사진, 근엄한 얼굴이 정말 멋있습니다. 감당이 안 될 정도로 잘생겼습니다.

정이 그득히 넘치는 다정하신 분. 항상 복된 영광이 있기를 빌면서 이젠 안녕이라 말해야겠습니다.
또 못 견디게 그리우면 편지 다시 쓰겠습니다.
필요 없는 말들이지만 머리를 식히실 때 읽어주세요.
그럼 정말 안녕.

1973년 11월18일 선미 올림.

선미글.
1973년 12월 13일

존경하옵는 분께.
먼저 용서를 바랍니다.
지난날 다시는 마음을 아프게 해드리지 않겠노라고
속으로 다짐하고 그러한 마음을 피력했던 선미가
또 마음을 아프게 해드리고 말았습니다.
자의인지, 타의인지 아무튼 전 약속을 지키지 않았습니다.
그래서 이렇게 괴로워하고.
현대인이 약속을 지키지 않는다는 것은 있을 수 없는 일임을 알면서도
그렇지 못하니
자신이 원망스럽군요.
하지만 저의 이런 마음속의 갈등들을 모르실 거예요.
언젠가는 차분히 말씀드릴 기회가 있을 겁니다.
사람이 산다는 것!
정말 어려운 가시밭길 위를 맨발로 걸어가는 심정이라고
표현하고 싶군요.
한 가지만 만족하며 살 수 없는 게 또 사람의 마음입니다.
너무 행복에 겨워 나오는 소리인지도 모릅니다.
한 사람, 한 사람 모두 겉보기엔 행복해 하면서 웃음도 날리고
힘차게 걸으면서 나름대로의 삶을 이루어 나가고 있습니다만,
내면의 문을 두드려 보면 괴로운 한숨이 쏟아져 나오는 게 또
인간의 삶인 것 같습니다.
그걸 참다운 인내로 참고 견디면서 사는 것이 정답이라고
할까요.
그 인내 속에는 꿈틀거리는 고뇌들과 싸우면서도 외적으로는

태연하고 힘들지 않는 척하면서 살아가는 고달픈 인생들. 그러나 이러는 것만이 최선의 길이겠지요.
그러나 소수의 사람 중에는
자기 한 사람 때문에 옆 사람이 얼마나 괴로워하고 생의 즐거움마저 포기해야 되는지 모른 채, 오직 자기 생각만 하는 이기적인 사람들도 있습니다. 자기가 이 세상에서 제일 불행한 사람이니, 그걸 알아주라고 몸부림치면서 자신은 귀하고 남을 무시하고 멸시하는 행위를 서슴치 않고 저지르는 사람들.
마음은 우울하고 자신이 없는 나약함에 힘겨울지라도 사람을 미워하고 원망하고 싶지 않습니다. 부족하더라도 모든 사람을 따뜻하게 감싸는 사람이 되고 싶습니다. 짧다고 생각하면 너무나 짧은 인생이기에 서로 도우며 믿고 의지하면서, 오손도손 정나누며 살아가야 하겠다는 생각을 합니다. 그것이 세상에 나온 보람이 아니겠습니까.
남을 미워하고 저주하고 경멸한다는 건 정말 있을 수 없습니다. 그건 커다란 죄악입니다. 남을 미워하는 자는 반드시 남에게 미움을 받습니다. 하루하루를 반성하며 착하고 선하게, 그리고 아름답게 살겠습니다.

이제 무겁던 마음이 다소 가벼워지는군요. 가벼운 마음, 이 얼마나 좋습니까. 처음 펜을 잡았던 출발과는 달리 전혀 새로운 인간으로 태어난 것 같습니다. 부모님께 효도해야 합니다. 나를 만들어 주신 부모님을 생각하면 눈물이 쏟아질 정도로 감사함뿐입니다. 고생하시는 아버님. 그리고 아버님이 계시기에 고생하시는 어머님. 자식 도리도 하지 못한 채 살고있는 자신이 부끄럽기만 합니다. 정말 부모님께 잘해 드려야겠습니다. 굵게 패인 주름살이 눈에 선하군요.
오직 자식들만을 위하여 노력하시는 분들인데 전 정말 너무 불효를 많이 했습니다. 이제부터라도 때는 늦지 않았습니다.

오래오래 사시도록 걱정 끼쳐드리지 않고 웃음꽃이 만발하게 잘 위해 드려야겠습니다.

몇 년 전까지만 해도 부러울 것 없는 우리 집이었습니다. 그런데 친어머님을 하늘나라에서 모셔 갔습니다. 아버님은 오죽했겠습니까만, 우리 가족들은 모두 절망에 몸부림쳤습니다. 검은 구름이 몰려왔습니다. 새어머니께서 우리 집에 오시게 되었습니다. 처음 오시는 날 참 못난 모습을 보였더렸습니다.
그날,
학교가 파하자 울부짖으면서 화초에게 말했습니다. "나 어디로 가버릴 거야. 집에는 죽어도 가기 싫어" 그랬더니 화초가 날 달래기 시작했습니다. 할 수 없더군요. 무거운 발걸음은 집을 향했지만, 마음은 자꾸 엄마를 불러대면서 천리만리로 떠나고 싶었습니다. 기도하면서 독백을 했습니다. "어머님 저의 불효를 용서해 주세요. 우리 5남매들을 훌륭히 키워내셨음에도 행복을 누리기도 전에 허망하게 돌아가셨으니, 그러나 홀로 계시는 아버지를 위해서 우리는 어쩔 수 없이 어머니 자리를 대신할 분을 모셔야 했습니다. 너무 노여워 마세요." 하면서 차마 집으로 들어갔습니다.

막 들어가니 전부 인사드리고 나만 남았다더군요. 빨리 들어와 인사 드려라고. 아버님 목소리가 십리 밖에까지 들릴 것만 같아 가슴이 죄어왔습니다. 무엇인지 모를 죄의식에 전 귀를 막고 사람이 없는 곳으로 피해 도망가고 싶었습니다. 남몰래 소리 없는 울음을 얼마나 울었는지 모릅니다. 마침내 이래서는 안 된다는 생각이 들더군요. 눈물을 훔치고 밖으로 나갔습니다. 그러나 도저히 새어머니 얼굴을 바로 볼 수는 없더군요. 만약 마음씨가 나쁘다면 우리 집은 어떻게 될까. 몹시 두려웠어요. 인사를 드리면서 뵌 인상은 다행히도 아주 인자하셨습니다.

1년이 지났습니다.
그동안에 동생(선웅)을 낳으셨습니다.
그리고 언니, 큰오빠를 결혼시키시고 또 곧 작은 오빠를 결혼시킵니다. 이제 남은 사람은 저와 동생 선상이가 남았습니다. 그런데 선상이가 문제입니다. 아직도 환경에 적응하지 못하고 마음을 잡지 못한 채 방황하고 있습니다. 난 집을 떠나와 이곳에서 지내니까, 크게 부딪힐 걱정은 없지만 선상이는 그렇지 않으니 말입니다.
누구를 원망할 수도 없는 현실에서 우리는 막막하기만 합니다. 어떡해야 하겠습니까.
시간이 흐르면 해결되겠지요.
그런데 아버님이 너무 불쌍하십니다. 가운데에서 이러지도 저러지도 못하시는 그 고충.
우리들이 외면하면 아버님의 속은 얼마나 애가 타겠습니까. 그리고 새어머니의 사정도 이제는 어느정도 이해합니다. 그러나 순간 순간 서글프고 외로워 질때가 많습니다. 어머니를 대하듯 같은 정을 느껴야 하는데 그게 잘 안됩니다. 더 노력하고 극복할 문제라고 여깁니다.
 쓸데 없는 말을 길게 했군요. 아무 부담 없이 들으시고 그러려니 하면서 곧 잊어버리셔요.

오늘(12일)도 근무했어요. 시간이 늦어 차를 타러 나갔더니 버스는 저만치 떠나버리고 남은 것은 폴폴 날리는 먼지뿐이더군요. 다음 차 시간이 5시라서 다시 나의 포근한 보금자리로 돌아와버렸습니다. 5시에 만나기로 약속하셨지만, 너무 늦어 안 가기로 하고 들어왔습니다만 마음이 어찌나 허전했던지. 뭐라 쓰지 않곤 배길 수가 없더군요. 얼마나 기다렸던 시간인데. 이렇게 어긋나 버렸으니, 참으로 후회막급입니다. 마음이 몹시 괴롭군요.

건강은 좋으신지요.
해를 끼쳐 드리고 싶지 않아요.
언제나 따뜻한 보탬이 될 수 있는 선미가 되도록 노력하겠습니다.
이번 주 토요일(15일) 5시. 금란 다실에서 뵈었으면 합니다.

십 여장의 긴 사연을 적고 보니 어쩐지 좀 쑥스러워 부치지 않기로 마음먹었으나 그것 역시 답답하군요.
어째서 내가 또 약속을 어겼을까의 변명들이 나열된 편지글이 날 보고 나무라는 것 같아서 편한 심정을 회복하려면 이래저래 시간이 걸릴 것 같습니다. 하지만 마음이 좋지 않으실 분께 뭐라고 해야 할까요. 내가 어떻게 해야 상한 기분이 전환될까요. 그것만 생각하고 속죄하면서 그날을 기다릴래요. 앞으로는 거짓말쟁이 선미는 되지 않을 거예요.
꼭 한 가지
보고 싶고 만나고 싶은 사람과, 보기 싫고 만나기 싫은 얼굴이 마구 뒤섞여 혼란스러웠는데 후자가 나의 마음을 어지럽게 만들어버리고 승리의 노래를 부르므로 참기로 했습니다.
그럼 그날 뵙기로 하고 이만 그치겠습니다. 안녕히 계세요. 추운 날씨에 몸 건강하시기 바랍니다.

1973년 12월 13일 선미 올림.

5부 재회 후 깊어진 사랑 (규철 글)

규철 글.
1974년 3월 27일

선미!
이제 바야흐로 봄이 왔는가 싶습니다.
이곳 서울에는 봄을 맞이하여 안 그래도 많은 사람이 더 많이 거리로 나와 돌아다니니 몸을 반듯하게 하고 다닐 수가 없을 정도로 붐비는 거리라오.
지난 금요일, 어쩔 수 없는 일로 연수를 따라 돌연히 서울로 올라와 버려 선미에게 미안한 마음 그지없군요.
집에다 편지를 간단히 써놓고 누님에게는 전화 연락해 주기를 부탁하고 왔습니다마는, 혹 연락을 받았는지 궁금하여 이렇게 펜을 들었습니다.
그날 오후 늦게 서울에, 무사히 도착하여 영등포에서 하숙하고, 다음 날 아침 시립 병원에 가서 연수 일을 돕고 바로 헤어져 동창생들을 만나 오랜만에 회포를 풀면서 원 없이, 재미있게 놀았습니다.
 일요일은 친구 셋과 함께 인수봉이 있는 북한산을 올라갔습니다. 모처럼의 등산이었습니다마는, 수 많은 등산객에 끼여 산에 올라가니 마치 사람 구경 나온 것 같은 느낌이었습니다.
사람들이 잘 죽는다는 인수봉은 자일을 타야만 올라갈수 있기에 단념하고, 해발 820m 되는 상봉을 지나 북한산성을 따라서 내려오다 보니 오후 늦게야 시내에 도착했습니다.
그리고는 곧장 친구 집으로 왔습니다.
참으로 유쾌한 등산이었습니다.
그동안 쌓였던 모든 짐을 산에 내려놓고 온 것 같이 홀가분했습니다.

북한산을 오른 것이 참으로 잘한 일이라는 생각이 드는군요.
다음 날은 내가 기거하고 있는 집의 친구를 학교로 보내고 나 혼자 사촌 형 집을 찾아가 인사드리고 그곳에서 하룻밤을 보냈는데,
형님이 반갑게 맞이하고 잘해 주어 고마운 마음과 함께 흐뭇한 시간을 보냈답니다.
어제는 약속대로 약대 다니는 친구 완식이와 함께 효창구장에 놀러 가서 국가 상비군 평가전과 광주공고와 경신고등학교의 축구 경기를 구경했습니다.
마치 내가 그라운드에서 공을 차고 있는 것 같아 시간 가는 줄 모르고 관람했습니다.
피로가 말끔히 가시는 것 같습니다.
오늘 대구로 내려가려고 생각했습니다. 그러다가 그곳 친구에게 폐를 끼칠 것 같고, 또한 시일이 너무 많이 걸릴 것 같아 단념했습니다. 이곳 친구들과의 이별도 아쉽고. 해서 내일이나 모레쯤 광주로 내려가렵니다. 선미 보고 싶은 생각에서라도 이번 주일에 꼭 내려가고 싶군요. 30일, 5시 그곳에서 만나 그동안 자세한 이야기를 들려줄까 합니다.
그때까지 기다려 줄 것을 바라면서 안녕히.

           1974년 3월 27일 아침
           사랑하는 선미에게 규철이가.

규철 글.
1974년 7월 10일(목요일)

비가 그칠 것만 같았는데 아직도 미련을 버리지 못하고 저녁무렵 다시 내리기 시작합니다.
가랑비가 조그마한 낙숫물 소리로 여운을 남기는 밤입니다.
여운만을 남기는 저 낙숫물 소리가 좀 싫게 들립니다. 마치 언젠가, 언젠가는 하는 것처럼 간절한 소리로 들려서입니다.
저 소리가 좋아질 것을 알고 있기에 오늘도 규철이는 이렇게 건재하고 있는지도 모르죠.
3월과 4월 1974년도의 지금, 바로 이 현재, 이런 현실을 극복해 낼 것입니다.
옛날에, 그리고 먼 훗날에 또다시, 그런 날들이 있지도 않았고, 아마 오지도 않으리라 생각하고 있으며 그런 날들이 있었기 때문에 다른 모양의 규철이가 되었다고 위안을 해보고 씁쓰레한 웃음을 지으며 내일을 향하여 조용히 굳게 발을 떼어봤습니다.
선미! 당신에게 감사를 드립니다.
그리고 미안하게 생각하는 바입니다.
어제가 아닌 그제도 아닌, 지금, 바로 오늘의 내가 된 것은 역시 선미, 당신이 내 곁을, 내 마음을 지켜주었기 때문입니다. 그래서 늘 고맙게 생각하는 것입니다. 또 선미의 상처를 나의 무능력으로 인해 힘껏 달래 줄 수 없음을 미안하게 여기고 있습니다.
항상 무엇인가에 쫓기고 있는 사람처럼 처량한 모습을 보였던 지난달부터 최근까지 선미를 즐겁게 해 줄 수 없었음을 솔직히 고백합니다. 어쩔 수 없었다고, 달리 방법이 없었다고 혼자 변명해 보지만 역시 나의 부족한 역량 탓이라 생각되어 이렇게 글을 쓰고 있습니다.

그러나 노력할 것입니다. 처량한 모습은 물론 처절한 모습은 결코 나의 것이 되지 않도록 힘껏 노력할 것입니다. 설령 올지라도 더욱 힘껏 보완해서 알찬 규철이가 되도록 하겠습니다. 그리하여 사랑하는 선미에게 행복한 삶을 선사할 것입니다. 기다려 주시오. 그날이 올 때까지.

두손 모아 기다려 주오.

나는 오늘도 공부를 많이 했다오. 더 열심히 해보려고 했지만 그렇게는 되지 않았습니다만 어쨌든 참 많이 했습니다. 어영부영 보내는 시간이 아깝게 느껴질 정도이니 일 단계는 성공한 것 같습니다. 이 정도로 5월, 6월, 7월, 8월, 9월을 집중해서 공부하고 10월부터는 학교에서 치르는 모의고사를 중심으로 열심히 하면 국가고시는 아마 무난하리라는 확신을 합니다. 선미는 이제 정말 염려 말아주오.

하기야 작년에도 염려하지 말라고 했었는데. 어쨌든 올해는 작년의 나의 사고방식과 많이 달라졌으니 거짓말로 듣지 말아요. 밤은 깊어지고 낙숫물 소리는 점점 멀어지고 있습니다.

이제 여운만을 남기는 저 소리는 아예 들리지도 않을 것입니다. 저 소리가 들려오더라도 다시는 싫어하지 않고 예전처럼 빛나는 내일, 내일의 태양을 맞이할 준비를 위한 낙숫물이라 바꾸어 생각합니다. 한껏 내일이 기다려집니다. 오늘 밤도 안녕을 고합니다.

1975년 5월 21일 규철.

이름 모를 벌레 소리가 밤공기를 흔드는 초여름 밤.
오늘 하루도 무사히 보내는가 봅니다.
항상 안정되지 못한 채 불안한 마음을 지니고 하루하루를 보내는 내 처지가 처량하기 짝이 없고, 때로는 회의를 느낄 때도 있지만 내일의 나를 생각하며 망각하는 것이 일상이 된 현실. 이제는 지쳐버렸고 또한 새로운 힘의 발걸음을 내디딜 때가 돌아온 것 같습니다.
지난 넉달 동안 시련의 날 속에서도 용케도 참으며 공부했지만 놀기도 많이 했습니다. 이제까지의 나의 계획은 무난히 달성했으나 시작은 지금부터. 이제는 더 열심히 공부다운 공부를 해야 할 때라는 것을 자각합니다. 시간이 너무 아까워 숨쉬기조차도 아깝습니다.
선미의 염려는 당연한 일, 그러나 필요 없는 일입니다.
선미의 충고 고맙습니다.
그러나 내가 더 잘 알고 있으니 나에게 누구의 충고가 더 필요할까요.
나는 누구보다도 나를 더 잘 압니다. 그리고 내가 어떻게 해야 하는 것까지도. 선미 걱정하지 말아요.
내가 할 수 있는 노력이란 노력은 전부 할 테니까. 그리하여 충분히 실력을 발휘할 테니까. 어제도 오늘도 그리고 내일도 변함없이 노력할 테니. 다만 선미는 내 곁에서 나를 지켜보며 나만 생각하면 됩니다. 그것이 바로 나의 힘이요, 나의 바람인 것입니다.
그리고 먼 훗날 오늘을 생각하며 즐거운 웃음을 마음껏 보내주고 마음껏 사랑합시다. 사랑합니다. 그러기에 지금 늘 마음껏 사랑을 주지 못하는 점 선미는 이해하리라 믿고 있습니다. 하루라도 빨리 그대를 위로하기 위해 오늘도 시험공부를 열심히 하고 이렇게 시간을 쪼개어 펜을 들고 있는 것입니다. 7월 24일

미국의사 자격시험이 있습니다. 국가고시에 비하면 큰 비중을 차지 하지 못하지만, 이왕 시험을 볼 바에는 둘 다 합격하기 위한 공부를 해야겠죠. 서울에는 23일 올라가 26일에 내려올 예정입니다.
자세한 이야기는 이번 토요일 만나서 하겠습니다.
그리고 8월부터는 선미 말대로 도서관에 다니든지 친구와 함께 방을 얻든지 다른 방법으로 공부할 계획입니다. 너무 걱정하지 말아요.

 날씨가 무덥군요. 빨리 여름이 지나고 또, 가을도 지나고, 겨울이 오면 좋겠습니다. 우리에게도 좋은 날이 반드시 올 것이라 확신하기에 이 시간의 더딤도 잘 견디고 있습니다. 그런 만큼 선미가 내 곁에 올 날이 가까워진다는 희망을 품고서. 오늘도 안녕히.

1974년 7월 10일 당신의 규철.

규철 글.
1974년 9월 2일(월요일)

선미!
지루했던 여름이 갈 듯 말 듯하다가 막바지 여름비를 장식하더니 이제야 물러나는가 봅니다.
모든 후유증도 가시고, 이제는 가벼운 시점에서 가을맞이하는 나의 자세가 제법 정중해집니다. 그리고 되찾은 활기로 몹시 든든합니다. 약 보름 동안 시련과 싸운 끝에 모든 것들을 극복하고 소중한 열매를 맺기 위해 두 번째 발걸음을 내딛게 되었습니다. 기쁜 마음 그지없어 선미와 함께 나누고자 이렇게 펜을 들었습니다.
선미도 이 글을 받으면 좋아하리라 믿어 의심치 않습니다.

어제는 나와 몇 사람이 주동이 되어 학교에서 치르는 졸업고사(여러 차례 볼 것 같음)와 특강에 참여하기로 추진하고 가결을 봤습니다. 다음 주부터 아침에는 학교에 다닐 것 같군요. 특강이라야 별로 중요할 것은 못 되지만 재학생들과 함께 공부하면 자극도 되고 더 열심히 할 것 같은 의욕이 생길 것 같아요. 아무래도 졸업 고사를 치르게 되면 보통 공부보다는 더욱 신중하게 살펴보고 집중력 있는 공부가 될 것 같아서 그런 결정을 봤는데 지금 생각해도 백번 잘한 선택이라 여긴다오.
물론 재학생들과 함께 같은 칠판을 맞대고 공부하는 것이 좀 부끄럽고 어려운 일이지만 만에 하나라도 또다시 전철을 밟는 것보다는 덜 수치스러운 일이라 얼마든지 견딜 일이어서 만족스럽습니다. 오늘의 이 곤혹스러움이 언젠가는 꼭, 빛을 볼 날이 있으리라 확신하기에 웃을 수 있는 여유를 가집니다.

선미, 미안하군요.
오랜만에 들어 본 펜인데 쓴 내용이 조잡스럽기 짝이 없으니 진심으로 사과드립니다.
내가 잘됨으로써 선미의 고통도 해결되고, 내가 행복함으로써 선미의 행복도 보장되는 것이라 여기기에 한 치 어긋남 없는 우리 인연이 더욱 소중한 결과를 가져올 것입니다. 그러므로 우리 조금만 더 힘을 냅시다. 기다립시다. 조금만.
선미는 지금 다른 걱정도 많이 있겠지요. 너무 크게 걱정하지 마시고 내가 하자는 대로만 열심히 한다면 틀림없이 좋은 날 올 것입니다. 정말 아무 걱정하지 말고 학교 일, 아이들 가르치는 일에 최선을 다하시길 바랍니다.

벌써 밤바람이 차가워 이불속이 그리워집니다. 싱그러운 열매를 수확하는 계절, 우리에게도 틀림없이 작으나마 결실 맺힐 것을 의심치 않습니다. 강한 확신을 나누면서 이만 펜을 놓습니다. 오늘 밤도 편안히 잠드시오. 안녕.

1974년 9월 2일 규철.

규철 글.
1974년 11월 5일(월요일)

선미. 고요한 밤입니다.
근심에 쌓여 있을 선미가 걱정되고 궁금도 하여 펜을 들었습니다. 오늘 집에 있었는지, 어제는 재미있게 잘 놀다 왔는지요. 걱정되어 전화하려다가 시간도 없었고, 있을지 없을지도 몰라서 단념했습니다. 가만히 생각해 보니 어찌하여 나로 인해 선미가 괴로움을 겪는지, 커다란 운명이라면 너무 얄궂기만 합니다. 그러나 오직 나의 잘못으로 인한 괴로움이고 그 원인이 어디에 있는지를 잘 알기에 두 번 다시 겪는 시행착오는 없으리라 다짐합니다.
곧 다가올 국가고시, 몇 달 전의 아쉬움이 뼈저리게 남아 있어 다시는 전철을 밟지 말자는 굳은 각오 끝에 이렇게 열심히 전념하고 있습니다. 속죄하는 마음으로. 선미. 조금만 더 참아 봅시다. 우리에게도 행복한 날들이 올 것이니. 내가 사랑하고, 선미가 나를 사랑한다는 것만으로도 우리는 잘 견뎌낼 수 있을 것이오. 내가 반드시 선미를 지켜주겠소.
이번 토요일, 이 선생님과 오게 되면 마음을 굳게 먹고 영양을 충분히 섭취하고 안정을 취하길 바라오. 정신적 문제만 해결된다면 아무 탈도 없을 것이니 너무 걱정하지 말고 교무에 열중하고, 명랑한 기분을 가지도록 해 보시오. 마음이 급하다 보니 난필이 되었군요. 이해를 바라오. 번 토요일 6시에 만나기로 했지요. 만나면 너무 우울한 표정 짓지 말기로 하고 이만 펜을 놓으렵니다. 우리의 앞날에 행복의 무지개가 활짝 펼쳐지길 희망하면서 이만 안녕히.

1974년 11월 5일 당신의 규철.

규철 글.
사랑하는 당신께.

그동안 별일 없이 몸 건강히 잘 지내는지 무척 궁금합니다. 차츰차츰 다가오는 국가고시를 앞두고 자신은 있으면서도 걱정은 여전합니다.
때때로 두렵기도 한 이것은 아직도 공부할 것이 태산 같아서일 겁니다. 보고 또 봐도 끝없이 봐야 하는 공부는 한 번의 실패를 경험한 탓과 함께 마음의 부담이 되는 것은 사실이오. 그러나 선미는 너무 걱정하지 마시오.
지난주 목, 금, 토요일은 서울대학에서 내려온 외래 교수님들의 강의를 듣기 위해 학교에 다니느라고 무척 바빴습니다. 시험도 못 치르다가 오늘에야 비로소 치렀던 것입니다. 결과는 언제나 똑 같은 것이라 할지라도 나 나름대로 더욱 더 노력하는 자세와 흔들림 없는 각오로 최선을 다하고 있으니 염려하지 말아요.
옆에서는 초저녁잠이 많은 동희가 쿨쿨 자고, 태호 친구는 재학생 친구(졸업반)가 억울하게 국가고시 두 달을 앞두고 입영하게 되어 위로차 그곳에 간 모양입니다. 오늘 결석하여 혼자서 공부를 하다가 이렇게 펜을 들게 되었다오.
이제 두 달 남았습니다. 잠깐, 동희 군이 잠을 자다가 잠꼬대를 하며 의학용어를 씨부렁거리는 군요. 잠을 자면서도, 꿈속에서도 공부하는 모양입니다. 측은하기도 하고, 웃음이 나오기도 하고.
앞으로 두 달, 지금까지도 쉼 없이 달려왔지만, 마지막 순간까지 더욱 매진하여 더는 공부할 것이 없다고 할 정도로 완벽하게 해내렵니다. 그리하여 두 달 후부터는 자유로운 시간과 여유로운 정신으로 선미와의 행복한 나날을 누려볼 것이오. 후회 없는 결과를 위해서 현실을 극기하면서 나를 이겨낼 것이라는 다짐을 새삼 다시 한다오.

규철 글

선미!
조금만 더 참으시오. 우리가 더욱 큰 행복을 안기 위하여 고심의 나날을 겪어내야만 되는, 하나의 통과의례라 여겨주시오. 비온 뒤의 태양이 더욱 찬란하듯이 더욱 더 상쾌한 하늘을 바라볼 것이라 확신하고 있소.
자정이 넘었나 봅니다. 항상 이맘때면 번데기 장사가 집으로 돌아오면서 남은 번데기를 마저 팔기위해 단골인 나의 창밖에서 뻔!, 뻔! 하면서 정답게 내는 소리를 듣노라니 생의 활력을 느끼게 된다오. 정겹기도 하고. 오늘은 저 뻔! 하는, 나를 부르는 것 같은 소리를 들으면 오히려 공부를 더 하라고 응원하는 메시지로 들려 의욕이 불끈 생깁니다.
쓴 글을 다시 읽어보니 여전히 공부에 대한 말밖에 쓴 것이 없군요. 물론 선미는 이러한 나의 처지를 이해해 줄 것이라 믿소. 지극히 단조로운 내 생활을. 나의 행복이 바로 선미의 행복, 선미의 행복이 바로 나의 행복이자 우리의 행복인 것이라는 말 다시 덧붙입니다.
 그러므로 조금만 더 이해심을 가져 주길 바라오. 12월부터는 저녁밥도 도시락을 싸 와서 먹으렵니다. 짜투리 시간이라도 아껴야 할 것 같아 찬밥 먹기로 작심한 것. 그래야만 나중에 더욱 편하게 따뜻한 밥을 먹을 수 있을 것 아니겠습니까.
그럼 이쯤에서 하고 싶은 말 줄이고 12월 첫 토요일에 만나서 대화 나누기로 합시다. 6시에 약속했었죠. 지금은 해가 빨리 지기 때문에 너무 깊은 밤이 될 것 같으니, 5시경에 만나는 것이 좋을 것 같군요. 몸조리 잘 하길 바라며 만날 때까지 건강히 지낼 것을 약속하며 안녕히.

                    1974년 11월 27일 밤 0시35분 규철.

6부 재회 후 깊어진 사랑 (선미 글)

선미 글.

사랑하는 당신께.
날이 어두워졌습니다.
태곳적 전설을 그득 안은 깜깜한 이 밤은 정녕 나에게 어떠한 진실이라도 가르쳐 주는 듯
근엄한 눈빛으로 주시하고 있습니다. 내일을 위해 오늘은 또 나의 보금자리에서 꿈의 날개를 펼쳐야 하지만 강한 그리움이 밀려오는 만큼 또렷한 눈빛이 되어 지나온 날들을 더듬어 봅니다.
먼 옛날의 전설처럼 돼 버린 서글픈 추억들은 하얀 손수건에 곱게 싸두고 하나의 일들로 흘러버리지 않으려고 마음먹었으나 어느 사이 그 아롱진 하얀 추억들은 연약한 가슴에 도리질 치고 있습니다. 생전에 별로 건강하지 못했던 어머니, 몸져누우신 베갯머리 위에서 전 어머니를 위해서 어머님이 좋아하는 노래를 불러드렸습니다.

    따옥따옥 따옥 소리 처량한 소리
    떠나가면 가는 곳이 어디 메이뇨
    내 어머니 가신 나라 해 돋는 나라

슬픈 이 노래를 부르면 어머니는 늘 그러셨습니다.
노래 참 좋다. 한 번 더 해 봐라. 하시면서 눈언저리를 훔치셨습니다.
아마도 돌아가신 외할머님이 그리워서 우시는 것 같았습니다.
노래를 부르고 나서 서로 부둥켜안고 슬피 울었던 기억이 납니다.
아픔의 순간을 잊어버리기 위해 나에게 이야기를 해 달라고

하시면 저는 며칠 전에 해 드렸던 숙영낭자전을 이어서 들려드렸습니다. 그러면 한숨을 길게 쉬시며 슬픔을 달래려 애쓰시던 착한 우리 어머니.

늘 마음에 걸리는 자식들 근심에 하루도 편할 날 없었던 어머니는 늘 이렇게 한탄하셨습니다.
우리 자식들 결혼하는 것 보고 가야 할 텐데, 우리 선미 선생 되는 것 보고 가야 할 텐데, 마지막 소원인데…. 그러시다가 "넌 너무 인정이 많아서 탈이다. 세상을 항상 꿋꿋이 살아야 한다."며 타이르던 분, 목련 같은 모습으로, 따오기처럼 해 돋는 나라로 그만 가버리셨습니다.
끝내 자식들 결혼하는 것도 못 보시고, 내가 선생이 된 것도 모르시고 한 많은 생을 마감하신 것입니다.

난 어릴 적부터 이런 버릇이 있었습니다.
크게 어리광 피우는 것도 아닌데 잠자리에 누울 때는 엄마의 치맛자락을 꼭 잡고 잠드는 버릇이 있었습니다.
꼭 어디론가 가버릴 것 같은 쓸쓸한 예감 때문에 그랬던 것 아닌가 여겨집니다.
한참 자다가 벌떡 일어나면서 "어머니!" 하고 부르면 어머니는 주무시다 말고 "오냐"하고 응답해 주시곤 했습니다.
그러면 난 안심하고 다시 잠을 이루곤 했습니다.

줄곧 병상에 계실 때에도 어머니와 둘이서 잤습니다.
어떤 날은 아주 무서운 꿈을 꾸기도 했습니다.
어머니가 돌아가시고 화사한 옷을 입고 계셨는데, 마치 낯선 여자가 우리 방 안에 앉아 웃고 있었습니다.
난 벌떡 일어나 "어머니" 하고 목멘 소리로 부릅니다.
"오냐, 선미야, 왜, 그러느냐?"며 내 손을 꼭 잡아주시던 어머니.

세월이 흐른 지금 그 버릇이 어느 사이 없어져 버렸습니다.
아무리 불러봐야 대답 없는 메아리이기에 허탈감에 시달리다가
그만 포기하게 된 것입니다.
또 아무리 어머니의 향기를 맡고 싶어 몸부림쳐도 고귀한 품속은
영원히 내 곁에서 사라져 버린 것입니다.
왜 어머니 생각이 이토록 밀려드는지 모르겠습니다.

그러나 이제는 당신의 향기를 엄마의 향기라 여기며 좋아하고
있습니다.
정말 당신의 사랑을 느낀 후부터 전 한시도 당신 생각을 안 한
적이 없습니다.
그 무엇과도 바꿀 수 없는 하늘 같으신 분.
전 이젠 하늘을 느끼지 않고는 살아갈 수 없게 되었습니다.
어느 때던가, 헤어지는 것이 너무 싫어 당신께 마음의 부담을
주었던 일도 많았습니다.
그때의 심정으로 서로 또 다른 곳에서 떨어져 있는 것이
무섭도록 싫었기 때문에 어리광을 피운 것이에요.
지금 이렇게 조용한 시간에 생각해 보니 내가 어리석은
사람처럼 여겨지네요. 그리고 번번이 약속을 어겼던 것, 깊이
사과드립니다. 나 아니라도 머리나 심정이 편치 않을 분이신데
나까지 근심을 안겨드렸으니 정말 후회가 됩니다. 앞으로
주의하겠습니다. 앞으로는 신경 쓰이지 않도록, 여유롭고
넉넉하고 포근한 사람이 될 수 있도록 힘껏 노력하겠습니다.

사랑하는 당신!
막상 면전에서는 사랑하는 당신이라고 말하라면 못할 것
같습니다만, 항상 마음속에서 불러보고 낙서할 때 끄적여 보는
단어이기 때문에 나에게는 어색한 말이 아니라 오히려 익숙해진
호칭이긴 하지만 왠지 부끄럽고 용기가 나지 않아 한 번도, 아니

앞으로도 계속 불러보지는 못할 것 같습니다.
한국 영화 중에 잊히지 않는 장면 중에서 난 그 말이 참 좋았다고 느꼈습니다.
그리고 뭇 시인들이 사용하는 시어들에서도 멋있게 느껴졌던 말이었습니다.
그러니 흉내낸다고 흉보지 말아주세요.
그저께 꺼냈던 결혼 문제, 절대 심각하게는 생각지 마세요.
당신을 못 믿어서가 아닙니다.
서로 신뢰한다는 것, 그것이 바로 사랑 아니겠습니까.
저의 생각으로는 너무나 사랑하기 때문에 당신 곁에 있고 싶고,
서로 위하며 내일을 설계해 나가는 것이
진정한 사랑을 하는 사람의 태도라고 여기고 있습니다.
혹시라도 저의 생각이 잘못되었다거나 저의 이기적인 고집이라고 나무라지 마세요.

무조건 기다리렵니다.
어떠한 고통이 날 괴롭히더라도 당신만 생각하며 과감하게 물리치겠습니다.
여자가 해야 할 일도 제대로 못하는, 무능한 여자이기 때문에 마음조차 넓지 못하고 편협하고 옹졸한가 봅니다.
생각할수록 부끄러워집니다.
그러나 저 역시 당신을 위한 일이라면 하는 데까지 노력을 하겠습니다.
참으로 현명하고, 바르고, 따뜻한 여자가 되도록 저를 키워나가겠습니다.

그런데 요즘의 당신은 과거의 사람이 아닙니다.
굳건한 힘을 가지십시오.
떳떳함을 자랑으로 여기십시오.

누가 당신을 그렇게 힘이 약한 사람이 되도록 했을까요.
비록 힘은 약하지만 제가 있지 않습니까.
전 당신의 모든 것을 사랑합니다.
이제 곧 밝은 내일이 우리를 받아들일 태세로 가까이 와 있습니다.

개인 도서관에는 다녀오셨는지요.
제 생각으로는 집에서 하는 것보다 가까운 도서관에 가는 것이 훨씬 효율적이라 여깁니다.
이왕 먹구름 진 하늘이니 금방 새파란 하늘이 나타날 것을 인내하면서 기다립시다.
당신은 하늘! 나는 땅! 하늘과 땅이 마주 보고 서로 응원하고 힘을 보태는데, 안 되는 일이 있겠습니까. 이제는 없을 것입니다.
너무 장황하게 포부만 늘어놓았습니다.
모진 바람 때문에 하얀 꽃잎이 속절없이 져버린 것이 못내 속상했던 낮이었지만 당신이 있기에 위로가 되었습니다. 사랑하는 당신이 있기에 꽃이 지는 것도, 바람이 못살게 불어도, 계절이 바뀌어도 모두 견뎌낼 수 있습니다.

이번 주 일요일(28일) 7시경에 전화하겠습니다.
아니 전화보다는 7시에 금란에서 만났으면 합니다.
특별한 일이 있는 것은 아니고 한 주일을 기다리며 사는 저로서는 뵙지 않고서는 못 견딜 것 같아서 그렇습니다.
(어쩐지 죄송하군요. 저 혼자만 놀러 간다고 생각하니. 이해하시기 바랍니다.)
만약 무슨 일이 있으시면 일요일 오전 중에 집으로 전화하시기 바랍니다.
몸 건강하시고 계속 꾸준히 노력해 주기 바랍니다. 우리의 안정된 미래를 위하여. 그럼 이만 안녕.

1974년 4월22일 3시 사평에서

　　봄의 노래

존재함을 자랑으로 우쭐대는 아지랑이
멀어지는 빗방울
연한 새싹 키워주고
부드러운 산바람
홍조 낀 두견화 가슴 설레어주네.
여긴
신선함이 깃든 곳
마냥 새로운 우리의 낙원
졸랑거리는 예쁜 천사들
가지마다 무르익는 계절의 초대

흐린 하늘이어도 좋아라
안개 낀 새벽이라도
우린 힘차게 뛰어갈 수 있다

찬란한
내일이 나를 반겨주기 때문에
'

　　　　-선미 올림.

선미 글.

규철씨께.
지금쯤 공부에 열중하고 계실 분을 어떻게 하면 잠시나마 피로를 덜게 할까 고민하다가 별도리가 없어 혼자만의 독백이라도 좋겠다는 마음에 펜을 들었습니다. 나의 피곤한 마음도 조금 풀리는 것 같아 일거양득이라고 여기면서 회심의 미소를 짓습니다.
그간 안녕하셨나요.
겨울답지 않은 날씨지만 우선은 따뜻하니까 별문제는 없습니다만, 조만간 강추위가 다가올 테니 조금 걱정이 됩니다. 눈이 내리지 않으니까 꽤 서운한 감도 들지만 머지않아 곧 내릴 것이라는 기대감 속에 몇자 적어봅니다. 어제저녁 영향이 만났습니다. 많이 부러워 보이더군요. 감히 나 같은 사람은 상상조차 할 수 없을 만큼 안정된 생활이 부러웠어요.
역시 영향이는 영향이 만의 멋을 지닌 아이예요.
작은 둥지 속에서 바깥세상이 무서워 발발 떨며 감히 엄두도 못 내는 단조롭게 사는 듯하지만, 나름대로 운치를 풍기면서 살아가는 성실한 영향이. 그러면서도 꿈은 항상 바깥세상을 동경하며 새로움을 희구하고 이상을 동경하는 아이. 괜스리 웃음이 나오려 하네요.
왜 그런 줄 아세요.
영향이 말이 생각나서 혼자 웃음이 나와요.
영향이 왈, 굉장히 공부 열심히 하겠거니 예상하고 불의에 습격했더니 두런두런 모여 노래 부르고 계시더라고요. 그날 인턴 시험이 있었다나요.
그런데 모두 그리 흔쾌한 기분은 아니시던 것 같더라고요.
그 말을 듣고 제가 한마디 했죠.

난 방해해서는 안 된다는 강박에 보고 싶어 죽을 것 같았는데도 편지조차 금했다고 말이에요.
공부를 방해하면 그만큼 잡념에 시달리고, 헛생각에 잠기게 되면 손해가 갈 것 같아서 그랬다고 말이에요.
그랬더니 뭐라 하는 줄 아세요.
선미, 넌 너무 바보다. 그러더군요.
그래서 막 웃어버렸어요. 웃고 나서 곰곰이 생각해 보니 뭔가 좀 허전한 생각이 들더군요.
하기야 공부라는 것이 하루에 줄곧 하는 것도 아니고, 그런다고 능률이 오르지도 않는 것. 가끔 휴식도 취하시면서 잡담도 하는 가운데 기분 전환도 해야 더 집중되는 것임을 잘 알면서. 영향이 눈에는 내가 매우 다급해 보였을 테지요. 그건 그렇고 이제 마지막 정리 단계이니 빠짐없이 세밀히 검토하실 단계겠네요. 어쨌든 매우 고생이 많습니다. 얼마나 힘든 시간을 극복하고 있을는지. 측은하고 가엾지만 힘내시라는 응원을 같이 보냅니다.

구정 때쯤 서울 가신다죠. 잘 다녀오세요. 건강관리 철저히 하시고. 2월 5일경의 그 시험 반드시 잘 치르고 오시기 바랍니다.
웃음의 꽃다발 그득 안고 오기를 진심으로 바랍니다.

얼굴

보고픈 마음 호수만 하니 눈 감을 수밖에
-정 지 용-

1974년 1월 16일 선미 올림.

선미 글.
(친구에게 쓴 글)

벗아!
꽃샘 추위가 풀릴 줄 모르고 그 누군가의 기다림을 외면하려는 듯, 봄을 더 얼어붙게 하는 그런 날들이다.
인명은 재천이라는 말처럼 참 무서운 일들이 나의 주위에 벌어지고 있다.
아침 통근버스로 월요일 그 사람의 졸업식에 참석하고 다음 날 내려가려다가 그날 추운 날씨를 무릅쓰고 거리로 나왔었다.
입술을 깨물고 가야 할 의무가 있어 사평으로 발길을 돌렸다.
그런데 다음 날 그 통근 버스가 학교 근처 거의 다 와서는 그만 논으로 굴러버렸어. 브레이크 고장으로. 우리 학교 선생님 네 분이 타셨는데 모두 다치고 말았어. 놀란 가슴은 종일 진정이 안 되더구나.
기분이 묘하더군.
정말 사람의 운명은 언제 어느 곳에서 어떠한 일을 당할지 예측하지 못한다는 것을 새삼 경험했어. 하루 사이에 나는 사고를 피하고 무사하게 일상을 지속할 수 있게 되었으니 말이야.

오늘은 스무이레.
아직도 합격자 발표를 하지 않아 난 갑갑증이 나서 미쳐버릴 것만 같아. 할 수 없이 나의 모든 근심을 위대하신 하느님께 맡길 수밖에 없었어. 지금 너는 어디에 있을까.
광주에는 오지 않았을 것이라 단정하면서 엊그제의 그 일이 이상한 충격으로 남아 마음을 달랠 겸 펜을 들었어.
그날 졸업식 날.

옛 동그라미회원들에게 줄 작은 선물을 들고 갔는데 이미 식이 끝나버려 다른 회원들은 만나지 못했어. 그 사람만 보고 안부 전해달라고 했어. 너무나 추웠던 날씨 때문에 모두 얼굴들이 새파랗게 질린 채, 졸업의 즐거움마저 꽝꽝 얼어붙은 것 같았어. 다가올 거센 세파를 걱정하는 지옥의 사자들, 바로 그 눈빛 같더구나.
그날 옛 여고 동창들을 몇 만났는데 나의 초라한 행색이 우울하게 만들더구나.
친구란 항상 서로 시샘하면서도 현실의 강물을 헤엄쳐 가는 것. 무척 두렵더구나. 그들과 나의 앞날들이.
혹심한 추위 때문에 심하게 떨면서 캠퍼스를 빠져나왔단다.
결과가 어찌 될까. 내일이나 모레만 되면 알게 될 일이지만 너무나 초조하구나.
인생은 고민하며 사는 것, 더욱 더 그러한 것이 바로 나의 인생인 것 같다.
다음에 또 보자. 몸 조심해라.

1974년 2월 27일 선미가.

선미 글.
1974년 4월 10일

그리운 당신께.
'망향', 만도린 독주를 열심히 하고 있는
김영자 선생님의 좋은 솜씨에 도취해
나도 모르게 펜을 잡았습니다.

꽃 피는 봄, 사월 돌아오면
이 마음은 푸른 산 저 넘어
그 어느 산모퉁이 길에 어여쁜 님 날 기다리는 듯
철따라 핀 진달래 산을 넘고 저 머언 부엉이
이름 끊이지 않는 나의 옛 고향은 그 어디멘가
나의 사랑은 그 어디멘가
날 사랑한다고 말해 주렴아
그대여 내 마음속에 사는 이 그대여
그대가 있길래 봄도 있고 아득한 고향도 정들 것 일래라.

몇 년 전 어떤 분의 마음을 알았습니다.
처음 명성제과에서 철길을 같이 걷자고 말씀하신 후부터
나의 마음엔 알 수 없는 그 무엇이 싹텄습니다.
시간이 흐를수록 한 사람의 굳은 날개 위에 너무나 나약한 새 한 마리 노래를 부르기 시작했습니다.
행복의 노래가 슬픔에 젖은 비가로 바뀌면서 떨리기 시작했습니다.
강한 바람이 세차게 불어와 그분의 곁에 있지 못하게 작은 새를 쫓으려고 무진 애를 썼습니다.
그때 그 작은 새는 망향의 노래를 미친 듯 불러댔지만, 안간힘을 쓰며 버텼습니다.
참다못한 새는 울먹였습니다.
당신과 영원한 동반자가 될 수 없다며 독하게 말했습니다.
둥지에 돌아와서는 남몰래 흐느껴 울었습니다. 눈이 퉁퉁 붓게 울었습니다.
세상의 슬픔이란 슬픔은 이 작은 새를 향해 존재하는 것. 약한 마음에 같은 처지의 새들에게 지저귀었습니다. 난 어쩌면 좋아. 임을 따르자니 현실의 바람이 날 흔들 것 같고, 바람을 맞자니 고통에 부서지고 고뇌로 점철될 것 같은 삶, 어찌하면 좋을꼬. 목이 쉬어라 울었습니다. 괴로워하는 이는 또 한 사람 더 있었습니다.
임의 마음이었습니다. 어째서 이러지 않으면 안될까 생각하며 방황했습니다.
옛일들이 눈물을 타고 떠올랐습니다.
귀중한 시간을 나 때문에 괴로워했고, 아무 이익 없이 소비해 버렸습니다.
아픈 상처뿐이었던 옛일들이 온통 후회의 연속일 뿐. 지난날의 공들인 노고가 절대 헛되지 않기를, 앞으로의 반석이 되어 주기를, 우리를 항상 비춰 주기를 소원했습니다.

봄이 좋고 진달래가 좋고 그 위에 그리운 당신이 계시는 봄. 정말 봄은 생명의 계절이에요.
존재의 가치를 인식시켜 주고 주검을 생으로 바꿔줄 수 있는 계절의 여왕은 역시 봄이에요.
이 좋은 계절, 당신이 계시지 않은 것이 몹시 서운하군요.
하지만 곧 다가올 찬란한 날들을 위해 오늘은 정숙해야겠습니다.
봄의 유혹에 맡기지 않고 아직도 겨울의 마음을 가지며 당신을 기다리겠습니다.
봄이 나에게 손 내미는 그 날을 위해 기다리겠습니다.

그만 그쳐야겠습니다.
아직도 못다한 업무가 남았는지 위에서 명령하는군요.
조금만 더 중얼거릴게요.
싫증 나신 표정 짓지 마세요.
살짝 웃으시며 날 대해주세요.
이렇게 당신을 향하고 있는 시간은 정말 행복한 순간입니다.
상상의 나래를 마음껏 타고 훨훨 날아 당신의 곁에 앉아
당신을 바라보고 있는 제 가슴은 행복에 떨고 있습니다.

기운차게 훈련받으세요.
이제 얼마 남지 않았군요.
장교 훈련이니까. 아주 인격적으로 훈련시키시겠죠.
고되고 불편한 점 많겠지만 조금만 더 참으시고
그날을 위해 오늘을 무사히 보내시기 바랍니다.
앞길이 거친 것이 없이 잘 풀리시기를,
건강하시길,
그리고 우리 사랑이 더욱 고귀해지도록 빌고 또 빌겠습니다.

곁에서 눕고 있던 선생님도 잠이 들었는지 조용합니다.
오늘 나의 작은 방으로 이사 오셨습니다.
몸도 불편하고 그래서 나와 같이 있기로 했습니다.
방도 좁지만, 꼭 나와 같이 살자고 그러시는 통에 할 수 없이
그랬습니다만,
살짝 짜증이 나는군요. 나 혼자만의 조용한 세계가 침해된다고
생각하다 보니.
그렇지만 야멸차게 거절할 수가 없었지요. 다른 방도 있지만
내가 제일 좋으니까 불편한 점을 생각지 않고 오셨어요.
더욱 조심해야겠습니다. 언니처럼 받들며 재미있게 살겠습니다.

김영자 선생님 아시죠. 노래 잘하시는 선생님. 좋은 것 많이 배우겠습니다.
마음씨가 아주 착하신데 약간 성격이 날카로우세요.
이 선생님은 예전 집에서 살고 계세요.
내가 사는 이곳의 주인어른들 너무너무 친절하세요. 아이들도 아주 좋고. 언제 한번 소개해 드리겠습니다.
옆방에서 할아버지들이 이야기하고 계십니다.
며칠 전 먼 친척뻘 되는 할아버지가 오셔서 두 분이 계셔요.
바로 옆방이라 말소리가 다 들려요.
주위는 고요한데 두 분의 이야기꽃은 점점 더 피어올라 포근한 봄밤을 더 운치 있게 만드는 것 같습니다.
그리운 당신!
오늘은 목요일(10일), 우리 학교 개교기념일이라 쉬는 날입니다.
오늘도 집에 가지 않고 이곳에서 한가히 보내고 있습니다.
내일모레 토요일은 한번 다녀와야겠습니다.
차편도 알아보고 장동 집에 들리어 어머님의 말씀도 듣고.
그래서 일요일 밤에 가는 일정은 확실하게 정해지는 데로 알려드리겠습니다.
시간만 허락하신다면 두 번이라도 가겠습니다.
가고 싶지만 그럴 수 없다면 참아야 하는 게 현명하겠지요. 이만 그치겠습니다. 안녕히.

        1974년 4월 10일 당신의 선미.

선미 글.
1974년 5월 8일(수요일)

규철씨께.
날이 갈수록 정은 깊어져만 가고 유수 같다던 세월은 왜 이리 더딘지 모르겠습니다.
 나만의 생각일까요. 똑같이, 생각이 일치되었을 것이라고 혼자 여기면서 나의 보금자리에 누워있습니다. 후줄근한 공기에 밝은 비가 내리고 있습니다. 금방 그칠 듯 그칠 듯하다가 계속 내리고 있는 빗줄기는 그 무엇을 재촉하는 것일까요. 봄이 아니면 세월일까요. 아마 둘 다겠지요.
비가 오면 개이고 개이면 바람이 불고, 이런 순환 속에 우린 살고 있습니다. 오직 두 사람만이 똑같이 공감하며 두 손을 마주 잡고 있습니다. 그것으로 만족합니다. 외롭지 않다는 것만으로도 생의 보람을 느낄 수 있습니다. 바람이었다면 그건 얼마나 우스울까요. 소망, 희망. 이런 것이 없다면 그건 돼지나 다를 바 없겠지요. 이렇게 난 행복에 차 있으면서도 바람의 강물은 계속 흐르고 있습니다.

오늘은 어버이날.
집에 가기로 하고 어머님 산소도 찾아봬야 하지만 그러지 못한 난 역시 불효 여식인가 봅니다. 며칠 연습했던 합창은 그런대로 성과가 괜찮아서 우울한 날씨와는 달리 기분은 한결 좋습니다. 노래도 부르고 탁구도 신나게 쳤습니다. 학부모와의 만남도 친근한 정을 한결 더 해주는 듯했습니다.

지금쯤 어디에서(도서실) 열심히 하시는지요.
몸을 중히 여기면서 하기 바랍니다.

참 너무 인사가 늦었네요.
어머님께서도 안녕하시겠지요.
그런데 한 가지 말씀드리겠습니다.
이번 토요일 약속을 지키지 못할 것 같습니다.
일직이 겹쳐 대직을 하려다가 그만두기로 했습니다.
다음에 어차피 걸리기 때문에 그렇습니다.
그러니 이번 약속을 다음 주(18일 오후 7시) 그곳에서 기다리도록 하겠습니다.
양해 있으시길 바랍니다.
그날까지 몸 건강하시기 바랍니다.

 안녕히. 1974년 5월 8일 선미 올림.

선미 글.

해바라기
자꾸 망설이는 너
나에게 어떠한 진실을 말하려 하느뇨
커다란 손바닥 한 개
이글대는 태양의 애인인 양
사뭇 눈망울조차
발그레 상기되었구나.

.

무언가 나에게 다가온다.
어떤 말 못 할 가득한 마음들이
방울 소리를 내면서 달려온다.
우리 한 번 받아보자.
고사리처럼 작은 손바닥은 뒤로하고
너의 손과
나의 얼굴로
차가운 현실을 힘껏 껴안으며
힘차게 웃어보자꾸나.

자꾸 주저하는 너
무얼 망설이느뇨
뿌듯한 가슴 떨림이 있는
행복의 노래도 난 바라지 않는다.
오직
나에게 참다운 진실만을
차곡차곡 안기어 다오.

- 창가의 해바라기 -

다시 한가한 시간이 계속됩니다.
마음껏 당신을 그려 볼 수 있는 나만의 시간이 주어진 것입니다.
오랜만에 빗님의 행차라 후줄근했던 마음들이 깨끗이 씻기는 순간입니다.
창 옆의 노란 해바라기들의 행렬을 향해 다시 한번 창을 열고 바라봅니다.
그저 순종만 하는 모습에 안기는 것 같습니다. 그러면서 한껏 가슴속의 염원을 풀어 헤치는 모습이 아련하게 그려집니다.
작은 어항 속에서 그저 순응하며 살아가는 작은 붕어나 넓은 창공을 마음껏 날아다니는 귀여운 새들에게도 한가지씩의 소망은 자리 잡고 있을 것입니다. 자연계의 모든 법칙은 순환 속에서 여물어 가고 있습니다. 이 거대한 온갖 것 중에서 하나의 인간이 숨을 쉬고 있습니다.
갖은 사연을 얼굴에 그리면서 내일을 기다리고 있습니다. 생각한다는 건 하나의 모순을 발생시키고 그리워한다는 것은 더욱 깊은 물에 빠져 버리는 그런 마음의 연속이 되고 있습니다. 삶의 근원도 제대로 못 느끼면서 오늘을 발버둥 치는 게 인생입니다.
허허로운 벌판, 희멀건 달이 비추는 고적한 곳에 있으면 옛집이 생각나고 그리운 사람들이 생각나게 마련입니다. 그렇기 때문에 현실의 문전에서 우린 크게 소리치며 나의 존재를 명확히 인식하며 생활하는 게 아니겠어요. 바람이 분다고, 소음이 싫다고, 먼 곳으로 되돌아가는 어리석음이 있어서는 안됩니다. 뜨거운 맥박 하나하나 짚어가면서 다음 전개를 펼쳐야 합니다.

내가 지금 무슨 말을 하는지 저 자신도 통 모르겠습니다. 어디선가 들려오는 망치소리, 예전에 즐겨 부르시던 노래 구절이 생각납니다. '못이 되기보다는 망치가 되겠다'라는 말처럼 그런 인간이 되기 위해 오늘도 땀을 흘려야겠습니다. 찬란하게 비추는 태양을 잡을 수 있도록 끈질기게 노력해야 겠습니다.

어둠이 이 종이 위에까지 밀려오네요. 오늘도 어제처럼 아쉬운 작별을 해야 할 때가 온 것 같습니다. 가늘게 가늘게 떨어지는 힘없는 빗줄기를 보며 생각합니다. 그러한 인생보다는 온갖 사람들에게 여운을 그득 안기는 소나기의 인생이 더 멋질 것 같다고 여깁니다. 굵고 강한 소리로 내려서 시원함과 자랑스러움을 주는 그러한 인생처럼 말입니다. 여기서 안녕.

1974년 7월 2일 선미 올림.

선미 글.

사랑하는 당신께.
차마 내키지 않는 발걸음을 뒤로 한 채 훌쩍 버스에 몸을 실어야 했습니다. 그래도 아직은 나에게 참을 만한 힘이 있다는 것을 희뿌연 안개처럼 느끼면서 말입니다. 제가 어떤 생각에서 그런 말씀을 드렸는지 아실 것입니다. 나이 어릴 적 생각은 그러했습니다. 어떤 배우자가 나에게 조용한 걸음으로 다가올 때, 나의 온 정성을 바쳐 많은 도움주는 지적이며 정적인 여자가 되겠다고. 또 그렇게 만분의 일이라도 되도록 노력했습니다.

그런데 어른이 된 지금 곰곰이 생각하니 선미라는 한갓 속된 인간이 당신께 과연 어떠한 보탬이 될까 망설이고 있습니다. 머리에 떠오르는 것은 비록 보탬은 못될지라도 해가 되어서는 안 될 일입니다. 하루살이 인생도 아니고, 고귀한 삶을 전제로 하는 우리들의 인생이기에 어찌 단순하게 오늘 일만 걱정하겠습니까. 당신이 날 필요로 하듯이 전 더욱 당신이 필요합니다. 아니 모든 걸 나의 마음처럼 그렇게 되었으면 좋겠습니다만 아직은 시기상조가 될 것 같습니다. 하루하루를 일주일, 마지막 날 만난다는 기다림 속에서 전 당신을 만났습니다. 포근하게 따뜻하게 해드렸으면, 모든 걱정 쉬 잊어버리고 희망이 부푼 당신이 되게 노력하지만, 그저 뚝배기 같은 무능한 여자라는 것이 한계라고 느껴왔습니다.

당신이 헤쳐나가는 길에 가시덩굴이 아닌 잔돌이 되고 싶습니다. 방해가 되지 않고 날 딛고 일어서서 걸어가시는 모습을 보고 싶습니다. 저의 이런 마음 아실까요. 평범하게 산다는 것, 그 자체는 좋습니다. 하지만 한 번의 인생길 그렇게 가치없이 보내기는 아쉽습니다. 좀더 노력해서 남보다 더 큰 행복을 우리의 손에 넣어야 합니다.

지금 당신은 공부를 하고 있습니다. 합격하는 것만으로 그쳐야 할까요. 이왕이면 조금만 더 고생하셔서 상위 입상에 들도록 하셔야 합니다. 그리고 미국 의사자격고시도 치르셔서 나중에 아주 훌륭히 되었을 때 얼마나 그 옛날 그 일이 그리워지면서 흐뭇해할까요. 이렇게 말씀하실지 모르겠습니다. 뭐하려고, 그렇게까지 하느냐고요. 하지만 우린 아직 젊습니다. 그리고 당신은 얼마든지 그렇게 될 수 있습니다. 사람이 결심하고 노력하는데 되지 않는 일이 있을까요. 결단을 내리십시오. 남들보다 더 멋지게 살 수 있습니다.

훌륭한 아내, 훌륭한 어머니가 되고 싶습니다. 그리하여 먼 훗날 죽음이 눈앞에 다가오더라도 절대 비굴하지 않는, 떳떳한 인간이 되고 싶습니다.

절로 가셔요. 친구랑 같이 가시면 별로 좋지 않을 것 같습니다. 모든 잡념을 버리고 일곱 달 동안만 고생하세요. 제가 대신해서 어머님을 자주 뵙겠습니다. 모든 시험이 끝나는 날 다음의 설계를 세우면 좋겠어요. 저의 솔직한 심정은 어머님께 정말 죄송하게 느낍니다. 이건 누구의 잘못도 아니지만 그러한 마음 어쩔 수 없어요.

아까 저의 말 어떻게 이해하셨을까요. 이건 절대 당신을 믿지 못해서 하는 말이 아닙니다. 진정으로 너무나 사랑하기 때문에 순간의 아픔을 참으며 먼 안목을 갖자는 것입니다 사랑하는 당신. 당신은 나에게 사랑을 심어주셨습니다. 그리고 힘찬 삶의 의욕을 안겨주셨습니다. 왜 내가 살아야 하는가. 왜 이리 고달픔을 참고 이기며 혼자 흐뭇해하는가, 바로 사랑의 힘이라는 사실을 깨닫습니다. 고귀한 당신이 계시기 때문에 세상에 두려울 것이 없는 자신감에 안기기도 했습니다. 당신에게나 저에게나 앞으로의 일은 두려울 것이 없습니다. 두 사람이 함께 똑 같은 길을 걷는다면 슬픔도 모르고 모든 것을 극복해 낼 것입니다.

날 정말 사랑하신다면 저의 말에 꼭 귀 기울여 주세요. 절에 정 가기 싫으시다면 도서관에라도 나가셔요. 무엇이 안 맞았을까요. 아무튼, 지금은 참으로 귀중한 시간입니다. 우리 학교 여선생 한 분이 자기 오빠 친구도 공부하고 다니는데 그 사람도 정말 열심히 한다고 그러더군요.
당신 말씀대로 내년엔 우리들의 생사가 달려있는 해입니다. 집에서는 절대 공부가 되지 않는다고 봅니다. 제 생각으로는 절에 계시면서 한 달에 한 번씩은 집에 오셔서 가족들 만나보고, 학교에 나가서 시험지 등을 입수하고 참고하면 좋겠습니다. 그리고 다른 사람들과는 일체 왕래가 없도록 하고 조용한 곳에서 조금만 고생하면 될 것 같습니다. 어떤 일이든지 너무 자신하면 좋지 않다고 봐요.
벌써 7월입니다. 과단성 있는 결단을 내리셔야 해요. 저도 있는 힘 다해서 뒷받침하겠습니다. 이런 말 한다고 절 나무라지 마세요. 믿기 때문에 아무런 제약 없이 제 생각을 말씀드리는 것이예요. 교실 안에 어둠이 좌악 깔렸군요. 너무 오랫동안 이 교실을 지키고 있는 것 같습니다. 가야겠습니다. 보금자리로. 언제쯤인가 찾아올 행복을 위해 이만 그쳐야겠어요.
이번 토요일 뵙겠습니다. 그때 더 진지하게 이야기 나누면 좋겠어요. 그럼 몸 건강하고 열심히 하세요.

1974년 7월 1일 선미 올림.

선미 글
1974년 10월 16일(수요일)

사랑하는 당신께.
혼자 있는 시간이기에 그리움의 물결이 세차게 일렁이는 밤입니다.
잠깐의 시간이라도 잊어 본 적이 없는 당신의 모습, 타들어 가는 바닥을 바라보며 비를 기다리는 농부의 마음처럼 기다리고 있습니다.
조물주의 시험이 끝이 없기에 조심스럽게 대기해 있어야 합니다.
아니 힘찬 힘으로 이 길을 뚫고 가야겠습니다.
낙엽이 한 잎 두 잎 떨어지고 있군요.
언제 가을이 올까 하고 기다린 것이 엊그제 같은데 벌써 낙엽이 지는군요.
마지막 잎새까지 지면 겨울이 오겠지요.
얼음이 풀리고 희망에 찬 봄이 오면 우리의 시련은 끝이 나 있을 거예요.
미래의 뚜렷한 기다림이 없다면 산다는 건, 얼마만큼 암흑에 둘러싸인 걸까요.
다음의 기회는 영영 오지 않기에 주어진 시간, 이 현실에만 집중하고 노력하는 길만이 최선이라고 여깁니다.
부족한 점이 많은 나이지만 제가 할 일도 가르쳐 주세요.
당신의 말씀이라면 모든 걸 따르겠습니다.
우리들의 만남 이런 연분을 주신 조물주에게도 감사하는 마음입니다.
언제까지나 하느님이 허락하신 이 귀한 인연을 소중히 간직하면서 살아갔으면 합니다.
나에게 가장 귀한 당신. 이렇게 못 견디게 보고 싶을 때 곁에 계신다면 얼마나 행복할까요.
기다림을 가장 큰 행복으로 여긴다는 사람들처럼 저도 그런 자세로 살고 있어요.

장막을, 드리운 검은 그림자 같은 현실, 이 어둠을 걷어 낼 사람은 오직 당신밖에 없어요.
떨어지는 낙엽 같은 고독을 행복의 시간으로 바꾸기 위해서는
감내해야 하는 고통이 끝없이 시련을 던지겠지요.
당신께서도 힘찬 바람이 세차게 불어도 절대 흔들리지 마십시오.
얼마 남지 않은 시간입니다. 다시 용기를 가지고 매진하십시오.
당신의 손을 따뜻한 제 손으로 데워드리겠습니다.
하늘을 한번 쳐다보시고 원대한 포부로 다짐해 보세요.
지치지 말고 계속 정진하시는 길 외는 방법이 없습니다.
첫째 건강하셔야 합니다.
둘째 정신력입니다.
영글어 가는 벼 이삭, 수수 이삭, 만삭이 된 몸을 자랑하고 있네요.
보람을 최우수 작품으로 뽑는 가을처럼 막바지 수확을 위해 애써주세요.

허전한 가을날에 당신을 위해 기도하렵니다.
하늘에 계신 우리 아버지가 아니라 나의 태양이신 당신 더욱 뜨겁게 타오르고 고귀하게 빛나시라고.

1974년 10월 16일 선미 올림.

선미 글 .
1974년 12월 27일

사랑하는 당신께.
밤이 깊었습니다.
새해를 맞이할 여유도 없이 갑인년이 흘러가고 있습니다.
여름이 지나면 가을이 오고 가을이 지나면 겨울, 그리고 그 겨울 지나면 꽃피는 새봄.
자연의 법칙 속에서 강물처럼 덧없이 지나가는 반복된 시간을 되돌아봅니다.
노스텔지어의 손수건처럼 영원한 추억을 생성하고 있음에도
저물어 가는 한 해는 어쩐지 쓸쓸하고 아쉽기만 합니다.
저의 내면을 조용히 응시하는 겨울밤입니다.
소음이 계속되는 야밤인데도 가로등 밑의 포장마차는 간 곳이 없고 버스를 기다리는 행인의 추운 얼굴엔 초조의 그늘이 짙게 깔려 있습니다.

오늘 생각지도 않았는데 신역엘 가게 되었습니다.
향순이 동생이 군대에 가게 된 거죠.
31사단에서 훈련을 마치고 오늘 배치를 받아 출발하는데 전송 나갔습니다.
 6시에 군 트럭이 온다는 말을 듣고 부랴부랴 가족들과 함께 이방인 아닌 이방인처럼 따라갔습니다.
역광장에서 기다리기를 무려 1시간, 웅성대는 인파,
그들은 우리와 똑같은 목적을 가지고 온 사람들이었습니다.
땅거미 짙게 깔린 어둑어둑한 하늘 아래 당사자를 찾는 것이 무척 힘들었습니다.
몇 대의 트럭이 정차되고 이내 내리는 군인들(햇병아리 군인들).

벌써부터 아무개야 아무개야를 부르며 눈물 흘리는 할머니,
그리고 어머니들.
이어서 큰 문이 열리더니 한 줄로 뛰어오는 용사들.
손에 군백을 하나씩 들고 기차를 향해 뛰어오면서도
연방 고개를 다른 곳을 향해 두리번거리면서 가족을 찾았습니다.
안타까운 시선들.
저 역시 쉽사리 동생을 찾을 수가 없었습니다.
유난히 키가 작고 체구가 작았기 때문일까요.
눈물이 마구 흘렀습니다.
거세게 밀려드는 슬픔으로 멍하니 하늘을 올려다보았습니다.
초췌해진 달님의 얼굴조차 우는 것처럼 보였습니다.
아비규환이라고 해야 할까요.
문득 겪지도 않은 전쟁이 떠올랐습니다.
한번 가면 이슬처럼 사라지는 인생이지만
어쩔 수 없이 가야만 하는 길이기에 눈물을 머금고
길을 뜨는 아들과 그런 아들을 보내는 숱한 어머니들.
모자 이별에 어찌나 눈물이 나오던지요.
기차가 발차하는 순간까지 크게 울며 달려드는 어머니도 있었습니다.
인간은 그렇습니다. 남의 딱한 처지를 보면 자기 불행을 느끼면서 위로를 받기도 하고, 그러면서도 동병상련하면서 슬퍼합니다. 진정 그 사람의 입장에 서서 그렇게 같이 울어주는 것 같아도 사실은 자기 처지를 생각하고 자기 슬픔을 떠올리고, 자기의 애환에 사무쳐 우는 것이지요.

내년에 군대 가신다는 당신.
그리고 내 동생 선상이.
정말 그래서 마음이 아팠는지 모릅니다.
서글픈 마음으로 집에 와서 아버지께 있었던 일을 보고드리니

츳츳, 별걸 다 가지고 그런다고 하십니다.
남자는 당연히 해야 할 의무.
죽으러 가는 것도 아닌데 뭐 울고불고하냐고.
우습다고 말씀하십니다.
대체 곰곰 생각해 보니 그럴 필요까지 없는데
너무 감정에 사로잡힌 것 같아 한바탕 웃고 말았습니다.
덕분에 선상이는 유독 측은해서 과자도 사주고 다독여 주기도 했습니다.
누나인 제가 더욱 굳건한 태도를 보여야 하겠습니다.

사랑하는 당신!
정말 오늘 밤만은 달려가고 싶습니다.
얼굴을 뵙고 싶었습니다만, 참아야 한다는 마음에 단념하고 말았습니다.
얼마나 많은 체념을 거듭하며 살고 있는지 모릅니다.
내 지각대로 하지 못하는 것은 시기상조인 것 같아 이를 악물고 독하게 견디고 있습니다,
대장부 큰 뜻을 품고 가는 길에 아녀자가 어찌 길 막으리오.
행복이란 가까이 있다고 했습니다. 아무리 남 보기에 행복하게 사는 것처럼 보여도 들여다보면 불행한 삶이 있고, 행복하지만 전혀 그렇게 보이지 않는 삶도 있습니다. 욕심 없는 소박한 마음이 절대로 필요한 것이지요.

노천명의 시 '이름 없는 여인이 되어'라는 시가 떠오릅니다.

어느 조그만 산골로 들어가
나는 이름 없는 여인이 되고 싶소.
초가지붕에 박넝쿨 올리고
삼밭엔 오이랑 호박을 놓고

들장미로 울타리를 엮어
마당엔 하늘을 욕심껏 들여놓고
밤이면 실컷 별을 안고
부엉이가 우는 밤도 내사 외롭지 않겠소.
기차가 지나가 버리는 마을
놋 양푼의 수수엿을 녹여 먹으며
내 좋은 사람과 밤이 늦도록
여우 나는 산골 얘기를 하면
삽살개는 달을 짖고
나는 여왕보다 더 행복하겠소.

마지막 단계 정리 잘하시고 세 분 모두의 영광이 깃들기를 바랍니다.
나의 인생이 당신과 함께 영원하기를 기도하는 겨울밤에. 선미 올림.

                                      1974년 12월 27일

7부 군 복무와 결혼생활 (규철 글)

규철 글.
1975년 1월 10일

선미!
그동안 몸 건강히 별고없이 잘 지내며 교무에도 충실하겠죠.
규철이도 선미의 염려 덕분에 몸 건강히 훈련을 잘 받고 있습니다.
더구나 지금은 많은 시간이 흐른 탓으로, 환경에 대한 적응력과
따뜻한 봄빛을 받아 마음과 몸에 역동하는 생기로 인해
고된 훈련을 즐겁게 받아들이고 있습니다.
요즘 그곳의 산과 들에도 진달래가 많이 피어있겠죠.
가끔 한가한 시간이 생기면 옛날 산을 돌아다니며 진달래꽃이
만발한 산길을 뛰어다니던 시절을 떠올리려고 눈을 감기도
합니다.
이곳 산과 들에는 진달래 대신 할미꽃이 유난스럽게 많이
피어났군요.
오래전 선미가 보낸 편지에 적힌 할머니 꽃에 관한 이야기와
시가 생각나더군요.
이러한 글을 쓸 수 있게 된 것 역시 마음의 여유가 조금 생겼기
때문입니다.

선미!
우리가 만날 날도 얼마 남지 않은 것 같소.
이러한 시간이 있기 때문에 우리의 만남은 더 뜻이 깊은 것이
아니겠소.
또 다음에 소식 주겠습니다. 몸건강히 안녕히 계시오.

규철.

선미에게
간단한 서신을 보내겠습니다.
오늘도 훈련을 마치고 약간의 시간을 내어 이렇게 펜을 들었답니다.
어제부터 본격적인 훈련이 시작되어 벌써부터 군인 정신이 점점 강해져 가는 것 같은 착각이 들기도 하는군요.
훈련을 받다 보면 집안 걱정 등 여러 가지 잡념이 사라지는데 비해 선미와 집안 걱정은 여전히 머릿속에서 떠나지 않는답니다.

그동안 내가 없더라도 교무에 열중하기를 바라고 우리 집에 찾아가서 어머니께 인사하고 집에도 편지를 같이 띄우고는 있지만 내 안부를 자주 전해 주길 바라오.
곧 점호가 시작되려는가 보오.
간단하나마 다음 기회에 소식 줄 것을 약속하며 안녕합니다.

천구백 칠십오년. ○월 ○일
규철.

규철 글.
1975년 3월 7일

그동안 별고 없이 교무에 열중하온지요.
이곳 규철은 아무 탈 없이 잘 지내고 있소.
지난 3일 광주를 출발, 밤에 대구에서 지내고 4일 오후 이곳에 도착
별일 없이 먹고 자고, 자고 먹고 있습니다.
할 일 없이 보내고 있으니까 참으로 괴롭군요.
때로는 훈련이라도 빨리 받아 잡념 없는 날이 오히려 좋겠다는 생각을 합니다.
부질없는 줄 알면서도.
다음 주부터는 바쁜 나날들이 시작될 작정인가 봅니다.
그동안 3일 밤이 지났는데
처음엔 모든 것이 낯설었습니다.
그러나 지금은 다소 적응이 되어 불편한 잠자리도 편하게 되었고 먹기 힘든 밥도 모자랄 정도가 되었습니다.
다만 낯선 사람들끼리 한 공간에서 생활하노라니
서먹서먹하고 어색하기도 해서 좀 불편했습니다.
더구나 오늘 방을 다시 편성하여
그동안 조금이나마 정들었던 사람과 헤어지고
다시 낯선 사람들과 만나게 되어 서먹서먹하게 되었습니다.
그러나 모든 것이 마음대로 행동할 수 없는 점이 참으로 아쉽기만 할 뿐입니다.
물론 각오는 하고 왔지만, 막상 겪고 있으니 생각보다는 몹시 힘들군요.
이 글도 선미한테 제대로 닿을지 모르겠습니다.
내일 고향으로 돌아갈 사람한데 이 편지를 부탁할 작정인데 잘

닿기를 바랄 뿐입니다.
여기 주소는 아직 확실히 정해지지 않았기 때문에 알려 줄 수가 없군요.
다음 편지 때는 군대인 이상 자세한 내용을 보낼 수 없겠지만 주소만은 정확히 적어 보낼 테니 편지 자주 보내면서 내 마음 위로해 주면 고맙겠소.
또 오늘 하루가 지나는가 봅니다. 앞으로 60여 일. 언제 지나갈는지 참으로 갑갑하기만 하군요.
사랑합니다. 시일 내 만날 수 있기를 바라며. 안녕히

1976년 1월 3일 당신의 규철.

규철 글.
1975년 4월 12일

이제 이곳도 벚꽃이 피어 완연한 봄을 자랑하는 것 같습니다.
그러나 얼마나 갈지.
이곳 날씨는 이상하게도 바람이 많이 불고 봄과 가을은 거의
없다고합니다.
지금쯤 그곳 날씨는 예전처럼 따뜻하고 여러 가지 꽃들도 많이
피어있을 테지요.
그러나 이곳은 그렇지 못하고 벚꽃도 이제 막 한 송이 두 송이
정도 피기 시작합니다.
변덕스러운 날씨 때문에 훈련받는 것에 상당한 고통을
동반합니다.
특히나 우리 중대는 다른 중대와 달리 시간표가 계획성 없이
짜여 있기 때문에
추울 때 고된 야영 훈련을 받았고
따스한 지금은 강의나 간단한 영내 훈련을 받고 있습니다.
한때는 세찬 바람 때문에 얼굴과 목이 트고 세수조차
못했습니다.
귀에 동상이 걸려 가렵고 아프기까지 해서 밤이면 기침 때문에
내무반원들이 잠을 깰 때가 많습니다.
그러나 지금은 야외 훈련도 끝났을 뿐만 아니라
날씨도 따뜻하여 얼굴만 검게 그을렸을 뿐,
매끈하고 단단한 군인의 모습이 되었습니다.

또한, 요즘은 자유시간이 많아서
 토요일, 일요일이면 극장이나 다방에서
영화와 음악감상을 한가하게 할 수 있는 여유까지 주어집니다.

그러나 아직까지도 여러 가지 제약된 범위 내에 행동하려니 갑갑한 것은 마찬가지군요.
편지를 쓰려고 해도 제약된 조건이 많아 내용을 최대한 간단히 보낼 수밖에 없었음을 양해 바라오. 이 편지는 외출 나가는 사관생도나 사관생도를 면회 왔던 민간인에게 부탁할 예정이므로 자세한 내용을 쓰고 있지만, 무사히 도착할는지는 의문스럽군요.
실은 군인 학교에서 계속 훈련을 받을 예정이었는데, 군사령관이 군의학교를 갑자기 시찰올 시 군기가 안 잡혔다고 지적당하여 군기가 엄하기로 유명한 이곳 3사관학교로 이동되어 5주 동안 위탁교육을 받게 되어 마지막 1주가 남았습니다.
처음 이곳으로 올 때는 상당히 두려운 마음으로 왔었지만
막상 훈련을 받고 보니 별것 아니군요.
물론 조교나 교관들이 우리들의 나이 등을 고려하여 훈련을 시키고 있지만
정신자세도 중요합니다. 이곳 조교나 교관들의 말에 의하면 우리들의 훈련은 사관생도의 십 분지 일도 안된다고 합니다. 그러나 이곳은 이곳 나름대로 고된 훈련인지라 상당수가 입실하곤 합니다.

나는 건강하게 지내왔습니다. 어찌나 배고픈지 밤이면 잠이 안 올 때도 있습니다.
우리 내부반에서는 밥 잘 먹기로 유명한 저가 되었습니다.
옛날에 먹던 양에 비해 훨씬 많이 먹으니 그런 말이 나올 수밖에.
밤에는 PX에서 빵을 사 먹어도 배가 고프니 큰일 났어요.
몸무게가 무려 51㎏이나 늘다 보니 행동이 많이 둔한 느낌입니다.
면회 일시를 알려 주기도 전에 선미가 이미 알고 있더군요.
4월 27일은 첫 면회일자, 5월 4일은 두 번째 면회 일자이며 아마

외출도 가능할 것입니다.
5월 9일은 외박, 5월 10일은 임관식인데 어느 때든 한 번 오면 되겠습니다.
그곳에서 대구까지는 상당한 거리이기 때문에 시간이 많이 걸려 오기 힘들 것이니 한 번만 오는 것이 좋겠습니다. 제일 빨리 오는 방법은 대전행 그레이하운드(오직 단독운행)를 타고 다시 대전에서 고속버스를 갈아타면 됩니다.
광주에서 늦어도 토요일 오후 4시 차는 타야 겨우 도착할 것입니다.
(대전~대구 2시간 30분 정도, 광주~대전 2시간).
그곳 터미널에서 통합병원으로 가는 시내버스를 타면 15~20분 정도 밖에 안된 거리라서 터미널 부근의 여관에서 잠을 자고 아침 8시경 시내버스를 타면 됩니다.
면회 시간은 선미가 생각대로 그렇게 많은 시간을 내지는 못합니다.
내가 알기로는 2시간 정도인데 확실한 것은 잘 모르겠습니다.
그러므로 4월 27일 만났으면 좋겠지만 너무 짧은 시간이 될 것 같으니
5월 4일 외출이 있을 시는 시간적 여유가 많을 터이고 외출이 없을 시엔 면회만 하면 됩니다. 올 때는 집에 들러 여동생한테 맡겨둔 라이터를 가져오길 바라며
어머님은 안 오시는 것이 나을 것 같습니다.
일주일 후면 집에 가서 뵐 수 있을 텐데,
먼길까지 굳이 고생하시면서 오실 필요는 없을 것 같군요.
그리고 친구 와식이가 영지 약품, 광주출장수 발령을 받아 갔으니
시간이 허락되면 전화상이라도 안부 전해 주면 고맙겠소.
글이 볼펜 글씨가 됐다가 만년필 글씨가 되고 빨리 썼다가 천천히 쓰게 되어 엉망입니다.

시간에 쫓기다 보니 어제부터 쓰기 시작한 편지가 오늘 토요일 자유시간(영화, 시시리안 감상)에 이렇게 편안히 앉아 글을 마칠 수가 있는 것 같습니다.
사진을 동봉하오. 지난번 일요일 오전, 같은 내무반원들과 함께 사진 찍다가 독사진도 찍었는데 이상스럽게 나왔군요. 살이 저렇게 많이 안 쪘는데 그늘이 생간 탓으로, 살이 더 쪄 보이게 나왔습니다. 더는 살이 안 쪄야 할 텐데 걱정이군요. 선미가 살좀 찌우라고 했지만 더는 찌면 건강상 안 좋을 것 같으니 그만 찌우렵니다.

이제 훈련 9주에서 5주가 지났습니다. 앞으로 4주, 긴 것 같지만 지난 5주가 짧은 것처럼 더 짧을 것 같으니 마음 편안히 지내려고 합니다. 선미도 조금만 참기를 바라오.
사랑하오. 더는 무슨 말이 필요하겠소.
다음에 또 소식 주기로 하고 안녕히.

                     1975년 4월 12일 당신의 규철.

추신 : 확실히 올 날짜를 정해서 연락해 주길 바라오.

규철 글.
1975년 4월 18일

보고 싶은 선미께.
보내 준 편지는 잘 받았소.
편지 받을 때마다 느끼지만, 이곳에서 가장 기쁜 소식은 편지 받는 것 같으오.
다행히 고맙게도 자주 보내주는 선미의 편지에 다른 사람보다는 더 기쁜 마음으로 훈련을 받을 수 있었던 같았소.
오늘 마지막 수업인 강의 시간에 오늘 밤과 내일 무척 바쁘게 될 것 같아 펜을 들었으나
옆 사람의 시선들이 많아 상당히 거북하오.
지난번 일요일에 보냈던 사진과 서신은 잘 받아보았는지, 면회 왔던 사람한테 부탁은 했지만. 어쨌든 받아보았으리라 믿고는 있지만, 상당히 궁금하오. 오늘 쓰고 있는 이 편지도 내일 군의 학교로 가는 도중 길가는 사람한테 부탁하려고 합니다. 그래서 무사히 도착했는지가 몹시 궁금하다오.
웬만하면 이곳 주소로 보냈으면 쉽게 갈 수 있으나 너무나 제한된 내용이 많아 막상 펜을 잡으면 안부 인사말에 밖에 쓸 수 없어 이렇게 필사적으로 사제 편지를 쓰는 것이오.
처음 이곳에 도착하고 언제 5주 훈련을 받으려나 갑갑하기 그지 없지만,
벌써 5주가 지나고 내일 떠난다니 세월이 참 빠름을 새삼 실감하였소.
앞으로의 3주도 이렇게 빨리 지나리라 믿고 벌써 중위 계급장을 단 것 같은 착각속에 가슴이 부풀고 있소. 사회에서는 중위나 대위 정도는 아무것도 아니라고 생각했는데 내가 군에 몸을 두고 훈련을 받고 있노라니 장교들이 그렇게 부러울 수가 없군요.

아닌 게 아니라 군의 장교가 아닌 다른 장교들의 계급은 얼마나 피와 땀을 흘려서 얻게 됐는지를 선미는 알 수 없을 것이지만 나는 어느정도 짐작하고 있으므로 지금의 나는 그들을 예전과는 다른 눈으로 보게 되었소.

그러므로 이렇게 임관식을 절실히 기다리는 것 같소. 부대 배치는 임관식이 끝나봐야 확실하게 알 것 같소. 인턴 지망을 하려고 했지만 군의 학교에서 군대 생활을 1년을 더 한다고 생각하니 자신이 없어 그만두고 시간을 더 연기했는데 예기치 않게 이곳으로 와버려 지망 못 하고 내일 다시 군의학교로 가면 지망을 하려고 하는데 시일이 늦었는지 모르겠소.

인턴을 못 하게 되면 전방으로 떨어질 것은 틀림없는 사실이지만 내가 어느 곳을 가도 마음은 하나라는 것을 믿어 주길 바라오.

4워 27일 면회 날짜를 결정하였다는데 그날도 외출이 가능할 것 같으니 5월 4일보다는 그날이 적절할 것 같소. 27일 외출이 가능하면 전보를 칠 테니, 만약 소식 없다면 27일 외출이 없는 줄로 알기를 바라오. 군의 학교 주소는 예전과 다를 바 없어서 자세한 이야기는 만나서 하기로 합시다. 시간에 쫓기다 보니 난필이 되었소. 안녕히.

1975년 4월 18일 규철.

선미께.
시간이 없어 간단히 적소.
전번 편지는 잘 받았는지.
이곳 군의 학교에 온 지 벌써 3일이 지났는데 아직 정돈과 준비가 안 된 탓인지 무척 바쁘오.
27일 외출이 허락되었소. 26일 오후 3시부터 6시까지 면회도 허락되었소. 시간이 허락되면 27일 꼭 오기를 바라오. 기다리겠소.
 자세한 이야기는 나중에.

규철.

추신 : 27일 9시 반까지 군의 학교(통합병원의 뒤쪽에 정문이 있음)에 기다리다가 못 만나면 면회 신청하기를 바라오.

규철 글.
1975년 4월 30일

보고 싶은 선미
무사히 광주에 도착했다니 무척 기쁘군요.
선미를 보내고 무거운 발길을 돌려 부대로 향했지만, 서운한 마음 그지 없었소.
처음으로 외출을 나와 선미를 만났을 때는 너무 기뻐 어쩔 줄을 몰랐지만
다시 부대 안을 들어서려는 마음은 어디론지 사라지고 한참 후에야 비로소 정신을 차리고 이렇게 교육을 받고 있습니다.
예상대로 하루하루 지나기가 무척 지루하군요.
지난 번 외출 때 어떤 내무반원이 기타를 들고 와서 그나마 자유시간만큼은 재미있게 지낼 수 있지만 다른 시간은 예전보다 더욱 지루한 느낌이 들어 앞으로 열흘밖에 안 남은 임관 날짜가 아직도 한 달 이상 남은 것처럼 가슴이 답답할 뿐입니다.
임관할 날을 생각하면 가슴이 부풀어 어떻게 하면 재미있게 보낼 수 있는 가만 생각하고 하고 다시 전입을 받은 곳에 가서 군생활을 한다고 생각하면 두렵기도 합니다.
군의관과 지대장으로서 임무를 잘 이행할 수는 있을지도 막연합니다. 아무튼, 이것저것 생각하면 괜히 마음만 복잡해집니다. 군 생활이 3년이 될지 8년이 될지는 확실히 결정되지 않았지만 앞으로 전방 1년 동안의 군 생활이 고비가 될 것 같습니다. 나의 군 생활도 어렵지만, 우리 집과 선미의 형편도 상당히 어려운 것 같습니다. 그러나 삶이란 것은 기다림 속에서 때로는 즐거움이 있는 것 아니겠습니까.

선미.

우리 조금만 더 기다려봅시다.

그러면 틀림없이 행복한 날이 올 것이며 또 다시 다른 기다림이 찾아 줄 것입니다.

지금은 임관식만 기다립시다. 그리고 즐거운 여행이 될 것을 마음껏 기대해 봅시다.

다음에 소식 줄 것을 약속하며 펜을 놓습니다. 안녕히.

1975년 4월 30일 규철

추신 : 3사관학교 가기 전 훈련 받던 중 찍었던 사진을 같이 동봉합니다. 그때가 지금보다 더 미남이었던 것 같소.

규철 글
1975년 4월 30일

선미.
비 오는 일요일 아침입니다.
9시 외출을 앞두고 다른 내무반원들 재시험을 치르러 간 덕분에 조용한 방에 펜을 들 수가 있군요. 재수가 좋은 탓으로 나만이 홀로 한 과목도 재시험에 안 걸려 이렇게 혼자 있을 수 있는 시간도 생겼군요. 오늘은 두 번째 맞이하는 외출이지만 첫 외출 같은 기분은 아니군요.
왜 그럴까 생각해 봅니다. 외출해 봤자 반겨줄 사람 없는 탓. 아니면 첫 외출이 아닌 두 번째 외출! 아아 두 가지 이유가 전부 되겠지만 첫 번째 이유가 더 많이 차지한 것 같습니다. 역시 어느 곳으로 가더래도 자기를 반겨주는 사람이 있어야 즐거울 것 같습니다. 다행히 나에겐 선미와 가족이 있습니다. 그러므로 광주에 가고 싶은 모양이죠?
이제 임관식은 일주일도 채 못 남았습니다. 처음 입대 시 언제나 9주가 지날 것인가 한탄했는데 벌써 8주가 지나면 일주일도 채 안 남았다니 믿어지질 않는군요. 그러나 남은 일주일을 생각하면 아직도 멀었다는 느낌이 드는 것은 아무래도 이상합니다.
 그렇습니다. 앞으로 이런 지금 생각하면 까마득한 시일인 것 같지만 자기의 생활에 충실하다 보면 아주 짧은 날이 될 것입니다. 고난과 역경이 닥치더라도 항상 즐거운 마음으로 받아들일 수 있는 준비가 필요할 것 같습니다. 나 역시 며칠 남지 않은 임관식뿐만 아니라 먼 옛날 같은 일년도 짧게 보낼 수 있을 것 같은 자신감이 생깁니다.
벌써 재시험을 끝낸 내무반원이 한 명씩 오는 것 같습니다. 워낙 간단한 시험이고 과목도 많지만 한과목만 걸린 사람도 이름을 쓰자마자 나올 수 있는 모양입니다.
오늘 외출 계획도 이발, 목욕, 간단한 酒를 끝내고 들어올 예정입니다. 즐거운 외출날이 되기를 빌어주시오. 밖에서는 계속 비가 내릴 것 같습니다. 다음에 연락하기로 하고, 안녕히.

1975년 5월 4일 규철.

첫 면회에 외출이 허가 났습니다.
시간이 허락하면 가능한 첫 면회에 만나고 싶습니다.
토요일 오후에도 면회가 가능하다니
토요일 빨리 올 수 있다면 더욱 좋겠습니다.
일요일 정문에서 기다리다 안 나오면 면회 신청하기를 바라오.
시간이 없어 펜을 놓겠소.

또 규철.

규철 글.
1975년 5월 10일

선미께.
여러 통의 편지를 잘 받아보았소. 나 역시 자주 편지를 띄우고 싶었지만 마음대로 되지 않는군요. 어제 제헌절은 하루 동안 죽 근무하고 밤 9시에 퇴근했소. 오늘은 방금(밤 11시)에야 비로소 퇴근하고 겨우 펜을 들게 되었군요.
다음 주가 되면 한가하게 될 것 같군요. 어제 어머님과 선미한테서 온 두 통의 편지를 받고 상당한 충격을 받았어요. 내가 선미와 헤어질 때도 그랬고 전번 편지에도 말했듯이 9월경에 결혼해야 할 경우 가능성이 있다고 말을 했는데도 불구하고 어찌하여 어머님께 임신했다는 말을, 그러므로 9월에는 틀림없이 결혼하지 않으면 안된다는 말을 해버렸는지요.
물론 선미의 심정 이해합니다. 진퇴양난에 빠져 유일한 길을 찾는다는 것이 그렇게 되었다는 것 잘 알고 있습니다. 하지만 그 길이 어머님께 너무나 실망을 주고 말았으니 내가 어머님을 뵐 용기가 없어졌습니다.
어머님께서 하시는 말씀이 다른 사람들이 우리의 처지로 인해 억지 결혼을 하게 되었다. 비웃음을 사는 행동을 당신의 아들인 내가, 규철이가 하게 됐다. 그리고 결혼식에 신부가 그런 상태로 식을 올린다는 것은 나로서는 용납할 수 없다며 단 한 번뿐인 결혼식을 비웃음 속에서 거행하기보다는 웃음 속에서 거행하기 위해 지워버리고 음력 9, 10월경에 결혼식을 올릴 수 있도록 하겠다고 하셨습니다.
선미에게는 할 수 없이 9월에 올린다고 말씀은 하셨지만, 어머님께서도 마음이 약하여 선미를 앞에 두고 차마 거절을 못

하셨던 모양입니다. 결국, 선미가 그 이야기를 꺼내서 역효과를 내고 말았습니다. 이제 지나간 일, 지금 돌이켜 생각해 봤자 엎질러진 물, 이제부터는 어머님을 설득시키기 위하여 끊임없는 노력이 필요하겠습니다.

내 생전에 어머님께서 제 요구를, 간청을 안들어 주신 적이 한 번도 없었습니다. 다만 나 자신이 미안하여 결혼 날짜를 제외하고는 항상 들어주신 어머님이었으니까. 선미는 너무 걱정하지 말기 바랍니다.

그리고 선미는 다음부터는 어머님을 만나 하고 싶은 이야기는 나한테 전화를 하도록 하시오. 광주나 사평에서 이곳으로 전화하면 잘 통하지만, 광주에서 사평으로 전화하기는 상당히 힘들 것 같아요. 두 번이나 해봤지만 사평 우체국까지 전화는 실패하고 말았습니다. 앞으로 우리와 관한 이야기는 나한테 먼저 의논해 주기를 꼭 부탁드리오.

며칠 안 남았군요. 이 편지 받으시면 출발할 것 같군요. 출발할 시는 날짜와 시간(발차)을 알려주기 바라오. 그럼 그때 만나서 자세한 이야기 하기로 하고 그만 펜을 놓겠소. 안녕

1995년 7월 18일 규철드림.

ps. 광주- 서울역- 지하철 - Taxi- 마장동 시외버스정류소 - 삼거리- 춘천- 화천- 삼거리〈동대문〉
올 때는 반드시 읽을 책과 오락 기구를 가져오기를 바라오. 나는 괜찮지만, 선미가 시간 보내기 지루할 것 같아서 그러하오. 그러나 집에 들릴 기회가 있으면 이비인후과 책을 가져왔으면 고맙겠소. 내 방 장롱 서랍 아니면 뒷방, 조그마한 농에 있을 것이오.

규철 글.
1975년 6월 8일

보고 싶은 선미에게.
그동안 별고없이 안녕한지 무척 궁금하군요.
진즉 답장이 올 시간이 지났는데도 불구하고 아무 소식이 없어서 혹시 편지를 안 받았는지 의심됩니다.
오늘은 일요일, 무척 즐거운 날.
날마다 군 업무와 환자 치료에 바쁜 나날을 보냈지만, 지금은 숙달이 되어 한가한 시간을 만들 수가 있게 되었죠. 막상 시간이 남게 되어도 무의미한 시간이 되어 지금은 공부하곤 합니다만, 머릿속엔 잘 들어오지 않아 걱정됩니다.
토요일이나 일요일이 되면 이웃 부대에 있는 동창생과 후배 군의관이 놀려와 화천에 놀러 가기도 하고 이곳에서 이야기를 나누는 시간이 유일한 즐거움이 되었습니다. 어제도 그제 저녁 이 동네에 사는 초등학생이 응급환자로 입실하여 환자 치료 때문에 잠을 설친 것을 낮잠으로 때우려는데 그 친구들이 놀러 와 이곳에서 놀다가 방금 보내고 이렇게 펜을 든 것입니다.
이곳 환자들은 다른 부대와 달리 민간인 환자(주로 우리 부대와 주위에 있는 부대에 근무하고 있는 군인 가족)도 가끔 있어 내 공부가 될 수 있는 여건이 조금 갖추어져 있어 다행이라고 생각할 뿐만 아니라, 군인 환자들은 나의 치료를 당연한 의무라고 생각하기 때문인지 고마움을 조금이라도 알아주어 가끔 의사의 보람을 느끼고 위안을 얻게 됩니다. 그 또한 다행스러운 일이 아니겠습니까. 특히 그제 저녁 국민 학생이 거의 실신한 상태로 왔다가 몇 시간 후 완전히 회복하여 돌아갈 때는 더욱 그러하였소.

이렇게 가끔 즐거운 일이 있지만 가장 즐거운 일은 역시 휴가를 얻어 광주에 내려가 선미와 가족들을 만나 이야기하는 것 이상은 없을 것 같습니다. 6월 초순에 가려고 했지만, 부대가 바빠 염치없이 대대장님께 휴가 이야기를 못 꺼냈습니다. 그러나 6월 20일경엔 부대가 일단 휴식을 얻게 되어 나 역시 그때면 무난히 휴가 이야기를 꺼낼 수 있을 것 같습니다. 기다리시오. 그 기간이 비록 짧겠지만 짧은 시간일수록 보다 많은 사랑의 이야기가 오고 갈 것입니다.

사랑스러운 선미!
기다림의 시간은 괴롭지만 괴로운 시간이 지나면 항상 행복한 시간이 틀림없이 기다리고 있다는 것을 잊지 마오. 이번에 내려가면 그동안 생각하고 있던 많은 이야기를 전할 수 있을 것이고 상의할 것입니다. 오늘은 그만 펜을 놓으렵니다. 몸 건강히 안녕하기를 빌면서

> 1975년 6월 8일 당신의 규철.

규철 글.
1975년 6월 17일.

보고픈 선미께.
보내 준 두 통의 편지가 나의 허전한 방바닥에 놓여 있을 때는 여기 와서 처음 느끼는 기쁨을 맛볼 수가 있었습니다. 편지를 읽고 나니 선미에게 너무 큰 괴로움을 준 것 같아 미안스럽기 짝이 없었지만, 결코 괴로움을 주고 싶었던 것은 아닙니다. 그리고 확실한 나의 주소를 알렸었다고 생각하고 답장을 기다리고만 있다 보니 늦었으니 이해하길 바라오.

22일 이곳 부대로 전입하여 먼저 이 여관에서 자리를 정하고 다른 곳으로 이사할 작정으로 선미한테 편지를 먼저 보냈는데 보낸 이후 이곳에 있기로 계획이 수정되었는데, 당시에 여러 곳으로 편지를 띄운 것이 약간의 착각을 일으켜 선미한테도 나의 주소를 알려 준 것으로 여기는 실수를 하게 되었소. 나는 나대로 내내 답장 오기만을 기다렸던 셈입니다. 원래 성격이 차분하지 못할 뿐만 아니라 처음으로 군 업무를 대하다 보니 복잡하기 짝이 없어 실수가 많은 것 이해해 주세요.
이제 차츰 군 업무도 알게 되어 마음이 여유를 갖게 되었으니 실수가 없을 것입니다. 요즘은 편안한 날이 계속되는 탓인지 하루 지나기가 상당히 어렵습니다. 그러나 한가하다고 해서 자리는 비울 수가 없고 아침 일찍부터 오후 늦게까지 자리는 항상 지키고 있습니다.

요즘은 후방도 마찬가지겠지만 특히 이곳은 언제 쳐들어올지 모르는 북괴들 때문에 임전태세 완비에 여념이 없어 부대는 항상 긴장의 연속이면서도 몸과 정신이 바쁘답니다. 이러한 시점에서 휴가 좀 갔다 오겠다고 하면 너무 염치없는 사람으로 오해받을 것 같아 이야기를 꺼내질 못했소. 그러나 22일이나 23일에는 틀림없이 갈 수가 있을 것입니다. 너무 염려하지 마세요.

더 자세한 이야기들은 보안에 저촉되기 때문에 생략하겠습니다. 22일이나 23일엔 갈 것이 분명하지만 역시 군대이기 때문에 허락이 없으면 못 가게 될 것입니다. 이번에 못 가면 7월 중순까지도 못 가게 될 것 같으니 온갖 수단을 다 동원해서라도 갈 것이니 염려 말고 기다려 주길 바라오. 참 농번기라니 더욱 가야겠어요. 이곳은 진즉 모심기가 끝났습니다.

여름이 짧은 곳이기 때문에 모심기를 빨리하는 모양입니다. 후방에는 더위가 심한 모양인데 이곳은 항상 시원한 날들이 계속됩니다. 지금도 나의 방에는 따뜻한 연탄불이 있어 따뜻하게 잠을 잘 수 있지, 연탄불이 없다면 밤에는 상당히 춥답니다. 언젠가 한 번 올 기회가 있으리라 믿습니다.

내가 광주를 떠난 지도 벌써 한 달이 됐군요. 선미가 나를 보고 싶어 하는 마음과 내가 선미를 보고 싶어 하는 마음 어느 것이 더 클까요. 글쎄 자로 잴 수 있다면 판가름 나겠지만 불가능 할 것입니다. 우리가 서로 보고 싶어 하는 마음만으로 이 사랑을 키워나갔으면 합니다.
나는 항상 선미 곁에 있다는 것을 명심하고 괴로워하지 말기를 바라오. 비록 거리는 멀지만 이보다 더 먼 거리에 있다고 해도 나는 늘 선미 곁에 있어요. 언제까지나 영원히. 오늘 밤도 고운 잠 주무시기 바라며 안녕을 고하겠습니다.

　　　　　　　　1975년 6월 17일 규철이가 선미에게.

규철 글.
1975년 6월 28일.

너무나 짧았던 휴가를 마치고 아쉬운 마음으로 귀대를 했건만 커다란 사고가 있어 무거운 마음으로 대대장님을 찾게 되어 죄송하기 짝이 없습니다. 하필이면 내가 없을 시에….
오자마자 바쁜 시간을 보내고 오늘로써 급한 불은 끈 셈입니다. 그 사고로 인해 여러 사람의 기분이 아직도 과히 좋지는 않습니다. 오늘 오후는 내가 가장 좋아하는 야구 중계를 보면서 휴식을 취했습니다. 내일도 큰일은 없을 듯한데, 글쎄요. 그러나 다음 주부터는 내 시간이 좀 주어지면 다방 등에서 시간을 보내는 것보다 일과표를 짜서 규칙적으로 생활하렵니다. 의학 공부, 바둑 공부, 독서 등. 그 외도 다른 취미 등을 조금씩 살려서 유리한 생활을 해 보렵니다. 돈 낭비, 시간 낭비도 줄여서 장가갈 밑천 마련해야겠습니다.
결혼! 선미와 나의 결혼. 결혼할 것으로 여기고는 있었지만, 막상 눈앞의 현실로 닥치니 당혹스럽기도 하고 설레기도 하면서 새삼 지난날이 빠르고, 아쉽고, 우습고 만감이 교차하는군요. 그리고 결혼한 뒤에 나의 생활을 그려보기도 합니다만, 헤어져서 있게 될 우리의 형편을 생각하면 매우 흐뭇한 결혼생활은 안 될 것 같군요. 그러나 멀지 않은 날에 기대하는 흐뭇함, 행복한 우리의 삶이 기다리고 있을 것입니다. 뜻깊고 멋있는 결혼생활이 되리라고 믿고 있습니다. 왜냐하면, 우리의 사랑이 있기 때문이죠. 진정 선미를 사랑하오. 내가 선미를 사랑하고 있는 이상은 선미는 절대로 불행하지 않을 것이니, 세상을 멋있다고 생각하고 재미있고 마음 편히 생활하기를 바라오.
다음에 또 소식 주기로 하고 안녕!

1975년 6월 28일 규철.

규철 글 35.
1975년 7월 5일.

그리운 선미에게.
광주를 떠난 지가 벌써 일주일이 지났군요.
그동안 별고없이 직무에 충실하며 몸 건강히 잘 지냈는지요.
진즉 편지를 띄워야 했지만, 오늘에야 비로소 나의 확실한 정착지를 찾아 근무를 시작했기 때문에 할수 없이 늦었으니 이해하길 바라오. 처음으로 자의가 아닌 타의에 의하여 책임이라는 것을 지고 직장 생활을 할뿐만 아니라 다른 직장과는 너무나 차이가 심한 탓으로 지금의 생활이나 내 심정은 복잡할 뿐입니다.
시일이 지나면 점차 적응도 되고 하면 충분한 나의 시간을 확보하겠지만 당분간은 무척 바쁠 것 같습니다. 시일 내 광주에 내려갈 수 있도록 노력은 할 것이오. 늦어도 한 달 이내에는 갈 수 있으니 걱정하지 말고 나의 전보만을 기다려 주오.
이곳의 소식은 상세히 전할 수가 없으니 양해 바라오. 어제의 규철이가 아니고 이제 대한민국 육군 중위이며 군의관이기 때문에 비밀에 관한 사항이 너무 많아 그러하니 용서 바라오. 다만 이곳은 멋있는 높은 산들이 우뚝우뚝 솟아 있고 사방 경관이 병풍처럼 에워 쌓인, 경치 좋은 시골이라는 것만은 분명하오. 그리 알기를 바라오. 대한민국의 지도상으로 이곳과 그곳은 극단적인 곳으로 까마득하게 멀다고 추측하고 있지만, 나의 마음 만은 선미가 있는 광주가 바로 옆 동네처럼 가까이 느껴진다오.

선미!
선미 곁에는 항상 내가 있고 선미는 바로 나의 곁에 있소. 멀리 있는 것이 절대로 아니오. 바로 곁에 있는 것이니 항상 마음의 이야기들일랑 많이 해주길 바라오. 나 역시 많은 이야기를 하겠소. 그러나 오늘은 일찍 자야 할 형편이오.
첫 근무 때문에 심신이 무척 피곤하여 눈이 감길 정도이니 다음 이야기 때 많이 하기로 하고 오늘은 간단하나마 펜을 놓겠소. 편안한 잠을 자기를 바라면서. 안녕히.

1975년 5월 23일 사랑스런 당신께 규철.

선미!

요즈음 별일 없이 잘 지내는지 궁금하군요. 편지가 올 때도 되었는데 어찌된 일인지 소식 없으시나이까. 나는 지난번 편지도 그렇듯이 여전히 바쁜 나날이 시작됩니다. 이달 말경이면 한가한 시간이 마련될 것 같군요. 그렇게 되면 선미가 오더라도 시간 부담이 없이 보낼 수 있게 되겠죠.

광주를 떠난 후 우리 집에 들러봤는지요. 힘들었다면 편지 받는 대로 시간을 내어 어머님을 만나 계에 대해서 자세한 이야기를 나누고 계를 하기를 바랍니다. 여기와서 곰곰 생각하니 역시 벅차더라도 계를 들어 먼 훗날을 기약하는 것이 현명하다고 생각합니다.

요즘은 (광주를 떠난 후) 술을 입에 대도 못해 봤소. 물론 전혀 안 하지는 않지만 될 수 있는 대로 참아 경비를 절약, 먼 훗날의 안녕을 위해 하루라도 빨리 앞당길 수 있는 모든 노력을 다하겠소. 오늘은 완식이랑 만나는 날이군요. 완식이 좋은 친구요. 물론 좋은 친구라고 해서 좋은 신랑감이라고는 못하지만 내가 보기에는 좋은 신랑감도 될 수 있을 것 같군요. 멋있는 아가씨를 소개해 주어 외롭지 않도록 해 주길 바라오.

며칠 전부터 이곳 삼거리에 노천극장이 설립되어 계속 영화를 하다보니 주위가 몹시 시끄럽군요. 지금도 손님의 발길을 유도하기 위해 시끄러운 유행가를 계속 틀어놓기 때문에 나의 신경을 제법 건드리오. 다음에 또 소식 주겠소. 나의 사랑, 선미 부디부디 안녕하옵기를 간절히 바라오
선미의 안녕이 바로 나의 안녕이오. 명심하시오.

1975년 7월 5일 당신의 사랑 규철.

규철 글.
1975년 7월 10일.

선미!
편지를 받고 선미가 말한 대로 갑갑하고 달갑지가 않습니다. 내가 마치 죄를 지은 사람 같은 착각에 빠지는 것은 어떤 이유일까요.
예전에 생각했던 그대로 선미의 성격은 변함이 없군요.
물론 선미의 심정 충분히 이해합니다. 불안, 초조. 어찌할 바를 모르겠지요.
왜 그렇게만 생각하는지 나로서는 잘 이해가 안 가는군요. 남자라서 그럴까요.
내가 처음으로 휴가를 가서 광주를 떠날 때 아니 도착하자마자 선미의 이야기를 듣고 이른 시일 내 결혼하자고 했습니다. 그리고 안심하라고.
선미 곁에는 항상 규철이가 있으니 선미에게는 결코 불행은 오지 않을 것이라고.
어머님께서도 계를 넣게 되면 9월쯤 결혼할 수 있다고 하셨어요. 그동안 병원에 갔다 왔다고 해서 불안하고 초조하면서 편지에는 마무리를 짓겠다, 아니면 최종 결정을 했노라는 등 불쾌한 이야기를 왜 써야만 합니까. 물로 나에게도 잘못이 있다고 반성하고 있습니다. 그만큼 선미 때문에 불안하고 초조한 것은 생각이 부족했던 나 자신 때문이라고 여기고 있으니까요.
우리, 서로 노력을 합시다. 자꾸 그러지 말자고.

사람이란 어렵고 다급한 지경에 빠질수록 일을 차근차근 차분히 해결함으로써 현명한 판단이 나오는 것이 아니겠소. 너무 걱정말고 근무에만 열중하고 몸조리에 신경 쓰기 바라오.

아직도 시간은 많이 남아 있으니 차분히 해결하도록 합시다. 9월에 결혼하기로 하고 날짜 문제는 군인으로서 확실한 날짜를 지금부터 정하는 것은 무리인 것 같소. 정해진 규율과 짜인 프로그램대로 기계처럼 움직이는 것이 군대 생활인 점을 여자인 선미는 전혀 이해 못 하겠지만 나를 믿고 의지하고 신뢰로써 이 어려운 시기를 견뎌 주기 바라오.

상황을 봐가면서 적당한 날짜를 정합시다. 보안상 이야기를 못 하지만, 내가 휴가간 사이에 부대 내에서 사건이 일어나 큰 난리를 쳤소. 그뿐만 아니라 7월 말일경까지 일 때문에 계속 바빠서 토요일과 일요일도 없는 지경이 된 형편입니다.
 그리고 선미도 알다시피 광주에서 군복을 입은 간첩이 나타나서 부대는 총 비상사태로 들어가게 되었고 장교들도 외출이 금지되어 내가 광주에 간다는 것은 당분간 불가능합니다. 내가 집으로 편지를 띄워 어머님에게 납득이 가게끔 말씀드릴 테니 걱정하지 마시기 바랍니다.
계를 20일 쯤 하게 된다니 선미가 어머님을 찾아가 같이 의논하도록 해보세요. 이달 말쯤이면 우리 부대도 한가하게 될 것 같으니 놀러도 오시고.

그곳에도 이 비가 계속 내리는지.
이곳은 며칠 동안 계속 내리는 비로 고향, 생각 선미 생각 부모 형제 생각, 친구 생각에 묘한 향수에 젖게 되는군요. 바삐 쓰다 보니 난필이 되었소. 이해 바라며 안녕하기를 바랍니다.

칠십오년 칠월 십일. 규철.

규철 글.
1975년 7월 20일.

선미!
벌써 가을입니다.
이곳은 아침저녁으로는 쌀쌀한 바람이 불고 낮에도 제법 시원한 바람이 분답니다.
그곳은 여전히 덥겠지요.
더운 날씨에 편치 않은 몸으로 복잡한 심경으로 학교생활까지 해야 하는 선미가 몹시 걱정 되는 군요. 너무 많은 것을 생각하고 굳이 신경 쓸 필요가 없을 것 같습니다. 신경을 쓴다고 더 잘 될리는 만무하니까요. 나 역시, 머나먼 타향에 있지만, 마음은 그곳 광주에 있어 자꾸 걱정이 앞서려고 하지만 나 자신을 격려하면서 긍정적인 생각만으로 이어가려고 노력하고 있답니다. 가만히 앉아 있으면 자꾸 떠오르고 나도 괜스레 걱정이 많이 됩니다. 잊으려고 술을 찾을 수도 없고(요즘 술은 절제) 그렇다고 다방에만 앉아 있을 수는 더욱 없고 해서.

오늘 일요일은 아침에 부대에 들어갔다가 오후엔 부관이랑 함께 갈매기촌이라는 곳을 다녀왔습니다. 그곳이 좋다는 이야기를 들었지만, 기대를 안 해서 그런 탓인지 생각보다 아름다운 곳이더군요. 계곡이 수려하고 시원했습니다.

들고 간 소주 한 병을 부관과 나누면서 수박을 안주 삼아 시원하게 마셨어요. 물소리, 새소리, 매미 소리를 권주가로 삼았더니 그 맛과 운치가 참으로 기가 차더군요. 바위 위에서 햇빛에 몸을 맡기고 일광욕을 한 뒤에 차가운 날씨임에도 목욕을 했습니다.

올해는 바다에서 해수욕을 못 했지만, 그보다 더 나은 경치 좋고 바람 좋은 계곡에[서 이런 낭만을 누렸으니 또 다른 여유를 경험하는 시간이라오. 삶이란 실로 대단한 의미와 느낌을 선사하는 것 같습니다.

이젠 더운 여름이 지나고 멋있는 계절 우리의 가을이 돌아옵니다.
이번 가을은 인생에 단 한 번 있을 우리의 결혼이 기다리고 있으니, 우리가 만난 이후 첫 열매를 맺는 뜻깊은 계절이 되는군요. 앞으로도 선미와 나의 삶에 사랑이 넘치고 가을처럼 깊고 오묘한 빛으로 물들어가는 멋진 부부가 되기를 두손모아 공을 들입시다.
가을이 온다! 우리가 결혼식을 올린다! 정말 꿈인지, 현실인지, 마냥 벙벙한 심정입니다. 선미도 나처럼 기뻐하며 고된 일일지라도 즐겁게 참아내면서 잘 지내기를 바랍니다. 이만 펜을 놓으렵니다. 안녕히 계십시오.

규철 드림.

추신 : 8월 말쯤에, 아니 늦어도 구월 초순에는
　　　광주에 내려갈 것이니 기다리도록 하시오.

규철 글.
1975년 9월 21일

밤이 깊었습니다.
아직도 여름은 다 지나지 않았는지
이따금 더위가 찾아오곤 합니다.
그곳은 아직도 무더운 날씨가 계속되겠죠.
이제 개학도 했을 텐데 힘이 많이 들겠습니다.
나는 그럭저럭 지내다가 최근에 있을 큰 훈련에 대비하다 보니
바쁜 시간을 보내고 있습니다.
선미도 더욱 바쁘시겠죠.
아이들을 가르치며 결혼 준비까지 하려면 아무래도 골치 아픈
일들이 많을 것입니다.
그래도 몸이 건강하다 하니 어려운 가운데서도 무척 기쁘고
다행스러운 일입니다.
몸만 건강하다면 무슨 일이든지 무난히 해결되리라 믿습니다.
그리고 무슨 일이든지 시작이 반이라는 말과 같이 다 성취될 수
있는 일들이니
너무 신경 쓰지 말도록 하십시오.
신경을 쓴다고 해서 더 잘 되리라는 법은 아니니까요.

그리고 무리는 하지 말기를 바랍니다.
선미가 편지에 말했듯이. 소신껏 하기를 바라오.
물론 말일경 광주에 내려가 자세한 이야기를 나누겠지만.
그러나 백발백중 틀림없이 광주에 내려갈 수 있다고 장담은 못
하지만
힘껏 노력하면 대대장님께서 쉽게 허락하리라 믿습니다.

방학을 이곳에서 머무는 생활이
헛된 시간이 아니었다니 무척 반갑고 다행스럽게 느껴지더군요.
나로서는 무척 미안하고 마음이 아팠습니다. 좀 더 좋은 환경과
넉넉한 물질과 배려가 주어졌으면 했는데 열악한 환경 속에서도
잘 지내고 내려간 선미가 무척 기특하고 고맙더군요. 앞으로는
더욱 좋은 환경을 제공하도록 최선을 더 하겠어요.
밤은 깊어 벌써 자정이 넘었군요. 이름 모를 풀벌레 소리가
가을을 재촉하고
우리들의 행복한 추억을 환기해 주는 듯하군요.
오늘 밤도 즐거운 꿈 꾸시고 평온한 잠을 이루기 바랍니다.

            칠오년 구월 이십일일 밤 규철.

규철 글.
1975년 9월 23일

선미!
무사히 광주에 내려갔는지 무척 궁금하오.
나의 호주머니에 조금이라도 돈이 있으면 집으로 전화하려고 했지만, 그만 단념하고
편지로 대신하오.
몸도 불편한데다가 직장까지 다니면서 어머님 모신다는 것 무척 힘들것이오.
내가 잘 알고 있소. 선미의 고달픈 마음을 내가 보상해 주리다.
어머님께서 사평에서 학교 다니라고 한 이유를 더는 말하지 않아도 선미가 잘 알 것이라 믿고 있소. 아무튼, 며칠 동안만 고생하길 바라오. 그렇게 되면 절대로 지금의 이 고생이 헛되지 않으리라 장담하오. 지금의 이 고생이 커다란 밑천이 되어 우리 사랑이 더욱 견고해지고 삶의 시련과 고통을 견뎌내는 강인한 정신력을 키워 줄 것으로 틀림없이 믿고 있소. 선미도 굳건한 의지와 신념으로 자신의 삶을 지켜내 주기를 바라오. 꼭 명심하시오.

혼인신고는 하였는지요.
될 수 있는 대로 빨리해서 정리해 주길 바라오. 혼인신고를 한 다음 호적등본 3통을 이곳으로 보내 주면 좋겠어요. 그곳에 두고 온 군번줄과 녹색티셔츠(두꺼운) 야전잠바를 보내 주었으면 하오. 저녁에는 무척 추운 날씨가 되는 구려. 우리가 무리하면서 준비한 전축 잘 보관하고 손질은 물론 관리를 잘하기를 바라오. 전축은 소리를 자주 내게 해서 음질이 상하지 않도록 신경을 많이 쓰기를 바라오.

앞으로 한달 정도 지나면 만날 수 있을 테니 기다리시오.
뛰어서라도 당장 집에 가고 싶은 마음 간절하지만, 매여 있는 몸이라 참고 있으니 선미도 나와 같이 참고 또 참기를 바라오. 우리의 행복한 나날들이 빨리 오기를 빌면서 말이오.
오늘도 외로운 밤이오. 잠이 올지 모르겠지만, 자리에 누워야겠소.
몸 건강히 잘 지내기를 바라오.

        1975년 9월 23일 규철.

규철 글.
1975년 10월 16일.

사랑스러운 당신께.
약간 풀어진 겨울 날씨지만 오늘은 짓궂게 비까지 내립니다.
이런 날은 더욱 우울해서 술이라도 한잔하고 싶은 마음 간절합니다.
그러나 참기로 하고, 책을 펼치기도 하고 음악을 듣기도 하고 바둑책을 보면서 교양을 쌓아나갑니다.
참으로 단조롭고 재미없는 생활이죠.
멋있게 enjoy 할 수 있는 것을 찾을 수 없으니, 재미가 없을 수밖에.
더구나 겨울방학을 또다시 혼자 보낸다고 생각하니 아득해지는군요.
이 편지를 받을 때는 아마 결정이 났겠지요.
이른 시일 내에 알려주기를 바랍니다.

얼굴이 붓는다니 큰일이군요.
병원에 한 번 다녀오세요.
다행히 손발 무릎 등은 안 붓는다니 큰일은 없겠지만
만일을 대비하여 진찰을 받는 것이 좋겠군요. 다른 증세는 없겠지요.
가슴이 아프다든가, 아니면 답답하다든가, 골치가 아프든가 하면 즉각 병원으로 가시오.
마음은 당장 내려가 당신을 만나 아무 걱정 없이 편하게 같이 살고 싶지만 어쩔 수 없구려.
사람이 살아가는 데는 항상 이러한 난제들이 있는가 봅니다.
우리보다 더한 사람도 많이 있다는 것을 위안 삼고 오늘 내일을 지냅시다.

남쪽 하늘을 바라볼 수 없는 처지인 이곳에서도 잘 지내고 있다는 것을 명심하기 바라오.
바쁘지 않은 일과 속에서 가끔 고향 생각에 밖을 나와 하늘 쳐다보려고 해도 한 눈에 들어와 버리니 먼 산만 쳐다볼 수 밖에 없습니다. 요즈음 부대는 한가한 편. 그러나 항상 대기 상태이기 때문에 자유스러운 몸은 아니군요. 2,3일 정도는 집에 갔다 올 수 있지 않을까 신중하게 저울질해 봅니다.

요즘은 광주 지방도 춥겠지요.
위쪽 날씨가 쌀쌀해지면 우리 방도 추워지기 시작할 텐데, 어떻게 지내는지 걱정이 태산 같습니다.
추워서 못 잘 것 같으면 어머님께 말씀드려 사평으로 이사하도록 하시오.
나는 아줌마 덕분으로 따뜻한 방에서 잘 수 있으니 내 걱정은 조금도 하지 말기 바랍니다.
추위를 잘 견디는 체질이면 걱정 않을 텐데 나는 이곳에서 자나 깨나 선미 생각, 선미 그리움, 선미 걱정뿐이라오.
자세한 이야기와 의견은 만나서 정답게 눈길 주고받으며 하기로 하고 이만 펜을 놓겠습니다.
몸조리 잘하시오.

       칠9년 시월 십육일 밤. 당신의 규철.

규철 글.
1975년 11월 10일.

사랑하는 당신께!
밤이 깊어가는 고요한 밤에 조그맣게 전축을 틀어놓고 펜을 듭니다. 별고없이 교무실에 열중하며 영양 섭취는 충분히 하고 있는지 항상 걱정이오. 우리의 아기에 너무 신경 쓰지 말고 선미 몸도 조심하면 이상 없을 것이니 지나친 걱정은 하지 말기 바라오.
12월 13일 방학한다면 14일경에 내가 下光하도록 노력하겠으니 우리 그날을 기다리도록 합시다. 친정 식구들과 함께 재미있게 놀고 왔는지 문득 궁금하군요. 내가 참석했더라면 보다 큰 의의가 있을 것이지만 어쩔 수 없는 내 처지를 이해하고 웃으며 다음 기회를 기다리는 것이 현명한 것 같으오. 사평으로 이사한 후, 우리 집에도 가끔 들리는지 궁금하군요. 일상이 허락하는 대로 집에서 자기도 하고 어머님께 힘든 일 의논도 드리고 하는 것이 좋을 것 같소.
요즘 나의 생활은 아침 8시경 출근, 근무에 충실하다 보면 5시 반, 퇴근. 그 시간부터 전축을 틀고 식사, 세면, 7시 TV를 보러 나가면 다방에 2시간 정도 앉았다 오는 것이 일상적인 나의 생활이오. 가끔 다른 장교들과 술잔을 기울이기도 하고요. 생활이 너무 단조롭기 때문인지 자주 술을 마시게 되는군요. 이해하기 바라오.
오늘도 RvD,T,E. 소위들과 함께 술을 조금 들고 약간 취한 기분에 펜을 놀리니 필체가 약간 정성스럽지 않더라도 이해 바라오. 자꾸 이해란 말이 나오니 멋쩍어요. 다음에 또 소식 주겠소.

1975년 11월 13일 규철.

규철 글.
1975년 11월 4일

사랑스러운 당신께.
아쉬운 작별을 고하고 고속버스를 타고 떠나는 마음은 선미와 똑같으리라 생각하고 있소. 그러나 다시 만나 행복함을 또 나눌 수 있으리라는 희망이 있으니 절대 불행하지는 않을 것입니다. 항상 멀리 떨어져 있어도 마음만은 곁에 있으니 얼마나 다행스러운 일입니까.

역시 이곳은 춥군요. 그러나 방은 따뜻하니 지내기는 아무 지장이 없답니다. 내 걱정은 그만두고 선미 건강이나 잘 신경 쓰기를 바라오. 홀몸도 아닌데 혼자 지낸다는 것, 그리고 교단에서 아이들과 씨름한다는 것이 얼마나 두렵고 어려운 일이라는 것, 잘 알고 있지만 어떻게 해야만 선미에게 조금이라도 위로가 될지는 잘 모르니 좋은 방법을 알려 주시오.

만약 자취하게 된다면 준비할 것이 많을 것 같군요. 된장, 고추장은 반드시 가져와야 할 것이고, 김치가 큰 문제인데 어떻게 해야 할지 모르겠소. 이곳에 오기 전에(내가 광주에 갈 예정이지만) 병원에 한 번 들렀다가 진찰을 받고 오기를 바라오. 밤이 깊어 갑니다. 전축을 조용히 틀어놓고 선미를 생각하며 잠에 들렵니다.
부디 오늘밤도 편안하길

칠오년 십일월 사일밤
먼 곳에서 당신의 규철로부터.

규철 글.
1975년 11월 17일.

집에서 보내 준 호적등본과 주민등록등본을 잘 받았지만, 시간이 조금 지난 것 같군요. 11월도 중순이 되고 우리 만날 날이 얼마 안 남아 기쁜 마음 그지없다오. 요즈음 가뜩이나 몸이 무거워 아이들과 함께 씨름하려면 무척 힘이 들지요. 여기서 제일 큰 걱정은 그것이라오. 절대로 몸에 무리가 가지 않도록 각별하게 건강 돌보도록 하시오. 요즈음은 날씨가 과히 춥지 않아 지내기는 무난하나 그곳도 따뜻했으면 하오. 여기는 이제 김장이 전부 끝나고 월동 준비가 마무리된 것 같다오.
그곳은 아직도 김장이 안 끝났겠지요. 김장할 때는 집에 들러 조금이라도 거들어 주면, 어머님께서 대견하게 여길 것이 틀림없어요. 여가가 생기는 대로 집에 들러 안부도 자주 묻도록 해주오. 어머님과 선미 사이가 친밀할수록 나의 근심과 시름을 덜 수 있어서 그런다오. 그리고 누님댁에 들러 지난번에 내가 가져온 가죽 잠바는 조금 크니 사이즈가 작은 것으로 구해놓도록 부탁해 주세요. 되도록 가죽 품질이 좋은 것을 구해놓았으면 하오. 잘 부탁하오. 아주 추울 때를 제외하고는 아직 가죽 잠바를 안 입고 있으니 12월 중순쯤 집에 내려갈 때 여기 있는 잠바를 갖고 내려가겠다고 아울러 전해주기 바라오.
병원에는 가봤는지도 궁금하군요. 다녀왔다면 의사 선생님 하신 말씀을 자세히 전해주면 좋겠소. 우리들의 2세가 태어날 것을 생각하면 이상한 마음이 들기도 하고 기쁘기 한량이 없소. 또 소식 주겠으니, 오늘은 여기서 펜을 놓겠소.
부디 잘 지내기를 빌면서.

1975년 11월 17일 당신의 사랑 규철.

규철 글.
1975년 11월 24일.

사랑하는 당신께.
고요한 밤, 갑작스럽게 닥쳐온 동장군이 사방을 얼어붙게 한 탓인지 잡념들도 꼼짝 못 하고 정지된 듯하오. 정적이 계속되는 가운데 작은 방에서 조용히 음악을 감상하지만, 이젠 레퍼토리가 부족함을 느끼고 새로운 곡이 아쉬워집니다.
그곳도 무척 춥지요. 이곳 추위는 정말 무섭군요. 방금 놓은 그릇이 얼어버려 떼어지지 않기도 하고, 따뜻한 방안 공기임에도 불구하고 유리창이 얼어붙어 금방이라도 찌지직 금이 가거나 깨질 것 같습니다. 이곳 사람들은 제철을 만난 탓인지 스케이트를 즐겁게 타는군요. 추위 속에도. 그쪽에선 상상할 수 없는 일이 아닙니까.

보내 준 편지들은 잘 읽었답니다. 그렇게 기다렸던 겨울방학이 커다란 장벽 앞에 가로막히게 되었으니. 만약 강습을 받을 처지가 된다면 현명한 판단을 내려주기 바라오. 평생 교직에 머물지 않을 것이니 앞으로 교직 생활(많아야 5년)에 아무 차질 없으면 안 받는 게 낫지 않겠소.
그 방면에는 뭐니 뭐니 해도 당신이 잘 알고 있을 테니 현명하게 판단을 내려주길 바라오. 나는 당신이 내린 결정에 아무 이의 안 달 테니 부담 없이 결정하기를 바라오. 어떤 결정을 내리든 간에 당신이 좋아서 택한 결정이니 나도 좋게 생각하겠소.

이곳에 전입해 온 지가 벌써 여섯 달, 반년이 지나갔군요. 참으로 세월은 빠릅니다. 그러나 길고 지루하기도 합니다. 당신과 헤어진 지가 20일밖에 안 됐는데 천년이 지난 것처럼 까마득하니 말이오. 그러나 이러한 이별이 결코 무의미한 날만은 아닐 것입니다.

서로 보고 싶은 마음, 이러한 고귀함을 우리는 만끽하고 있다고 스스로 위로하면서 살아간다면 우리의 인생이 더욱 고귀해질 것입니다. 틀림이 없이 그렇게 될 것입니다.

우리의 아기가 많이 컸다니 기특하고 대단하고 즐겁습니다. 한편으론 겸연쩍기도 하고요. 우리가 어느새 엄마, 아빠가 되다니. 나도 이제는 든든한 아빠가 되기 위해 더욱 노력해야 되겠소. 의젓한 것 갖고는 모자라니 태산 같은 보호자가 되도록 힘을 길러야겠지요.

며칠 동안 술을 많이 마셨어요. 그러나 걱정말아요. 건강을 해칠 정도로 마시지는 않으니까. 며칠 전부터는 술을 조금 줄이기로 하고 부득이한 경우는 적당히 분위기 조절하면서 마시기로 했습니다. 일찍 자고 일찍 일어나는, 규칙적인 생활로 내 건강을 유지하고 있습니다.

지난번에 말했던 잠바, 구했다면 부쳐주면 좋겠군요. 여기 있던 잠바를 팔았어요. 전해주시고, 돈은 내가 집에 갈 때 가지고 간다고도 해 주세요.

점점 춥게 될 모양이니, 잠바가 구해지는 대로 보내 주길 빌겠소. 그럼 불을 끄고 당신을 생각하며 잠을 청하렵니다.

부디 몸조심하시고 건강하기를 빌겠어요.

                    칠오년 십일월 이십사일 당신의 사랑 규철.

규철 글.
1976년 1월 10일.

사랑스런 선미! 아쉬운 이별을 또 했구려. 당신의 염려 덕분에 무사히 이곳에 도착하였다오. 그곳에서 일찍 출발했는데도 서울에서 원주에 오는 차가 만원이어서 4시쯤에야 비로소 도착했어요. 휴일에는 3시간 정도는 기다려야 한다더군요. 참고하세요.
이곳에 도착한 후로 새로운 각오로 공부하려고 노력하고 있지만, 처음이어서 그런지 아직 습관이 안 되어 좀 힘들다오. 더구나 기억력이 감퇴 된 것 같아 무척 안타깝군요. 오늘은 과장님과 시내에서 간단한 식사를 하면서 여러 가지 대화를 나눴는데 참으로 많은 것을 배운 기회였어요. 그동안 참으로 많은 시간을 헛되게 보낸 것 같고 앞으로 커다란 각오를 다시 하고 더 분발하고 노력해야 되겠다는 결심을 하게 되었오.
당신도 많이 도와줬으면 하오. 늘 고마운 당신이지만. 반드시 즐거운 시간을, 그리고 레크레이션을 즐긴다고 해서 그것이 꼭 행복이 아닌 것을 알았습니다. 목표를 세우고 그 목표를 달성하기 위해 부단히 노력하고 성취하는 것도 행복의 모습인 것 같군요. 저번 전화로 부탁한 3만 원을 부쳤는지요. 미안합니다. 의사 정기신고를 하려고 하니 돈이 많이 드는군요. 그리고 정복을 부쳐주면 고맙겠소. 병원에서는 정복 입는 것을 허용하기 때문에 간편하게 정복을 입어야 할 것 같소. 여름 정복(반소매 와이셔츠형과 쓰봉만)과 넥타이(군대용)를 바로 부쳐주길 바라오. 그럼 또 다음에 소식 주기로 약속하고 오늘은 이만 여기서 작별을 고하렵니다. 몸 건강히 잘 있기를.

오, 십구, 규철.

규철 글.
1976년 2월 10일

보고싶은 선미에게.
그동안 몸이 많이 완쾌되었다니 무척 기쁘오. 머나먼 거리를 떨어져 있으니 걱정이 될 때마다 당장 뛰어가지 못해 몹시 안타까운 심정입니다. 푸른 제복을 입고 있는 나로서는 어쩔 수가 없다오.
이곳에 있는 나는 바쁜 나날을 보내고 있소. 요즈음 훈련은 그리 없지만 조그마한 잡일이 항상 기다리고 있어 이리 뛰고 저리 뛰는 일과를 소화해 내야 하는 형편이라오. 지금도 타 부대에 가서 군의관으로서의 내 역할을 지원까지 하고 있어 더욱 바쁘오. 보안상 자세한 이야기는 할 수가 없소.
앞으로 보름 정도 똑 같은 시간들이 되풀이 될 것 같소. 지금 이 편지도 바쁜 시간에 여유를 내어 겨우 쓰고 있는 형편이어서 난필이 되고 있소. 전번에 송금한 이만원은 무사히 도착하였는지 궁금하오. 내 생전 처음으로 집으로 송금하다보니 나 자신이 대견스럽기도 하고 창피하기도 하군요.
답장 있길 바라오.
시월 중순경에 내려 가려고 했는데, 지금 나의 임무가 막중하여 휴가 갈 여유가 없어 별수 없이 4월 하순 경으로 미루어야 할 것 같소. 미안하오. 동희 결혼식에 참가하고 싶었는데 어쩔 수 없이 못가게 되었어요.
시간이 나면 당신이 참석하거나, 가족 중 누구라도 참석해서 축하해 주었으면 좋겠소. 이만 난필을 줄이오. 사랑하오. 진정으로 사랑하오.

안녕! 규철.

규철 글.
1976년 2월 30일

선미!
오늘 일요일, 바쁜 시간을 보내면서 잠시 펜을 들었습니다.
당신도 무사히 도착했는지요.
여기까지 먼길을 멀다 하지 않고 나를 찾아온 당신이 참으로 대단하고 존경스러웠소.
그런데 위로는 하지 못할망정 당신에게 괴로움을 준 것 같아 무척 괴로웠답니다.
솔직히 나의 인생은 오직 당신뿐입니다.
이 사실을 나만큼이나 당신도 더 잘 알고 있으리라 여깁니다.
그러므로 당신도 나를 믿고 아무 걱정말기 바랍니다.
서로 사랑하고 있다는 사실, 이보다 더 중요한 것이 어디 있겠습니까.
나는 당신이 있기 때문에 이렇게 모든 것을 참고 현실에 적응하면서 잘 지내고 있습니다.
당신도 역시 마찬가지라 여깁니다.
우리 조금만 더 참읍시다. 또 소식 주겠소. 규철.

규철 글.
1976년 3월 15일.

선미.
그날 무사히 광주에 도착했겠지요. 떠나는 것도 못 보고 그냥 돌아오려니 마음이 무너지더군요. 지금쯤이면 개학을 해서 무척 바쁜 날들을 보내겠지요. 몸도 무거운데 아이들과 함께 씨름까지 하려면 얼마나 힘이 들겠소. 부디 몸조리 잘하기를 바랍니다.
날씨도 훨씬 따뜻해 져서 이제는 얼음이 녹을 정도이니 다행스럽지만, 스케이트를 못 타니 섭섭하기도 하답니다. 선미가 간 뒤로 크지도 않은 방이 크게 보이며 텅 빈 듯 허전합니다. 퇴근하는대로 저녁을 먹고 C포대장님 집에서 TV를 보며 하루를 보내곤 합니다.
가끔 바둑책을 보기도 하지만. 며칠만 지나면 좋은 소식 있겠군요. 빨리 그날이 오면 좋겠습니다. 선미는 약간 불안하겠지만 아무 걱정말아요. 병원은 다녀 왔는지가 많이 궁금하오! 안 다녀왔으면 편지 받는 즉시 병원에 다녀와요. 나는 선미한테서 좋은 소식 들려올 때까지 손 꼽아 기다렸다가 뛰어나갈테니 요즈음에는 출퇴근을 먼 곳까지 하게 되어 10시만 되면 졸음이 밀려와요. 그 때문에 항상 일찍 잠자리에 든답니다. 좋은 꿈 엮기를 빌어주오. 나도 빌어 줄테니.
그럼 또 소식 주기로 하고.

안녕. 규철.

규철 글.
1976년 3월 18일

선미!
며칠 동안의 훈련을 마치고 집에 돌아와 보니 당신의 편지가 와 있군요.
왜 편지를 안했느냐고 하겠지요.
변명하자면 많지만, 그만두겠습니다.
아무튼, 미안하군요. 이제부터 자주 하겠습니다.
그동안 몸조리 잘했는지요.
지금쯤이면 출근을 하고 있겠지요.
무리한 일은 절대로 삼가고 몸조리를 잘하기만을 빌겠어요.
머나먼 타향에서 무척 걱정 되는군요.
그리고 5월에 광주로 가게 되는 것은 불가능하게 되었습니다.
춘천호 사고 나던 날 그 일 때문에 서울에 다녀왔었는데 이걸 십칠 일에 겨우 마감했답니다.
내가 전달받은 것은 상급부대에서 잘못 연락해 주오.
그런 착오가 빚어진 것이니 너무 초조해하거나 걱정하지 맙시다.
모든 것이 운명이라 생각하면서 우리 조금만 더 참읍시다.
그날 서울에서 돌아온 날 하마터면 사고 날 차를 탈 뻔했습니다.
10분 차이, 그 짧은 순간의 선택으로 생사의 갈림길에 들어섰으니.
살아있다는 것은 큰 축복입니다.
아무래도 운이 트일 징조인 모양입니다. 액땜을 단단히 했으니까요.
내가 죽을 일도 없겠지만, 그 소식 듣고 얼마나 놀랐던지 지금도 그날을 생각하면 두근두근한다오.

이번에 월급을 약간 많이 타서 3만원 정도 부칠려고 했는데
상상외로 쓸 돈이 많아 2만원만 부치겠습니다.
훈련 때문에 여유가 없어 못 보냈고
내일 모레도 우체국 갈 시간이 없으니
월요일에나 부치게 될 것 같습니다. 학교로 보낼게요.
작은 액수지만 빚 갚는데 도움이 되었으면 하오.

그리고 고향에는 4월 중순 경에나 가게 될 것 같습니다.
새로운 봄을 맞아 부대가 무척 바쁘게 되니 짬내기가 힘들군요.
동희 결혼식도 참가하고 싶은데 역시 푸른 제복을 입은 탓으로
어쩔수가 없군요.
동희 결혼식 장소를 알면 연락하여 주길 바라오.

이제 그곳은 완연한 봄이겠지요.
이곳은 아직도 봄이 올 듯 말 듯 합니다.
산 위에 있는 저 눈이 거의 녹으면 봄이 오겠죠.
이번 훈련 때도 추워서 잠을 제대로 못잘 정도였어요. 무척 피로하군요.
또 소식주리다. 사랑하오. 안녕!

칠십육년 삼월 십팔일, 규철

ps. 시간되면 "바둑" 4월호를 사서 보내주오.

규철 글.
1976년 3월 22일

선미!
3월도 거의 다 지나가는 요즘 그곳도 봄이 찾아와 화사한 얼굴을 하며 지내고 있겠죠.
이곳은 아직은 추운 겨울입니다.
어젯밤엔 하얀 눈이 바람과 함께 휘날려 아침에 일어나보니 온 누리를 하얗게 덮었더군요.
아름답게 보여야 할 눈들이 아름답지 않고 추하게 보이기만 했어요.
역시 눈은 추운 겨울날, 소낙비는 더운 여름날에 내려야 멋있는가 봅니다.

별일 없지요.
집안 일이 항상 걱정입니다. 물론 당신도 큰 걱정이고.
결혼이라고 하긴 했는데 어쩔 수 없이 헤어져 있게 된 것이
꼭 내 죄인 것 같아 미안스럽기 짝이 없소.
그러나 이러한 고난은 참을 수 있다고 생각하오.
선미는 선미대로 교무에 충실히 열심히 하고
나역시 군무에 열중하면서 가까운 훗날에 커다란 꿈을 키우면서 살 수 있는 것 아니겠소.
우리 서로가 사랑하고 있는데 무슨 일인들 못 참겠소.
선미! 조금만 더 참읍시다

요즈음 사평에서 하숙하고 있는지요.
나는 여전히 이곳에서 하숙을 계속하고, 부관(지금은 포대장)도 함께 있다오.

정아 집에는 잘 안가게 되는군요.
당신도 없을뿐 정아 아빠께서 항상 바쁘기 때문에 밤늦게 퇴근한답니다.
멋쩍게 혼자 놀러 가기도 그렇고요
요즈음엔 방구석에 가만히 배 깔아 놓고
바둑책이나 얇은 책들을 보면서 한가하게 시간을 보냅니다.
내 걱정은 하나도 하지 마오.
항상 변함없이 조심스럽게 살고 있으니 말이오.
여하튼, 빠른 시일 내 만나 사랑 이야기를 나누며 다정한 시간 즐겼으면 좋겠군요.
언젠가 또 오겠죠. 다음에 또 소식 주리다. 안녕

       칠육년, 삼월 이십이일, 규철.

ps. 2만 원 부치오.

규철 글.
1976년 5월 22일

선미!
지난번 편지는 잘 받아보았는지요.
편지가 잘 도착하지 않는다고 해서 걱정이 됩니다.
나는 당신의 염려 덕분으로 이곳으로 며칠 전에 이사했고
막중한 나의 임무를 완수하기 위해서 만반의 준비를 다 갖추어 놓았습니다.
아무쪼록 앞으로 일 년 동안 아무 사고 없이 잘 지낼 수 있도록
당신도 빌어주었으면 고맙겠소.

지금으로서는 환경에 익숙하지 못하여
하루하루 지내기가 무척 힘들지만, 며칠 후엔 적응이 되어
지금 같이 힘들지 않고 바쁜 시간 보내지 않으리라 믿고 있습니다.
조금 있으면 농번기가 다가오겠죠.
이곳에 올 수 있는 날짜가 빨리 오면 좋겠습니다.
이곳은 예전의 삼거리보다 후방이고 춘천에서도 훨씬 가까운 곳이지만
조금 떨어진 곳이 사창거리이기 때문에
다방도 없고 휴식 시간을 즐겁게 보낼 수 없는 것이 좀 답답합니다.
그래서인지 예전에 비해 고독하고 더욱 쓸쓸하군요.

하루빨리 당신을 만날 수 있으면 합니다.
그리고 당신한테 고생을 시켜 미안한 생각이 들기는 하지만
빠른 시일 내 당신을 행복하게 해 주고 싶군요.

지난번에 가져온 대망은 전부 읽었습니다. 재미 있더군요.
휴식 시간을 이용해서 책이라도 읽고 싶으니
하루빨리 대망 오륙 편과 칠팔 편 소포로 부쳐주면
고맙겠습니다.
그리고 당신 올 때는 춘천에서 사창리 가는 버스를 타고
사창리 조금 못미처 용담리에서 내리면 이곳을 쉽게 올 수
있습니다.
다음에 또 소식 주기로 하고 이만 펜을 놓겠습니다.
안녕히 계시오.

칠육년 오월 이십이일
당신의 사랑 규철.

규철 글.
1976년 7월 18일.

선미!
오랜만에 한가한 시간 얻게 된 일요일. 방금 도착한 치과 군의관이 광주에서 전화로 나의 안부를 전했다는 이야기 듣고 무척 반갑더군요. 지난번 보낸 편지는 받았는지요. 편지 부칠 시간이 없어 주인집 아이한테 부탁했었는데. 보안상 자세하게 이야기할 수는 없고 단지 정신 못 차릴 정도로 바쁜 일과 속에서 요즈음은 수면 부족으로 항상 피로를 느끼며 당신이 정성들여 가져온 꿀도 시간이 없어 못 먹는 형편이라오.
칠월 말일경, 집에 가려고 하지만 시간의 여유가 생길지는 의문이군요. 이렇게 바쁜 일과 속에서 배우는 것도 많고 시간도 지루하지 않게 번개같이 보내고 있지만 너무나 골치 아픈 일이 발생하는 것이 힘이라면 힘이군요. 그러나 어떤 보람이 있어 마음은 항상 뿌듯하오.
당신한테는 미안하지만. 조금만 더 참아주오. 정말로 진심으로 미안하오. 항상 당신을 사랑하고 있다는 나의 마음은 변치 않고 당신 곁에 있다는 사실을 위로 삼아 살아주길 바라오.
그곳은 요즘 덥겠지요. 남들은 바캉스, 등산 등 운운하겠지만, 당신이나 나나 그럴만한 여유를 못 찾고 있으니 참으로 딱한 일. 그러나 우리에겐 항상 희망이 있고 즐거운 나날들이 우리를 기다릴 것이니 이 또한 다행스럽고 희망적인 일이 아니겠어요. 우리 그날들을 위하여 지금의 시련 잘 참고 이겨냅시다. 당신을 사랑하오. 어머님께도 안부 전해 주길 바라오.

칠육년 칠월 십 팔일.   규철.

규철 글.
1976년 4월 25일

선미. 당신과 헤어진 지 벌써 일주일이 지났구려. 어쩔 수 없이 헤어져야만 했던 서로가 가슴 아픈 이 현실. 4박 5일 동안의 짧은 시간들, 너무나 귀중한 시간이었소. 또 그런 시간이 오리라 믿으면서 당신에 대한 환상으로 고달픈 시간을 견디기로 했소.
무척 바쁜 시간을 보내오. 당신도 알다시피 며칠 후면 이사를 하기 때문에 준비하는 일이 예사 어려운 일이 아닌 것 같군요. 마음부터 바빠지는 구려. 이사갈 곳은 그곳에 도착하자마자 편지하겠소. 그러나 단 한 가지 내가 막중한 직책을 맡게 되어 앞으로 1년 동안은 무척 바쁜 시간을 보내리라는 것을 미리 알아주고 감안하길 바라오.
6월은 내가 짬을 내기 힘들 것이니 당신이 나 있는 곳으로 와주면 좋겠으니 온다면 미리 연락부터 해주기 바라오. 나의 생활 모든 면에 대해서는 조금이라도 의심하지 마오. 나에겐 오직 당신뿐이라는 것만을 아시오. 오월 문제는 단념하는 것이 좋을 것 같소. 진즉 편지로 자세한 사연 적어야 했으나 보안상 못했어요.
대강 눈치채도록 귀띔을 한 것으로 여겼는데 아무 짐작을 못한 모양이군요. 내가 내려가면 자세한 이야기를 해드리리다. 멋있는 봄이 어쩐지 길고 지루하다 느껴지오. 지난번 일요일에도 정상 근무를 하고 계속 근무하다 보니 날짜가 더디 가는 것 같군요. 그러나 오월이 되자마자 우리의 만남이 멋있게 재현할 것이라 여기니 무척 부풀었소. 아무튼, 조금만 더 기다려 주오.

칠육년 사월 이십오일 규철

규철 글.
1976년 8월 28일

선미!
사랑하는 당신,
요즈음 연구 강의는 잘 마무리 짓고 있겠죠. 좋은 성과는 거뒀는지. 나는 오늘도 무사히 바쁜 일과를 보내고 이렇게 펜을 들었습니다. 가만히 생각해 보니 당신과 결혼한 지도 일 년이 벌써 되었군요. 그러나 떠올려보면 우리들이 얼마나 달콤한 신혼생활했었나 헤아려 보면 참으로 부끄러울 정도입니다. 더욱이 당신에게 심려를 많이 끼쳤다고 생각하니 송구해서 볼 면목도 없습니다.
내가 학교에 다닐 때까지는 이렇게 헤어져 살리라는 것을 상상도 못 했기에 어떻게 하다가 이지경이 되어버렸는지 한탄만 했습니다. 더욱이 당신의 의견을 항상 무시하고 나의 의견만 주장한 것 같아 그것이 가장 후회스럽구려. 그러나 이미 돌이킬 수 없는 지난 시간, 앞으로의 시간은 속죄하듯이 당신만을 위해서 살아가리다.
다음부터는 당신과 나라는 것을 더욱, 아니 나보다 당신을 더욱 섬기고 가꾸면서 당신을 아끼도록 하겠소. 내 마음속에 새겨진 당신, 언제나 변함없이 항상 똑같은 마음으로 당신의 존재를 떠받들고 존중하면서 살아가겠소. 약속하오. 두고 보시오. 죽을 때까지 지킬 것이니.

선미! 미안하오.
당신을 불행한 여자로 만든 것 같아서 말이오. 그러나 오해는 말아주오. 믿지 않겠지만 처음 만난 그때나 지금이나 나에게는 오직 당신뿐이라는 것. 그리고 항상 당신 곁에 있었다는 것을 고백하오. 난생처음 겪는 군 생활, 군의관으로서의 바른 생활,

의사로서의 소명의식, 사명감이 나를 몹시 구속했었다고 말한다면 용서해 주겠소. 이 점만큼은 티끌만큼도 거짓 없는 마음이니 당신이 날 믿어줘야 하오. 섭섭했던 마음 이제 모두 흘려버리고 새마음 새 출발로 우리 다시 시작합시다. 9월 중순 경에 만나게 되면 내 당신 앞에서 당신 눈을 마주하면서 진심으로 다시 사과하리다. 이곳은 찬 바람이 불어 가을이 온 것 같이 밤으로는 춥소. 감기 환자가 상당히 많다오. 환절기 당신도 컨디션 조절 잘하면서 지내길 바라오.
당신의 신랑인 규철이가 보내오. 또 소식 주겠소.

칠육. 팔. 이십팔. 규철

규철 글.
1976년 8월 31일.

선미!
우리가 만난 지도 상당한 날이 흘렀군요. 당장이라도 달려가고 싶은 마음 간절하지만 어쩔 수 없이 발목을 잡는 이 현실에 애만 타는 군요. 오늘 일요일도 정상 근무를 하고 돌아와 저녁 식사를 끝내고 바로 펜을 들고 있소.
화창한 봄날을 맞이하여 산에는 진달래꽃과 개나리가 만발하다 보니 이렇게 아름다운 봄을 당신과 함께 보내고 싶은 충동을 애써 누르고 있는 중이오. 봄 또한 내 마음처럼 그냥 지나버리는 나를 보고 아쉬운 표정을 짓는 것도 같고. 어린잎들이 뾰족뾰족 올라오더니 금세 연둣빛으로 뒤덮는 세상이군요. 곧 5월이 되면 신록을 예찬하는 소리가 곳곳에서 터져 나올 것 같소. 조만간 더 푸르게 될 것 같군요. 저 나무들이 전부 푸르게 되기 전에 만날 수 있으리라 믿소.
지난번 당신이 보내 준 편지를 읽고 나는 무척 섭섭했소. 전방 산골짜기에 외롭게 살다 보면 술을 먹고, 바람피우는 사람이 있는 것은 사실이오. 그렇지 않은 사람도 많은데, 나까지 싸잡아 의심하다니. 나는 그런 사람이 절대 아니오. 나는 욕구를 절제 못 하는 비이성적인 사람이 결코 아니요. 이성도 이성이려니와 아름답고 사랑스러운 당신을 두고 쓸데 없는 곁눈질을 할 이유가 없잖소. 더군다나 여린 당신 혼자서 천 리 먼길 남편 떨어져 견디고 있는데 가여워서라도 그런 짓 못 하오. 내가 다른 곳에 관심을 기울인다는 것은 이치에 어긋나고 사람의 도리에도 벗어나는 짓이니 마음 편히 가지고 건강을 잘 돌보도록 해요.
그런 점에 관해서는 평생, 죽을 때까지 염려 마시오. 남편으로, 아버지로, 아들로서도 떳떳하게 명예로운 삶을 살다가 태어난 임무를 마치고 귀천할 작정이니.

- 일부 소실로 부분 기록

규철 글.
1976년 9월 29일.

선미.
이제 완연한 가을이 찾아와 아침저녁에는 매우 쌀쌀한 날씨가 이어지고 있어요. 산허리에는 단풍이 어느새 물들고 있고, 벼를 베기 시작하는 농부들도 많이 보여요. 농부들의 마음이 얼마나 흐뭇할지, 온 들녘이 한가롭고 즐거운 이때 그곳의 형편은 어떤지, 아직 농번기가 시작되지 않았는지, 기온은 또 어떤지도 궁금해요. 그중에서도 당신의 안부가 가장 궁금하군요.
당신한테서 아무런 소식이 없어 안달이 날 정도로 궁금합니다.
예전에는 자주 편지하더니 근래에는 편지 한 통 없어
당신의 마음이 변했을까, 어떤가, 초조한 마음이 듭니다.
아무쪼록 빠른 시일내에 답장 있기를 바라고 지난번 편지 내용대로 공휴일이나 농번기를 통해 빨리 올라오면 좋겠어요. 또 집 문제는 어떻게 됐는지요. 모든 것들이 궁금합니다. 여기 있는 나는 지난번에 심한 몸살을 앓다가 고생을 많이 했습니다. 지금은 완전히 회복, 건강을 도로 찾아 아무 탈없이 여유롭게 잘 지내고 있어요. 부쳐주신 대망도 많이 읽어 나머지 두 권도 당신이 가지고 오든지 부쳐주든지 해서 빨리 받아 보기를 희망하고 있소.
그러나 집에 갔다올 수 있는 여유까지는 생기지 않아 다녀가지 못함을 양해 구하오. 빠듯한 근무 일정으로 하루나 반나절 정도의 여유로는 어디를 나선다는 것은 불합리한 것이라서 차라리 집에서 휴식하면서 독서나 다른 일을 병행하는 것이 나을 듯 해서요. 당신의 이해를 바랍니다.
이제 앞으로 7개월만 있으면 이 생활도 끝입니다. 이렇게 당신과 떨어져 살지 않아도 되고, 한 공간에서 보고 싶을 때 보고, 가야 하는 곳은 어디든 같이 다니면 된다 여기니 가슴이 떨리오. 아침도 함께 하고 저녁도 같이 먹고, 같은 것을 보고 웃고, 같이 슬퍼하고 같이 기뻐하는 일상이 얼마나 그리운지 당신은 내 속마음 잘 모를 것이오. 당신과 함께라면 어디든 따라갈 것이라는 내 마음을 알기나 하겠소, 어디. 부디 하루라도 빨리 날짜가 지나기를 바라며 오늘도 당신을 그리워하다가 하루를 보냅니다. 아무쪼록 그날이 오기까지 두 손 모아 당신의 건강과 행복만을 빕니다.

칠육, 구, 이십구. 규철.

규철 글.
1976년 9월 19일

선미에게.
오랜만에, 참으로 오랜만에 한가한 일요일을 맞았습니다.
감기에 걸린 것을 무릅쓰고 사창리에 나가 목욕을 하고 집으로 돌아왔습니다.
군에 온 후부터 좀체 감기에 안 걸렸었는데, 며칠간 심신 간에 무리를 한 탓도 있고,
갑자기 낮아진 기온 차이로 그만 감기에 걸려 버렸군요.
몸이 불편하니 집 생각과 당신 생각만이 간절하군요.
그러나 염려는 말아요.
약을 먹었더니 이젠 훨씬 가벼워졌고 내일 아침이면 다 나을 것 같은 상태예요.
당신은 더욱 감기 조심하기 바라오.
환절기이기 때문에 감기에 걸리기 가장 쉬운 조건이라 잘 먹고 잘 쉬면서 사람 많은 곳은 가급적 피하는 것이 도움이 될 것이오.
더욱 조심하여 주오.
요즈음은 잠에 취하면 몸이 아파서인지 당신이 꿈에 나오고 어머님도 나타나
많이 걱정됩니다.
지난번 받은 소장 때문인가 싶네요. 집 걱정이 태산이지만 아무튼 좋은 결과가 나타나길 바랄 뿐입니다. 당장이라도 집으로 쫓아가고 싶은 마음 간절하지만, 이곳의 일 역시 바쁘다 보니 조금의 여유도 낼 수가 없군요. 서울도 가기 힘들어 당신과 만날 수 있는 기회가 없을 정도이니 말이오.
당신 시간이 허락하면 이곳에 올 기회를 만들었으면 하는데.
달력을 보니 10월 1일이 공휴일이고, 2일은 토요일, 하루

결석하면 짬을 낼 수 있을 것도 같은데 어떨는지요. 무리는 하지 말고 놀러 와 주길 바라오.

그리고 면세품을 구하였는데, 망설이는 중이오.
①커피포트 : 동남전기 규격(D,E,P-452, 가격 5,100원)
②가스 테이블(한국 린나이, 규격3 버너R. 3.G.M, 가격 26,000원)
두 가지를 구했는데, 가격이 비싼 것 같아 당신이 실제의 가격을 알아봐 주길 바라오.
똑같은 제품으로 현시세를 정확히 알아볼 필요가 있을 듯하오.
텔레비전(T.V)도 구할 수 있으나 필요하지 않을 것 같아 단념하고 대신 믹서를 구하려고 신청했소.
당신의 편지를 기다리며 펜을 놓겠소. 몸 건강히, 안녕하길 빌면서, 많이 사랑하오.

칠육년. 구. 십구.

규철 글.
1976년 10월 9일

참으로 피곤한 날입니다.
신문 라디오에 의하면 오늘 연휴를 맞이하여 관광여행에 열을 올리고 있다고 하는데,
나라를 지키는 우리는 그런 여유를 찾을 수도 없는 상태에서 훈련만 계속합니다.
어제 저녁부터 오늘 저녁까지 한숨도 못 자고 이제야 집으로 돌아오니
당신의 편지 두 통이 놓여 있군요.
아무튼, 당신이 그렇게 생각하니 나로서는 뭐라고 말을 해야 할지 막히는군요.
조금만 더 참읍시다.
앞으로 반년 정도만 참으면 날마나 당신과 함께 보낼 수 있다고 확신합니다.
여기서 알아보니 힘만 쓰면 틀림없이 광주로 갈 수 있다는군요.
그러니 당신도 걱정하지 말아요.
자세한 이야기는 나중에 하겠소.
자세한 미래 설계도 짜면서 서로 의논하면 아주 재미 있으리라 생각합니다.
반가운 소식 하나 전해 드리겠소.
당신 농번기 때 놀러 와 주오.
우리를 위한 신의 은총인지 좋은 기회가 생겨 당신을 만날 시간이 가능해졌어요.
꼭 놀러와 주기 바라오.
그때 커피포트를 가져오면 더욱 좋겠구려. 책도 함께.
십 일부터 약간의 시간적인 여유가 있어서 본격적으로 독서를 할

예정이오.
책도 가져오고 레코드판도 두 서너 장 가져왔으면 하오.
이번에 오면 당신이 말한 대로 많이 웃고, 당신만 바라보고 당신 이야기에 집중하고 당신 눈만 들여다보면서 이야기 많이 해주리라는 결심을 하고 있소.
그러나 기대만큼 안된다고 정작 여기 와서 짜증은 내지 마오.
마음대로 되는 곳이 아니라 짜증 내면 더욱 난처하고, 난처하면 더 감정이 굳어지니 낭패감에 봉착하게 될 터이니.
아무튼, 당신이 빨리 오기를 기다리며 펜을 놓겠소.
어머님께 안부 전하기 바라고 당신의 건강도 항상 돌보도록 하세요.

그럼 안녕히.　칠육 시월 구일　규철.

규철 글.
1976년 10월 31일.

사랑스러운 당신 보십시오.
백설들이 온 누리를 하얗게 물들인 정경이 아름답게 펼쳐지는 가을입니다.
때 이른 걱정 같긴 하지만 추위가 대단할 것 같군요.
그곳에도 눈이 왔는지요.
그동안 바빴던 나날들은 꿈만 같으니
이게 한가한 일요일 맞이해 일요일의 고마움을 한층 느끼게 되는군요. 보고싶은 당신.
이런 시간에 같이 정다운 이야기를 나누면서 함께 있다면 얼마나 좋을까요.
곧 오겠지, 하면서도 뭔지 모를 아쉬움과 그리움과 안타까움에 싸여
오늘도 스스로를 위로하며 잘 지내려 노력하고 있다오.
당신의 염려 덕분에 아무 탈 없이
이렇게 돌아와 당신한테 편지를 쓰니 기쁨이 용솟음치는 것 같소.
단지, 날씨가 추워 약간의 고생은 했지만, 이러한 기쁨의 소산을 위한 것이라 생각하며, 그곳에서 친했던 옛분들과 정다운 이야기까지 나누고 오니 더욱 흐뭇하군요.
앞으로 한가한 시간이 많을 것 같으니 당신한테 편지를 자주 하리다.
그리고 "대망"도 빨리 읽어버리고 다른 책도 읽어내면서 틈틈이 공부도 해야겠소.
그리고 될 수 있으면 십일월 말이나 십이월 초에 광주에 한 번 내려갔다 올 예정이나 마음대로 될 것 같지는 않아 너무

기대할까 봐 살짝 염려가 되곤 합니다.
또 언제 바빠질지 모르는 곳이 군대 아니겠소.
집에 다녀온 지 석 달이나 지나니 어머님도 많이 보고 싶군요.
내가 없는 대신 당신이 잘 해 드려요.
불쌍한 어머님입니다. 그리고 고마우신 어머님이고요. 효도할 사람은 나밖에 없는데 나마저 이렇게 멀리 있으니 우리 어머님 마음도 무척 적적하실 겁니다. 잘 부탁하오.
조용한 일요일 아침, 새벽부터 당신을 생각하는 여유로운 일요일이 나른하게 나를 안아주는군요. 일찍 일어났더니 다시 한숨 자야겠소. 다음에 또 소식주겠소. 당신도 몸 건강히.

                       칠육년, 시월, 삼십일일 규철.

규철 글.
1976년 11월 29일.

선미!
오랜만에 펜을 드는 구려. 무척 미안스럽게 생각하지만 어쩔 수 없었던 환경이었소. 내가 이야기해 봐야 당신은 이해하지 못할 것이오. 부대 업무에 큰 차질이 생긴 것이 나에게까지 여파가 와 무척 곤란한 일이 지속되었소. 처음 3~4일간은 거의 잠도 못자고 식음을 전폐할 정도로 고민이 컸었다오.
지금도 계속, 조사 중이지만 일이 마무리되기까지는 시간이 더 걸릴 것 같소. 그러나 크게 걱정할 시기는 지났으니 큰 문제 없이 끝날 것이라 여기고 있답니다. 자세한 이야기는 보안상 할 수 없으니 그만두고 다만 곤란한 일이 닥쳤다는 사실만 알고 있으면 될 것이오.
내가 그동안 편지 못 했던 점은 이런 일 때문이니 이해해 주시기 바라오. 이 일이 완료되면 당신 방학할 때쯤 한 번 내려갔다 올 계획을 하고 있어요. 만약의 경우 못 내려갈 수도 있으니 방학하는 대로 당신이 올라오면 어떨까 하오.
당신에 대한 내 사랑도 한 점 변치 않고 처음 그대로인 사실을 명심해 주오. 나를 믿고 따르고 내가 당신을 사랑하는 그 힘에 의지하면서 고통스러운 현실 잘 감내해 주기를 바라오. 그동안도 잘 참아주었소. 고마운 선미.
요즘은 몸이 좀 약해져서 곤란한 점이 한 두 가지가 아니구려. 그러나 나는 결코 어떠한 고난이라도 이겨 낼 수 있는 정신력과 체력을 갖고 있으니 너무 걱정하지 마시오. 어머님한테도 아무 이야기 하지 말고 잘 있다고만 전해주오.
당신이 보내 준 주민등록증, 등본, 나중에 보낸 것만 잘 받았소. 정말 고맙고 고생 많았소. 또 소식 주리다. 빠른 시일 내에 만날 수 있으면 좋겠구먼. 안녕. 아주 많이 사랑하오.
칠육, 십일월 이십육 규철.

규철 글.
1977년 2월 9일.

사랑스러운 당신께.
무사히 도착했다니 무척 다행스러운 일이오.
날씨도 점차 풀리기 시작하여 겨우내 꽁꽁 얼었던 얼음들이 점차 녹기 시작하는 것 같소.
우리들의 마음도 풀어졌으면 하지만 마음대로 되지는 않는구려.
인사 문제는 더는 신경 쓰지 않는 것이 좋을 것 같소.
마지막으로 길남씨 집에 가서 알아본다고 하는데 안될 것 같으면 단념하길 바라오.
그렇지만 너무 걱정마오.
내가 알기로는 틀림없이 아마 후방으로 갈 것이니 너무 걱정하지 말아요.
자세한 이야기는 내가 광주에 가거들랑 그때 합시다.
그건 그렇고. 당신이 간 뒤로 방안이 허전하군요.
항상 당신이 기쁘게 맞이했던 그 날들이 무척 그립고 아쉽군요.
역시 부부란 같이 있어야만 즐거움이 있고 행복이 있다는 것을 새삼 뼈아프게 느낀다오.
아무튼, 시일 내 그런 날을 구축하기를 손꼽아 기다립시다.
15일 쯤이면 갈 수 있을 것 같았는데 힘들게 되었소. 만약 15일 못 간다면 일주일 후에는 틀림없이 갈 것이니 너무 초조해하지 말고 차분히 기다려 주오.
그럼 또 다음 기회에 소식 드리리다. 안녕.

이월 구일 규철

규철 글.
1977년 3월 6일.

선미에게.
봄비가 주룩주룩 내리더니만 오늘은 바람도 세차고 우박까지 쏟아집니다. 우울한 일요일이 되어버렸군요. 당신은 오늘 어떻게 지냈는지.
친정 식구들과 함께 재미있게 놀고 왔는지. 이제 일주일 남짓 남은 이곳 생활(?)에 마지막 박차를 가하면서 계속 바쁜 시간을 보내고 있어요. 떠날 날만 기다리는 소극적인 자세보다 지겹지 않게 보낼수 있어 퍽 다행이라는 생각이 든다오. 일과 후에는 집에 돌아와 연간 계획대로 꾸준히 공부하고, 독서하고 휴식을 취하는 패턴은 반복되고 있어요. 앞으로 전개될 우리의 삶을 위하여 더 열심히 노력할 것입니다. 어쨌거나 인사문제가 빨리 결정이 나고서야 안정이 될 것 같군요. 요즈음 같으면 초조하고 슬그머니 불안하기까지 하군요.
저녁마다 혼자 지내기 때문에(옆방 하숙생들은 교육 혹은 파견 근무 갔기 때문)더욱 잡념이 생기고 있으니 당신이 옆에 있으면 오죽 좋을까, 혼자 아쉬움을 달래곤 합니다, 사랑스런 당신과 함께 지내면 보다 즐거운 우리 생활 들을 엮어 나갈 수 있을 텐데. 행복한 내일을 위해서 오늘을 참고 보람있게 잘 견뎌봅시다.
당신에게 하고 싶은 말이 많을 것 같았는데 생각이 퍼뜩 떠오르지 않는군요.
당신의 生日을 眞心으로 祝賀합니다.

1977. 3. 6. 규철

규철 글.
1977년 3월 16일.

선미에게. 완연한 봄이 이곳에도 찾아와 훈훈한 바람이 불고 얼었던 물도 차츰차츰 녹아내리기 시작합니다. 나의 마음도 훈훈한 바람 속에서 가볍게 날리고 살짝 설레기까지 합니다.
오늘이 아버님 제삿날, 남향 재배를 했다오. 먼 타향에서나마 인사드릴 수 있는 것 모두가 당신과 어머님 덕분이라서 어찌나 감사한 마음이 생기는지. 눈앞이 살짝 흐려지더군요. 내가 이곳에 있을 시간은 앞으로 한 달 남짓입니다. 확실하지는 않지만, 너무 실망하지 않을 정도는 될 것 같은 이동인데, 결정나 봐야 할 일이니 너무 섣부른 기대로 당신을 실망시킬 것 같아 퍽 조심스럽군요.
당신이 보내 주라고 한 돈은 내가 당분간 보관하려고 하오. 이곳에 있는 동안 요긴하게 쓰일 곳이 있을 것 같아서 그러니 이해해 주세요. 객지에서 갑자기 돈이 떨어지면 곤란한 상황이 한 두 가지가 아닙니다. 남에게 손 내밀기도 민망한 일이고. 절대 헛된 지출이나 사치품을 사려는 것은 아니니 믿어 보시오.
당신은 홀몸도 아닌데 학교까지 옮겼으니 신학기 업무에 과다한 에너지를 쓸 일이 많을 것이오. 급한 일이 있더라도 호흡 조절해 가면서, 천천히 여유를 갖고 학교생활에 적응해 주기 바라오. 심리적으로나 육체적으로 무척 버겁고 힘들 텐데 나는 늘 그것이 걱정이오. 아무튼, 먼 훗날의 우리의 행복을 위해 조금만 더 참아주길 바라오. 미안한 마음 그지없지만, 우리 사랑이 있는 한, 굳게 참을 수 있으리라 믿고, 오늘도 당신의 건강을 빌면서 펜을 놓겠소. 그럼 안녕!

칠칠. 삼. 십육. 규철.

규철 글.
1977년 3월 24일.

선미에게.
자주 보내 준 당신의 편지는 잘 보고 있소.
나의 편지는 받아봤는지요. 나는 당신의 염려 덕분으로 몸 건강히 잘 지내고 있으나 다만 부대 업무 때문에 무척 바쁘게 지내고 있소. 어제는 사방거리에 있는 정훈이 집에도 들리고 삼거리에도 들렀소. 아마 4월 초순까지는 무척 바쁘게 지내기 때문에 편지도 못하게 될 것 같으니 너무 기다리지 말아 주오. 마음 편하게 갖고.
어제는 바람이 불기 시작하더니만 오늘은 눈이 몹시 많이 내렸다오. 때맞지 않은 눈이라서 그런지 보행도 불편하고 녹아서 질퍽거리는 길이 보기가 역겨울 정도로군요. 생활을 불편하게 하는 이 추위가 빨리 지나갔으면 한다오. 사월 이동 문제는 조금 더 시간이 지나야 확실히 알 것 같고, 대강 짐작은 멀리는 가지 않으리라는 것 정도만 짐작할 뿐이라서 좋은 소식 못 주어 미안해요.
그러나 너무 낙담말고 조금만 참아주구려.
당신이 부탁한 돈은 필요 없게 되면 즉시 송금할 테니 기다리지 말기를!
당신의 편지 내용으로 보아서는 집에서는 남광주역에 여인숙을 구한 모양인데 자세한 내용을 적어 보내 주길 바라오. 어머님도 당신도 상당히 부담스럽고 힘든 결정이었을 텐데 내가 같이 힘을 보태지 못해 죄송한 마음뿐이라오.
돈은 어떻게 마련했고 장소는 괜찮은지, 앞으로의 전망, 계획 등도 소상히 살펴서 전해주길 바라오. 먼 곳에 떨어져 있다 보니 당신 소식도 궁금하지만, 집안 소식도 궁금하니 함께 적어

보내주길 바라오. 그리고 새로 부임한 학교 소식도 곁들여 주시고. 밤이 깊어갑니다. 바람도 세차게 불고 눈발도 거세게 내려치는 모양입니다. 당신의 소식, 또 기다리면서 펜을 놓습니다. 사랑스러운 당신을 그리워 하는 남편입니다. 잊지 마세요.

        칠칠. 삼, 이십사 규철.

규철 글.
1977년 4월 10일.

선미에게.
당신의 발령을 늦게나마 축하를 드립니다. 저번 일요일 춘천에 물건을 사러 나갔다가 당신에게 전화하였더니 출타중이라 형수님한테서 당신의 소식을 듣고 무척 기뻤소. 당신이 보내준 전보를 못 받고 있다가 오늘 아침에야 비로소 발견한 곳이 쓰레기통이었소. 그것도 우연히 청소하다가. 아주머니한테 듣기 싫은 소리를 하고 출근했습니다. 하마터면 또 오해가 생길뻔했군요. 단단히 주의 주었으니 앞으로는 이런 일 생기지 않을 것이오.
그리고 당신의 생일을 축하합니다. 보낸 선물은 잘 받았는지요. 무엇을 살까 하다가 당신이 선생님이라는 것을 감안해 근무복 겸 외출복으로도 혼용할 수 있는 그곳이 적당할 것 같아 샀습니다. 어때요, 마음에 들었는지요. 마음에 안 들어도 나의 성의와 특별한 감정이라 여기고 잘 입어 주길 바라오.
요즘은 날씨가 무척 변덕이 심한데 감기에 걸리지 않도록 조심하시길. 더구나 입덧이 심할 텐데 환절기에 입맛까지 잃으면 몹시 지칠 터이니 꼭 잘 챙겨서 먹도록 하세요. 입에 맞는 음식이 있으면 아무리 비싸더라도 돈 아끼지 말고 지출하길 바라오. 제발 입덧이 가라앉아야 할 텐데. 내 걱정은 말아요. 당신의 염려 덕분으로 몸 건강히 잘 있고 요즈음에는 시간이 나는 대로 정구도 치고 영어 공부를 하면서 지낸다오. 하루하루를 조각내어 최선을 다해 시간을 잘 보내고 있으니 결코 떨어져 있는 이 시간이 헛되지 않을 것이오. 나 자신도 흐뭇하다오. 사랑해요.
칠칠, 삼, 팔. 규철
ps. 의사면허증 번호를 알려주기 바람.

규철 글.
1977년 4월 13일.

선미에게.
이제 완연한 봄이 왔나봅니다.
그곳에는 벌써 꽃이 피었다니.
이곳에는 이제 산과 들에 녹색의 파노라마를 형성하기 시작하는 순간이라오.
나른해지는 몸을 주체할 길이 없으니 한낮이면 자꾸 졸음이 오기도 하지만 바쁜 일과에 낮잠 잘 시간조차 없이 쫓기다 보면 피곤에 절은 몸으로 집에 들어오곤 한답니다.
이제 얼마 남지 않은 이곳 생활에 충실하기 위해서 할 수 있는 노력은 다하고 있지만, 조금이라도 편하게 지내고 싶은 것이 인지상정인지라, 자꾸만 나태해지려는 의지를 매일 다잡는 것도 쉬운 일은 아닌 것 같소.
아무튼, 좋은 곳으로 가야 할 텐데 무척 궁금해지오. 당신도 좋은 곳으로 가게끔 기도 해주시오. 자주 만날 수 있는 곳, 당신이 다니기 편한 곳, 내가 자주 갈 수 있는 여건이 되는 근무지이기를 손 모아 빕시다.
은정이 식구랑 같이 살게 되었다니 잘된 일이지만, 이사하고 사업을 시작하면 좋은 결과를 가져야 할 텐데 왠지 모르게 걱정이 되는군요.
사소한 것이라도 좋은 소식이 있으면 빠뜨리지 말고 전해주시오.

친정 식구들이 산보를 간다는 곳에 당신도 같이 떠나가구려.
몸도 마음도 편히 내려놓고
허심탄회하게 속사정 풀어놓고 느긋하게 놀다가 오면 좋겠어요.
비록 혼자 가는 길이 쓸쓸하겠지만 언젠가는 나와 함께 참석할

날이 있으려니 기대하면서
이번만큼은 혼자라도 나들이 갔다 오길.
나는 몸 건강히 근무에도 충실하면서 잘 지내고 있소.
그리고 일주일에 두 번씩 편지한다고 당신께 약속했는데 잘 지키지 못해 미안하오.
이젠 두 번씩 할테니 너무 섭섭하게 생각하지 말고 편지를 못하더라도 항상 나의 마음은 당신 곁에 있다는 것을 잊지 말아 주오. 내 또 소식 드리리다.
그럼 몸 건강하길 빌며. 안녕.

1977년 4월 13일 규철.

규철 글.
1977년 4월 17일.

선미에게.
4월의 정적 속에서 조용히 움터 오르기 시작하는 무언의 생명들이 장관을 이루고 있는 것이 몹시 아름답군요. 봄비는 그것을 찬양이라도 하는 듯 주룩주룩 내리고. 무사히 도착하였는지요.
차에 타고 싶지 않은 당신의 모습이 자꾸 어른거려 마음이 무겁습니다.
당신과의 약속을 지키기 위해 펜을 들었습니다만, 무슨 말을 써야 할지 고민하는 이 시간이 사방의 고요에 둘러싸여 있습니다.
앞으로 며칠 남지 않은 이곳 생활은 하루 하루 무사히 보내는 것이 가장 급선무라고 여깁니다. 처음 같지 않아 자꾸만 잡념이 생기는 탓으로, 태만해지려는 나 자신을 스스로 다독이면서 긴장을 놓치지 않으려 애를 써봅니다.
마지막까지 중대를 위하여 최선의 노력할 것을 다시 각오합니다. 만에 하나라도 광주로 간다면 얼마나 좋을까. 기대해 보지만, 그러나 그런 일이 내게 일어날 것 같지는 않아서 이내 단념합니다. 그렇게는 안 되더라도 이곳보다는 나은 곳으로 갔으면 하는 바람은 버리지는 못하겠습니다. 이곳에서의 일상은 너무나 단조롭고 권태롭고, 심심하고, 나를 성장시킬 수 있는 환경이 주어지지 않기에 벗어나고픈 마음 간절합니다. 때로는 감옥살이처럼 힘들 때도 많고, 나 자신이 자꾸 위축되고 퇴보하는 것 같아 한심스럽기 그지없습니다. 그럼에도 최소한의 할 일이라도 최선을 다했고, 나를 필요하는 사람에게는 언제나 공평하게 의사로서의 책무를 피력했다는 자부심 하나는 대단하게 여깁니다.
아무튼, 항상 말하는 것이지만 나의 마음은 당신 곁에 있고 당신의 마음은 바로 내 곁에 있다는 것을 명심하고 하루하루를 즐겁게 그리고 충실히 보냅시다.
또 내일 아침엔 저 높은 산에 하얀 눈이 쌓여 있겠군요. 지겨운 눈입니다. 그 산밑에서 항상 열심히 일하는 나를 그리면서 즐겁게 지내주기 바라오. 그럼 몸 건강히 잘 지내기를 바라오.

규철. 1977년 4월 17일

규철 글.
1977년 4월 24일.

선미!
변덕스러운 날씨에 몸 건강히 잘 지냈는지.
어제까지 봄 날씨 치고 몹시 덥더니만 오늘은 기어코 새벽부터 비가 주룩주룩 내리는 군요.
소식에 의하면 호남 지방엔 호우 주의보가 내렸다더군요.
어머님은 이사를 하셨는지.

선미! 기뻐해 주오.
당신이 이 편지를 받을 즈음 나는 이곳을 떠나 원주 후송병원에서 근무하고 있을 것이요.
이제는 당신과 자주 만날 기회가 생겼을 뿐만 아니라 병원 단위이기 때문에 많은 혜택과 여유가 생길 것이오. 따라서 새로운 환경에서 좋은 조건으로 공부도 할 수 있고 내가 모르는 것들을 찾아다니면서 배울 기회도 많이 주어질 것이라서 매우 기쁘다오. 무척 다행스러운 일이 되었소.
당신의 염려 덕분이라 여기면서 무척 감사하게 생각합니다. 이 기쁨을 당신과 함께 나누고 싶군요. 이곳의 생활이 꿈만 같군요. 좋은 경험이 되고 아름다운 추억을 많이 남길 것도 같소. 지금 나의 기쁜 이 마음은 하늘을 날 것 같아요. 그만큼 지난날의 생활이 힘들었다는 사실이 다시 밀려듭니다.
사랑하는 당신께 이 기쁨을 보내며 또 소식 드리겠소.

1977년 4월 24일 규철.

규철 글.
1977년 4월 29일.

선미에게. 이곳은 원주입니다. 오늘 신고를 마치고 내일부터 근무가 시작되는데 나는 피부비뇨기과에서 근무할 것 같소. 용담리를 출발할 때 이중위한테 인계인수를 하고 왔는데 일년 동안 바쁘게 그리고 고되게 지냈던 곳이었지만 알게 모르게 정이 푹 들었던 모양이오. 무척 섭섭하더군요.
더욱이 이중위는 막중한 임무를 맡은 입장이라 그런지 나를 떠나보내는 눈빛이 매우 슬프더군요. 무척 안타까운 모양이었소. 이곳에 오니 살 것 같소. 우선 막중한 책임이 없고 정시에 출퇴근하면서 비뇨기 과장을 보좌하기만 하니 부담 없고 여유 많은 일상이 될 것 같아 만족스럽소. 다음 주에 2박 3일 정도 시간을 만들어 집에 다녀올 수 있을 것 같소. 이곳도 역시 환자가 많아 자주 가기는 어려울 것 같지만 사창리보다는 훨씬 나을 것이라 기대하오. 집에 가게 되면 전보를 치리다.
아직 거처를 확실히 정하지 못해서 임시로 여관에서 머물고 있소. 이곳은 하숙비가 7~8천 원 정도가 더 비싸군요. 더욱이 교통비도 많이 들 것 같아 50만 원짜리 적금을 해약했어요. 너무 섭섭하게 생각하지 말고 최대한으로 저금을 하겠으니 기대해 주오. 지금 나에게는 십칠만 원 정도 있는데 이 돈은 내가 집에 가게 되면 가지고 가고 못 가게 되면 송금하리다.
사랑하는 당신, 앞으로 십일 개월 동안만 참읍시다. 그러면 당신과 내가 합가를 하고 오붓하게 살 수 있을 것 아니겠소. 우리 두 사람, 그날을 위해 서로 아끼고 위로하고 견디고 참으면서 오늘도 부푼 가슴, 희망을 안고 생활합시다.
그럼 또 소식주리다. 부디 몸 건강하기를 빌면서 펜을 놓겠소.
           1977년 4월 29일. 규철.

규철 글.
1977년 5월 11일.

선미!
동안 별일 없이 잘 지내는지요.
화창한 일요일 공부하다가 펜을 들었소.
이렇게 편안한 마음으로 공부해 본 것도 상당히 오래된 것 같네요.
어제 병원에서 피부과와 비뇨기과에 있기로 결정되었고 하숙집은 이곳에 정했는데
정하긴 했습니다만 생활해 봐야 좋은지 아닌지 판단이 설 것 같아요.
하숙 손님도 많고 이집 식구들도 많아 붐비고 혼란스러울 수도 있을 것 같고, 아니면 더 활기찬 분위기 속에서 인맥을 형성할 수도 있을 것 같고.
집에는 잠깐 다녀올 수 있을 것 같습니다. 그러나 언제가 될지는 아직 잘 모르겠군요.
공부하기 위해서 책도 가져와야 해서 가기는 가야 합니다. 아니 그것보다 당신이 보고 싶어서 꼭 가야 합니다. 군대란 어디를 가나 바쁜 일들이 먼저 기다리고 있는 것 같습니다. 아무튼, 빠른 시일 내에 만나기로 하고 자세한 이야기는 그때 나눕시다.

칠칠, 오월일일 규철.

규철 글.
1977년 5월 21일.

선미!
오늘 병원 후문 뒤로 이사를 왔습니다.
찾기 쉬운 곳이에요. 병원 후문에서 보면 '동궁여인숙'을 쉽게 찾을 수 있을 거예요.
여인숙이긴 하지만 저번 하숙집에 비하면 훨씬 깨끗하고 반찬도 맛깔스러우며 아주머니도 인자하신 것 같아요.
뭐니 뭐니 해도 조용한 것이 가장 좋군요.
조용한 분위기가 형성되어야 공부의 효율성을 높일 것 같아 그것이 제일 마음에 드는 조건이었소. 전번에 보내 준 옷을 받긴 했는데 잘못 보냈더군요. 그것은 여름 정복 상의이고, 그것말고 와이셔츠를 부탁했었어요.
다시 찾아보고 와이셔츠(긴팔)와 겨울 정복이라도 좋으니 하의를 보내주기를 바랍니다.
그리고 당신이 6월 4일 온다고 했는데 마침 내가 그날 주번이 되었어요. 3일부터 6일 아침까지인데 당신이 꼭 오겠다면 다른 사람과 교체하든지 대체해 달라고 부탁할 수 있어요.
그러나 6월에 농번기가 있다면 그때 오고 될 수 있는 대로 이번에는 참아주면 어떻겠소.
물론 나 역시 당신이 보고 싶지만, 거리와 시간적인 문제도 큰데다 나랑 함께 지낼 시간이 부족한 상황이 별로 달갑지 않기 때문이라오.
농번기 때 겹치기 당번이 걸린다면 부탁하기도 힘드니 말이오. 이곳에서 가장 힘든 것이 주말 당직인 것 같아요. 내가 말한 상화을 참작해서 그래도 오시겠다면 연락해 주길 바라오. 토요일 온다면 될 수 있는 대로 일찍 출발할수록 좋을 것이오. 도착하면 이곳으로 전화하면 됩니다.
그리고 어머님은 요즈음 경기가 어떠한지 무척 궁금하군요.
이번에 집에 다녀왔는데 가장 가슴 아픈 것이 어머님의 늙으신 모습이었어요. 부쩍 힘들어 하시는 노모가 눈에 밟혀 가슴이 쓰립니다. 아마 여인숙에 신경을 많이 쓰셔서 그런 것 같습니다. 당신이 자주 찾아뵙고 위로의 말씀이라도 드려야 내가 조금이나마 걱정이 덜 될 것 같습니다.

그리고 내가 무척 걱정하더라고 꼭 전해주오. 어머님도 당신하고 같이 안 있게 되니 더 섭섭한 것 같았어요. 내 부탁을 꼭 들어주세요. 또 소식 주겠소. 몸 건강히 잘 있으시오.

1977년 5월 29일 규철

ps. 지금 알아보니 전화는 없다고 하네요.

규철 글.
1977년 7월 1일.

선미!
그동안 잘 있었습니까.
더운 날씨에 무거운 몸을 지탱하며 근무하느라 고생이 얼마나 심하겠소.
나는 당신 염려 덕분에 몸 건강하게 잘 지내고 있습니다.
다행이 그렇게 기다리고 기다렸던 단비가 어제 그제 내려주어서 날씨도 시원하고 가뭄도 해갈되니 속이 시원할 정도이군요.
옆방 박대위는 7월 12일 광주에서 결혼하게 될 것 같소. 확정은 아니지만 아마 그렇게 되기가 쉬울 모양이요. 약간의 문제점이 있는 모양이던데….

지금 나의 계획은 7월 9일이나 10일 날 가게 될 것 같은데 그것도 확실하지 않으니 너무 기다리지 마오.
여기서 녹음기와 가방(미제)을 샀다오.
당신과 의논하여 사는 것이 좋겠지만 구하기 힘든 것들이라 녹음기(파나소닉 일제)를 8만원에 샀고 가방을 2만 원에 샀소. 당신의 이해를 바라오.
박대위에게 급히 꾼 돈으로 샀기 때문에 하루속히 갚아야 하오. 좀 빨리 보내 주기 바라오. 그런 다음 기회에 또 소식 주기로 하고 이만 펜을 놓겠습니다. 몸 건강히 안녕.

1977년 7월 1일 규철.

8부 군 복무와 결혼생활 (선미 글)

선미 글.
1975년 2월 8일

무제

김선미

서로 아는 사람들
그 사람들 중에서 만난 두 사람

진실을 나누는
하얀 얼굴에는 겸허함이 감돌고
별을 닮은
눈동자에 생의 의미를 배운다

봄,
여름,
가을,
겨울, 변하는 계절의 연속에도
미소 속에
영원을 맡기는

서로를 잘 아는 사람들
그 사람들 중에서 만난 두 사람

선미 글.
1975년 2월 10일.

그리운 당신께!
당신께서 보내 주신 선물 정말 반갑게 받았어요.
아마 처음인 것 같군요. 눈물이 날 정도로 고마웠어요.
곁에 계시면 안마를 저녁 내내 해 드리고 싶었어요.
그러지 못하는 제 심정을 잘 헤아려 주시겠지요.
입어보고, 거울 보고, 뒤돌아도 보고, 웃고
모처럼 유쾌하게 미소지었어요.
그리곤 고마운 당신 생각에 잠기고.

여보!
그간 별일 없으셨나요.
왜 통 소식이 없으신지요.
불안한 생각에 당장 달려가고 싶지만 그럴 수 없는 제 자신 무척 안타깝습니다.
오늘 화순 정류소에서 명국씨를 만났습니다.
서울 수도 통합병원에 있다 하더군요.
거기에 조선대학 출신 장기로 있는 자가 한 30여 명 된다더군요.
정형외과 택하셨대요.
5년간 군에서 근무하고 마친다고 하더군요.
화순에는 6개월 무의촌 진료 나갔다가 끝나서 집에 들러 서울 올라간다고 했어요.
서울에 살림집을 차렸대요.
아들은 잘 생겼는데 아기 엄마도 착하게 생겼더군요.

선미 글.
1975년 3월 8일

그리운 낭군님께.
꽁꽁 얼어붙었던 산골짜기의 얼음이 봄볕에 녹아서 흘러내리고 쓸쓸하게 경직되었던 내 마음도 님의 정다운 소식에 봄물처럼 풀리더니 당신 계신 곳으로 흐르는 내 마음의 강물이 되어 봄바람에 싣고 그대 곁에 가자고 앞장섭니다.

그간 안녕하셨는지요.
오늘도 고된 훈련 받느라고 얼마나 수고가 많으십니까. 고생하시는 당신에 비하면 평안한 나날을 지내고 있는 저는 올해 1학년을 맡아 재미있고 활기차게 학교생활을 하고 있답니다. 처음 원했던 학년은 아니지만, 학교 형편을 따르고 제 개인의 취향이나 선택을 공익에 양보하는 것이 공직자가 지녀야 할 바람직한 태도이지요. 그래야만 학교라는 조직 역시 잘 돌아가니까요.
처음엔 1학년이라서 어떻게 적응하고 학급을 경영할까. 살짝 두려웠어요. 그러나 막상 같이 공부하고 뛰고 울고 웃다 보니 어느새 정이 들고 아이들 하나하나가 귀엽고 사랑스러울 수가 없게 되었답니다. 사람의 정이란 참 무서운 것임을 여기서도 깊이 느끼게 됩다.
여기는 천국이에요. 꿀벌처럼 잉잉대며 그림 같은 표정을 짓는 아이들이 그렇게 순수하고 해맑을 수가 없어요. 작은 키, 조그마한 몸짓으로 연필을 꼭 쥔 손을 보면 저 아이들의 세계가 얼마나 아름답고 순수한 것인지를, 그런 속에 제가 생활할 수 있는 이 직업에 대한 감사함이 절로 나온답니다. 저 아이들을 제가 잘 지켜 주어야겠다는 사명감도 강해지고. 아이들의 바람직한 인성 형성과 미래의 직업관과 삶의 가치관의 토양이 될 기초 교육이 저의 역할과 말 한마디에 달렸을 수도 있으니 교사로서의 소명 의식이 얼마나 중대한 것인지 새삼 각성을 하곤 합니다. 당신은 잘 모르실 거예요. 군의관의 사명도 특별한 직업에서 나오는 것이지만 병을 치료하는 것보다 거대한 인격체를 완성한다는 것은 의사의 의료행위와는 비교가 안 될 정도로 깊고 오묘한 책무라고 여깁니다.

재미있는 이야기 하나 할게요.
60명 학급수에서 '선생님'하고 부르는 아이가 처음엔 절반도 안됩니다. 대부분의 아이는 '어이, 선생' 하고 부르지요. 처음에는 기가 막혀서 멍청하게 있었어요. 그러다가 자꾸 듣다 보니 웃음이 나와 배를 움켜잡는 일이 한두 번이 아니었답니다. 또 어떤 날은 한 아이가 지각했는데, 가만히 보니 무얼 먹고 있습니다. 그래서 내가 "너, 뭘 먹니?" 하니까 "응" "뭐 먹냐" "속에 땅콩 든 것." "맛있니?" "아니, 맛없어" "내일부터 학교에서 그런 거 먹으면 안 된다." "왜?, 아 그래, 그래, 알았어~" 선생과 학생의 대화가 아니라 동네 할머니나 엄마, 옆집 삼촌 이모들과 주고받는 소통방식을 그대로 하는 것이 혼란스러웠지요.
그런 아이들을 말투와 예절교육과 관계에 따라 존댓말, 낮춤말을 구분해서 가르치는 것이 1학년 학급을 맡은 초등학교 교사의 역할이랍니다. 정말 천진난만한 아이들입니다. 무지에서 뭔가를 깨우치게 한다는 것은 대단한 각오와 인내가 아니면 힘든 일이기도 하고요.

오늘 옆반에서 싸움이 났습니다. 남학생 둘이가 싸움을 하니까. 그 담임 선생님이 가서 말리며 훈계를 했어요. 그랬더니 아이가 씩씩거리며 집으로 그냥 갔다고 합니다. 선생님이 그러면 안 된다고 붙잡고 다시 교실로 가자니까 막 울면서 돌과 흙을 선생님한테 던지더래요. 그러고는 끝내 자기 집으로 가버렸다나요. 이처럼 웃을 수도 화를 낼 수도 없는 일들이 하루에도 몇 건씩 발생합니다. 그러면서 아이들이 바르게 깨닫고 태도가 갖춰지고 뭔가를 인지하고, 옳고 그름을 구별하면서 성장해 가는 과정을 보면 보람과 희열을 느낍니다. 이것이 바로 초등저학년의 기쁨인 거지요.

이렇게 아이들과 씨름을 하면서도 언뜻언뜻 떠오르는 얼굴, 당신이 있는 곳을 바라보면서 남몰래 그려본답니다. 하늘을 올려 보다가, 먼 산을 보다가 눈물이 그렁그렁 해지는 날이 잦습니다. 당신을 못 보고 살아가는 생활이 덧없게 여겨지다가도 늘 용기와 희망을 주는 말씀에 의지해서 다시 회복하기도 하면서. 남의 사정 모르는 주위 사람들은 세상에서 가장 행복한 신부라고, 좋은 시절 연애하듯이 살아가는 신혼이라고 놀립니다만, 누가 나의 이 깊은 사정을 일일이 알아주리오. 그렇습니다. 오직 나에겐 당신이라는 거목이 내 영혼에 자리잡고 있습니다. 그 거목의 그늘에서 날마다 달을 지우고 해를 맞으며 당신이라는 소중한 이를 기다리는 삶이 나의 현주소입니다.

광주집일랑 너무 걱정마세요. 한 달에 한 번씩 집에 가는 길에 꼭꼭 들르겠습니다. 그래서 어머님도 위로해 드리고 안부도 전하겠습니다. 누구 말씀이라고 거역하겠습니까. 부디 당신 공부에만 열을 올리기 바랍니다. 대한의 남아답게, 어머님의 아들답게. 승승장구하는 그날을 향해 저는 오늘도 인내합니다. 안녕히 계세요.

                                    1975년 3월 8일 토. 선미 올림.

선미 글.
1975년 3월 9일

사랑하는 당신께.
하늘에는 달이 없고 땅 위에는 바람조차 없는 고적한 밤. 숱하게 깔아 보았던 많은 대화가 사라져가는 별 아기의 얼굴처럼 무참히, 깜깜히, 밤의 여신의 치맛자락으로 숨어버리는 이 시간. 오늘도 훈련은 잘 받으셨는지요. 지금쯤 취침 시간이라 고된 몸 풀고 계시겠지요.
일요일 오늘 집에 이선생님과 같이 갔었습니다. 어머님은 계시지 않으셔서 다른 가족들과 담소하며 놀다 왔습니다. 거기에도 역시 편지가 왔더군요. 마음이 흔쾌했습니다. 이선생님과 이야기 주고받으며 일요일 오후 사평으로 향하여 발길을 돌려버렸습니다. 이제까지는 그렇게 느끼지 않았지만, 당신이 계시지 않는 광주는 싫었습니다. 어딘가 한 곳이 빈 것 같은 허전함으로 나의 작은 방 사평이 훨씬 더 아늑했습니다.
마음껏 대화를 주고 받을 수 있고 많은 사람의 시선을 느끼지 않는 곳이라서 그럴지도 모르겠습니다. 기다림의 여운을 가지고 있는 사람은 행복한 사람이라고 합니다. 기다림이 없는 것은 내일이 없는 것이요, 내일이 없는 것은 주검이라고 합니다.
꿈이 서린 오색 무지개의 행복을 잡으러 발버둥 치는 숱한 인간들 속에 내가 있습니다. 가능한 행복이기에 안정된 여건을 마련하려고 애를 씁니다. 하루하루를 복된 나날로 부흥시키려는 작은 소망들이 모여 알찬 그릇들을 만드는가 봅니다.
군대 생활은 어떠한가요. 몸과 마음을 단련시키는 집단생활에서 이제 익숙해지려는 단계에 임하셨겠군요. 군인 아저씨로서 용감하시고 씩씩한 사람이 되었겠다고 상상해 보니 미소가 흐르고 내 발밑이 든든하게 여겨지는 까닭은.

세월이 참 빠른 것 같습니다.
내가 벌써 스물네 살이고 이 봄도 몇 번째 맞는지 모르겠습니다. 지나가 버리는 날은 다시 돌아올 수 없는 자연의 법칙에서 숙명이라고 탓하기엔 조물주의 위대한 큰 힘에 비해 인간은 아니, 온갖 생물은 너무나 나약합니다. 나약하므로 우주 법칙에 따라야 하고 시간에 밀리어 가기도 하고 밀리어 가는 슬픔도 맛보는 거겠지요. 시간을 끌며 모든 환경을 내 것으로 만들어 나로 인해서 시간이 존재하고 나로 인해서 다른 사람이 있다는 모든 면에서 완전무결하도록 노력하는 사람이야말로 참 인생의 길을 걸어가겠지요.

사랑하는 당신!
행여나 마음 약하게 잡수지 않으시겠지요. 감정에 휩쓸려 고향을 그리워하며 약해져 있지는 않겠지요. 그렇게 마음 약한 분을 저는 사랑해 본 일이 없습니다. 큰 뜻을 가지시며 현실에 충실한 그런 분을 저는 원합니다. 저도 그러겠습니다. 이제까지의 약한 마음들을 모두 없애버리고 아주 힘차게 오늘을 엮어 가겠습니다. 내일의 행복을 위해 지금 이 순간을 알차게 성숙한 인간이 되도록 노력하렵니다. 하루를 지냈다고 방심하지 않고, 하루가 시작되었다고 경솔하게 움직이지 않겠습니다.
늘 신중하고 이성적이고 계획하면서 살아가는 인간이 되도록 노력하겠습니다. 상했던 마음이 다소 풀리는 것 같습니다. 바야흐로 봄이군요. 내일 다시 쓰겠습니다.
오늘도 안녕히 계세요.

1975년 3월 9일 당신의 선미 올림.

ps. 집에서 그러시대요. 어째서 옷이 오지 않는다고. 그리고 큰 형님이 그러시네요. 며칠 뒤에 휴가가 있다던데….
그래서 그렇지 않다고 대답했었지요. 6월이나 되어 군 배치 받으실 때 휴가가 있을 거라고. 그런데 동생이 5월 중순경에 휴가가 있다고 다시 그러시더군요.
글쎄올시다. 앞으로의 계획은 잘 세우셨는지요. 시간이 허락하면 소식 자주 주세요.

행복

나는 당신을 사랑하고 당신의 행복을 사랑합니다.
나는 온 세상 사람이 당신을 사랑하고 당신의 행복을 사랑하기를 바랍니다.
그러나 정말로 당신을 사랑하는 사람이 있다면 나는 그 사람을 미워하겠습니다.
그 사람을 미워하는 것은 당신을 사랑하는 마음의 한 부분입니다.
그러므로 그 사람을 미워하는 고통도 나에게는 행복입니다.
만일 온 세상 사람이 당신을 미워한다면 나는 그 사람을 얼마나 미워하겠습니까.
만일 온 세상 사람이 당신을 사랑하지도 않고 미워하지도 않는다면 그것은 나의 일생에 견딜 수 없는 불행입니다.
만일 온 세상 사람이 당신을 사랑하고자 하여 나를 미워한다면 나의 행복은 더 클 수가 없습니다
그것은 모든 사람이 나를 미워하는 원한의 두만강이 깊을수록 내가 당신을 사랑하는 행복의 백두산이 높아지는 까닭입니다.

ps. 참 좋은 시이지요.

선미 글.
1975년 3월 29일.

나의 사랑하는 임께.
너무나 처참하게 일그러진 바람 소리에 난 그만 잠을 깨고
말았습니다.
첫닭 우는 소리가 먼 데서 들려오는군요.
인간이 방황하면 갈피를 못 잡는 듯이
지금 산 밑의 바람도 방황하는가 봐요.
무섭네요.
괴상한 신음을 내는 바람의 손아귀에 붙잡혀 어디론가 날려
가버릴 것 같아요.

이런 날, 당신이 계시면 얼마나 든든할까요.
가까운데 계실 거라 짐짓 마음먹으면서도
커다랗게 구멍 뚫린 것 같은 주변이 온통 비어있는 것 같습니다.
이 허전함의 정체는 무엇일까요.
누군가가 그러더군요. 그 짧은 날을 기다리는 것이 무엇이
괴롭냐고.
하지만 전 그렇지가 않아요. 정말 보고 싶어 마음을 어디에 둘
지를 모르겠어요.
내일이 오지 말고 그날이 차라리 한꺼번에 왔으면 하는 희망을
품고 삽니다.

그제 당신의 편지를 받았어요. 편지를 받으면 항상 발신인
성명을 보는 게 먼저인데 가슴이 철렁 내려앉더군요. 야릇한
충만감을 안고 떨리는 손으로 뜯었죠. 그러나 막상 개봉해 보니
아주 철없는 아이처럼 야속한 생각이 들더군요. 사연의 제약이

따른다는 것은 알지만 지나치게 사무적인, 군인다운 내용의 편지
내용이 마음에 안 들었어요.
그러나 곧 깨닫고 스스로 위로를 했어요. 그렇지 지금은 군인이
되셨지…

사랑하는 당신!
무척이나 지나간 날들이 그리워지는 군요.
지금 생각하니 무척이나 행복했던 날들이었어요.
어째서 현재라는 것은 고난의 연속이 되는 것일까요.
그러면서도 지나가 버린 뒤에는 후회하고 돌아보고,
그래서 그런게 인생 이라고들 하는가 봅니다.
보고 싶어요.
우린 너무나 밀착되어 있는 영혼인데 육신은 천리만리 떨어져
있군요.
이렇게 멀리 있다는 것이 정말 참기 어려워요. 부질없는 생각.
이상을 좇다 보면 현실에서 밀려나기 일쑤, 악몽에 시달리다 만
사람처럼 생기 없는 봄기운이 제 방에도 찾아와 파란색 꽃병에
언제 꽂았는지, 버들강아지가 힘없이 시들고 있습니다.
진달래꽃을 한 묶음 꺾어다 꽂아야겠다고 여깁니다.

봄을 좋아하는 사람들
녹색의 색깔을 좋아하는 사람들
그 많은 사람 중에 당신과 나 이렇게 손 마주 잡고 있습니다.
정말 인연이란 이상한 것이에요.
예전에는 꿈에도 상상치 못한 일들이 바로 내일이 되었어요.
영원히 떨어질 것 같지 않았던 우리가 이렇게 불원천리 멀어져
버렸으니.
그러나 그나마 얼마나 다행한 일입니까. 당신과 나를 이렇게라도
인연 맺어준 신이 있으니.

그 은총에 깊이 감사드립니다.
오늘도 편안한 나날이 되시길 빌며 안녕히.

      1975년 3월 29일 선미 올림.

나의 집

들가에 떨어져 나가 앉은 뫼 기슭
넓은 바다의 물가에
나는 지으리, 나의 집을
다시금 큰길을 앞에다 두고
길로 지나가는 그 사람들은
제각기 떨어져서 혼자 가는 길.
하이얀 여울 턱에 날은 저물 때
나는 문간에 서서 기다리리
새벽 새가 울며 지새는 그늘로
세상은 희게, 또는 고요하게
반짝이며 오는 아침부터
지나가는 길손을 눈여겨보며
그대인가 하고, 그대인가 하고.
     -소월-

ps. 그대의 음성이 들려오는 것 같습니다. 그대의 미소가 날 향해 오고 있습니다.
숱한 대화들 무언의 흐름들 하나 흩트리지 않고 나의 마음에 꼭 담고 오겠습니다.

      - 미 -

선미 글.
1975년 3월 30일.

그리운 당신께.
4월의 문턱에 들어서서인지 포근한 날씨입니다.
봄 아가씨 풋가슴을 달래주는 듯
꽃집의 꽃들이 따뜻한 훈기를 불어 넣는 것 같습니다.
오늘도 고된 훈련 받는 모습이 그려지는군요.
얼마나 고생이 심할지.
선미는 따뜻한 방에서 편안히 누워있자니 괜히 미안한 생각이 드는 군요.

요사이는 많이 바쁜 나날입니다.
가정방문,
교육계획,
환경정리,
이제 가정방문은 거의 끝났습니다. 그러나 다른 두 가지 짐을 벗어버리려면
며칠더 고생해야 합니다. 시일이 좀 걸릴 이이지요.
오늘은 일요일. 친구들과의 만남이 있는 날이라 2시에 금란에서 만납니다.
12시 20분 이곳에서 출발했습니다. 도착하니 1시 10분이 되더군요. 남광주에서 내려 걸었습니다. 역시 봄이 왔더군요. 바람이 조금 불긴 했지만 아주 따뜻했습니다. 금란에 도착하니 1시 20분. 약속은 2시지만 그냥 들어갔습니다. 사람이 없더군요. 공휴일이라 야외로 나간 탓인지 자리는 텅텅 비어 옛날 같지 않았습니다. 우리가 늘 앉았던 그 자리에 앉아 당신의 온기를, 당신의 흔적을 더듬는 저를 느꼈습니다. 나도 모르게 당신을

애타게 찾더군요.
한 자락 바람이 가슴을 스쳐 지났습니다. 그리고는 눈가에 맺히는 이슬.
나 혼자 앉아 있자니 서글퍼지는 마음을 달랠 수 없어 낙서를 했습니다.
예전에는 느끼지 않았는데 길가는 군인들의 모습이 하나 하나 나의 시선을 붙들더군요.

사랑하는 당신의 모습을 뵙는 것 같아 반가우면서도 측은한 생각이 들었어요.
한참 있으니 길남이, 삼순이, 광자 착착 들어오더군요.
뒤늦게 소식을 들은 그 애들은 축하한다고 크게 말했습니다.
그리고는 나보고 행복한 사람이라고 했어요. 맞습니다.
너무나 커다란 행복에 짓눌러 전 행복에 겨워 신음하고 있는 것이지요.
그렇지만 이렇게 헤어져 가슴 절절이 보고 싶어 하는 내 사연을 이들이 어떻게 알겠습니까.
달리 표현할 방법도 없고 해서 절망적인 심정을 억누르며 그 자리를 버텨야 했습니다.
다시 사평으로 5시 50분 차로 돌아왔습니다.

나의 안식처에서 어제와 동일한 늘상 반복되는 일을 하고 있습니다.
편지를 쓰고 일기를 쓰고 라디오를 들으며 하지도 않은 경영부를 붙들고 있습니다.
이렇게라도 하지 않으면 당신에 대한 그리움으로 저의 가슴이 산산조각날 것 같아서 말입니다.
지금 이 편지를 부치러 나가야겠어요.
날마다 쓰고는 있지만, 다시 읽어보면 어쩐지 글이 마음에 들지 않아 팽개쳐 버리고 맙니다.
그래서 부치지 않고 있습니다만 이해해 주세요.
처음엔 날마다 편지 올리겠다고 마음속으로 약속했습니다만 참 어렵더군요.
쓰는 말이라곤 꼭 한 가지 말밖에 없고, 당신에 대한 애끊는 사연밖에 전할 수 없어 자꾸만 생략하고 감추고 그러다보니 볼품 없는 내용이 되버리더군요. 그래서 부치지 못한 사연들이 차곡차곡 쌓였습니다. 그런데다가 시간은 어쩌자고 이다지도 더디게 가는 것입니까.

건강하시지요. 다음에 뵐 때는 더욱 싱그러운 얼굴로 뵈었으면 합니다.
훈련 동안이라도 면회는 갈 수 없나요. 빡빡 깎은 군인 아저씨를 하루라도 빨리 뵈었으면 하는 게 가장 큰 소원입니다. 훈련이 끝나기 전 앞으로의 계획도 세우셔야 될테고. 이곳 광주로 오실 수만 있다면 얼마나 좋을까요. 꼭 그렇게 되도록 빌겠습니다.
그럼 또 오늘도 안녕.

    1975년 3월 30일 당신의 선미 올림.

선미 글
1975년 4월 4일

사랑하는 당신께
보내주신 서신 잘 받았습니다.
면회 일자가 결정되었군요.
벌써 가슴이 두근거립니다.
만남이 가까워진다고 생각하니 허공중에 둥둥 떠다니는 것 같습니다.
날 완전히 얽매여 놓고 옴짝달싹 못 하게 하는 당신입니다.

이제야 환경 정리가 완료되었습니다.
1주일간을 송두리 째 받치고 보니 나름대로 결과물이 나오는 것 같습니다.
정말 고생을 많이 했답니다.
매일 저녁 9시에 퇴근했습니다.
벽을 다시 칠하고, 붙이고, 자르고, 그리면서 아이들의 방을 알록달록 동화처럼 꾸며보았습니다.
정말 일 년 중 제일 골치 아프다면 아프고 즐겁다면 즐거운 환경정리가 오늘로써 끝난 것입니다. 열심히 한 보람만큼 좋은 마무리라서 다행입니다. 또 한 번 교직 생활에서 오는 땀과 노력의 결실이 무엇인지를 깨달은, 진리를 체득한 기회였습니다.

오늘은 금요일.
1학년들이라 교과서를 직접 손에 줄 수 없어 학부모를 오시라 했습니다.
많은 분이 나오셨더군요. 제 자랑 한 가지 할까요. 호호. 전학 가야 할 아동의 학부형이 담임 선생님이 하도 좋으셔서 전학

가는 것을 그만 포기해야겠다나요. 그리고 다른 반 학부모도 모두 우리 반이 되었으면 하는 말을 들었어요. 몇몇 학부모는 학년 초에 날 찾아와 꼭 내 반으로 아동을 넣어달라는 부탁도 하고 갔어요. 그렇지만 그건 안 되는 일이기에 못했습니다만 청을 거절한 결과가 되어서 많이 미안하더군요.
그리고 작년 5학년 학부모들이 나에게 찾아와 눈물을 글썽거리며(어떤 분은 눈물을 뚝뚝 떨어뜨려요.) 내 손을 꼭 잡고 어쩔 줄을 모르셔요. 물론 아이들도 말할 것도 없구요.
이럴 때는 이런 생각이 듭니다. 정말 교육의 보람이 새삼스레 더 크게 다가온다구요. 내 두 어깨의 책임감은 더욱 무거워집니다. 교사로서 자질과 태도에도 신중할 것을 돌아보곤 합니다. 신학기의 특별한 각오가 이맘때면 더 크게 부각 되는 것이지요.

사랑하는 당신!
언제 그곳에 가면 좋을까요.
다음에 광주에 가면 대구가는 절차를 알아봐야겠습니다. 대구에서 그곳 군의 학교가 먼 곳인지 아니면 가까운 곳인지 모르겠군요. 지금 계획으로는 제 2차 외출 일자(75년 5월 4일)를 택했으면 좋겠습니다. 왜냐하면 최초 면회 일자를 택하면 광주에서 대구까지가 멀고 이곳에서 출발하려면 빨라도 광주에서 3시에는 출발해야 하므로, 토요일 오후(저녁), 그곳에 도착. 도착해서 1박하고, 그곳 군의 학교에 가서 만나고(5시까지). 까딱 잘못하면 27일 도착이 어려울 수도 있겠고.
그런데 두 번째 면회 일자는 4월 4일이기 때문에 3일 오후에 출발 5월 5일 월요일이 어린이 날이기 때문에 쉴 것 같습니다. 그러면 차분한 시간이 있기 때문에 그날이 가장 좋을 것 같습니다. 다음 주일엔 장동 집에 가봐서 말씀도 드려야겠습니다. 만약 어머님께서 가신다면 저도 같이 가겠습니다. 아직은 모르겠군요. 언제 제가 떠날지. 웬만하면 첫 면회 일자에 가도록 해야겠습니다.
가 겠 습 니 다. 빠른 걸음으로 보고싶은 당신을 향해서 달려가겠습니다. 기다려 주세요.

내일은 식목일.
공휴일이라 많은 사람이 식수하기에 바쁘겠죠. 따뜻한 봄기운은 많은 싹을 키우고
예쁜 꽃잎들을 한 잎 두 잎 바깥세상에 불러내어 즐거운 생의 찬가를 부르도록 조력하겠죠.
작년 이때쯤의 봄 풍경이 아련히 떠오르는군요.
다시는 그런 봄, 그런 이별, 안타까움이 절절했던 봄날은 연출되지 않으리라 확신하면서 당신이 떠난 그 첫봄을 나 홀로 서성입니다. 같은 꽃이건만 같은 꽃이 아니고, 같은 바람이라도 같지 않은 이것은 오로지 당신이 부재한 이 공간, 이 텅 빈 심연의 바닥까지 내려앉는 고독함 때문이겠지요.
정말 보고 싶군요.
빠른 날들이 휙휙 지나가고, 환한 희망의 속삭임을 불어넣는 나날들이 우리를 기다리리라 염원합니다.
참 그런데 한 가지 궁금한 게 있어요.
갈 때 떡을 해가도 될까요. 떡이 아니라면 무엇을 해 가면 좋을지 살짝 귀띔해 주세요.
꼭 소풍날을 기다리는 아이처럼 잠을 설치고 들떠서 아무 일을 할 수가 없네요.
광주에 나가서 자세한 차편과 대구에서 그곳까지의 거리 등을 알아보고 정확한 날을 잡겠습니다.
되도록 27일 갈게요.
혼자 가는 길이라 사실 두려움이 없는 것은 아니에요. 더군다나 초행길이라서. 대구는 부산 갈 때 가봤으니 낯선 초행길은 아닌

것 같습니다만 어쩐지 헤맬 것도 같고, 의지할 곳 없이 당신 하나만 보고 찾아가는 이 길이 다소 불안한 것은 사실입니다. 그래도 여기는 대한민국, 교사까지 하는 내가 글을 몰라서 못 가겠습니까. 산이 막혀 못 가겠습니까. 정신을 바짝 차리고 여정을 잘 세워서 침착하게 대응하면 별 무리는 없을 것이라 여깁니다. 너무 걱정하지 마세요.
당신이 계신 곳이라면 사막이라도 찾아 나설 각오가 되어 있답니다.
 그럼 안녕히 계셔요. 건강을 빌겠어요.

1975년 4월 4일 당신의 선미 올림.

선미 글.
1975년 4월 5일

봄비 내리는 데

김선미

너의 모습이 가까이 오기 전
어제 저녁 그렇게나 나의 마음 들썩였나보다
대지가 온통 시끄러운 소리를 지르고
마당가 큰 나무 위에 놀던
귀여운 종달이도 간 곳 없고
쓸쓸한 이파리들은 주룩주룩 울고 있다.

기약하고 뜨신 임은 계시지 않고
말없이 멀어져간 벗들의 웃음도 보이지 않는데
넌 날 찾아와 슬픈 얼굴 하고선
같이 있자는 듯, 마냥 손을 흔드는 구나.
지나간 세월은 유수와 같다고
그 누가 말하였던고
한 잎 남은 마지막 잎새는
새가 떠난 빈자리처럼 떨고 있구나

아!
모든 것이 덧없구나
의미 없는 대화, 초점 잃은 눈동자
너와 나
추억속에 잠겨보자
현재의 바로 경계선에

존재하는 어제
삶의 무가치보다 생의 찬가를 불러보자

귀하신 임이시여!
들리십니까
님을 찾아 헤매는 나의 모습 보이십니까
높은 산이 우리를 부릅니다.
낙원을 향해 꿈꿔보지 않으시렵니까
가까운 날의 행복을 위해
도화지 위에 미풍처럼 고운 임의 숨결 새겨 보렵니다.

임의 마음 몽땅 내게 주십시오. 그리고 저의 진실 받아주소서. 한 장씩 읽어 온 그대의 편지들은 혼란한 마음 가라앉히는 안정제 같아 읽고 또 읽어봅니다. 이제 곧 우리들의 벅찬 내일이 다가오겠지요. 오늘이 지나면 더 가까워지겠지요. 당신은 나의 주인이요, 나의 희망입니다. 기다립니다. 충만 된 내일을 위해.

참으로 한가로운 오후입니다. 식목일인데 학교는 쉬고 내 방에서 빗소리를 들으며 당신을 그리고 있습니다. 그곳에도 비가 내리는지. 비가 내리는 날도 훈련을 계속하는지, 아니면 좀 쉴 수 있는 것인지. 지리산 올라갔던 일이 떠오르는군요. 산 중턱에서 아주 세찬 비를 만났지요. 여름날이라 해도 고산이기 때문에 몸은 춥고 덜덜 떨리던 일이 새삼 새롭습니다. 그때 비옷을 입고 있던 당신이 그걸 벗어서 나를 감싸 주셨어요. 무척이나 고맙더군요.
하지만 다른 친구들은 비 맞고 가는데 나만 입을 수 없어서 영향이를 주었지요. 그때 많이 미안하더군요. 날 생각하고 주셨는데 내가 다시 남을 줘 버렸으니. 마음을 상하게 한 것 같아 내내 편하지는 않았어요. 그때 일 중에는 어쩌면 이해할 것도 같고, 전혀 이해할 수 없는 일들이 한 두 가지가 아니었어요. 내 속이 너무 좁고 편견이 있어서 그런지 몰라도 왜 그렇게 나에게 차가운 시선을 주셨을까. 정다운 말 한마디 없이 묵묵히 자기 일만 하시는 당신이 참 야속했더랬습니다.
지금 돌이켜 보면 얼굴이 화끈거려집니다. 내가 행동을 너무 요란하게 한 것 같아서 말예요. 그렇지만 그것 또한 지나고 나니 당신과의 추억으로 아련히 남아있네요.

떠나시기 전날,
정훈씨, 형균씨 그리고 두 분들 계시던 때, 날 감싸주고 생각해 주었던 마음이 얼마나 고마웠는지 몰라요. 예전에 발견하지 않았던 진실이 고스란히 제 가슴에 전파되었어요. 그때 확신했었죠. 난 혼자가 아니구나. 나를 지켜 주려는 든든한 남자가 턱 버티고 있구나. 그런 기분이 일종의 행복이라는 것을 처음 실감했어요. 그러자니 자연스럽게 나의 일생을 안착할 수 있는 참다운 분이라는 존재가 확실하게 자리매김하였어요.
이젠 저의 소망이라면 한 가지 밖에 없어요. 사랑하는 당신 곁에만 있을 날을 위해 나를 더 성장시켜야겠다는, 미래의 아내로서 더 현명하고 지혜로운 자질을 연마해야겠다는 결심을 하게 되었어요. 나만의 사명감에 충실하고 모든 면에서 준비하고 있습니다.

가까운 날 좋은 곳으로 배치받으셔서 몸 건강하시길 바라고 있어요. 만나는 그날이 빨리 오기를 초조히 기다립니다. 9일까지 그곳(편지주소)에서 계시고 10일부터는 군의관학교에 계시겠군요. 다시 다음부터는 주소가 바뀔 테고. 그럼 오늘도 몸 건강하시고 안녕히.

1975년 4월 5일 선미 올림.

선미 글.
1975년 4월 14일

진달래꽃 / 김선미

가고 나면 그리워
작은 얼굴 들고 하늘을 바라본다
가늘게 불어대는 봄바람
저쪽 하늘 멀리에서 오고
졸졸 흐르는 시냇물
먼 곳 기쁜 소식 안고
급히 향하여 오네
잊혀졌던 전설 가슴 그득 안고
앳된 눈망울
떨어지는 낙숫물 소리에
태곳적 전설 밀리어 오고
미래의 바람은
나뭇가지에 피었네.

그리운 당신께.
보내 주신 편지 잘 받았습니다.
봄바람에 실려 온 소식은 훈훈한 난로처럼 나의 마음을 녹여 주었습니다.
오늘도 읽고 또 읽고 몇 번을 되풀이 해서 읽었더니
몇 구절은 암기가 되어 눈감고도 선연히 맴돌고 있습니다.

할미꽃에 대한 사연은 옛 생각을 더욱 떠오르게 합니다. 나의 불쌍하신 어머니가 할미꽃이 되어 이 세상에 다시 온 것 같은

묘한 기분으로 주체할 수 없는 설움에 가슴이 메었습니다. 그러나 어머님만 불쌍한 것이 아니라 아버님이 더욱 가여운 것 같아 마음이 몹시 아픕니다. 요사이 바쁘신 일이 있으신지 얼굴이 꺼멓게 타시고 바짝 여위어 가시니 정말 불효 여식으로 변변히 효도를 못한 것이 후회스럽습니다.

인간은 조물주와 비교할 때 너무나 부족한 게 많고, 모순덩어리인지라 어느 정도의 한계선에 봉착하면 아무리 노력해도 해결되지 않는 일들이 많은 것 같습니다. 예전에 그렇게 늙으시지 않았는데 무슨 마음의 걱정이 있으실까요. 못다한 효도 다하고 싶지만 저는 또 제 할 일이 많고 모실 수 있는 형편이 못 되어 이렇게 걱정만 할 따름입니다.
 지금의 어머님도 예전과는 달리 잘해 주세요. 그럴수록 더욱 잘 모셔야겠지만, 원체 부족함이 많은지라 어려운 점이 많습니다. 자식 된 도리를 다해야 나도 떳떳한 인간으로 당당할 수 있을텐데 말입니다. 자꾸 이상한 방향으로 사연이 흘러가는군요. 토요일 그러니까 그제 광주엘 갔어요. 장동 집에 들렀는데 다행히 어머님께서 계시더군요. 조카가 여간 반가워하지 않더군요. 나는 그곳에도 면회 소식이 왔을 거라 예상했었는데 전혀 모르고 계시더군요. 어머님께서 그러시더군요. 가기 전에 들리라고요. 동생은, 그곳에 어떻게 혼자 가느냐고, 그만두라고요. 웃었어요. 생각해 주는 것이 고맙기도 하고 우습기도 했어요.
이 선생님이랑 같이 갔었습니다. 가족들이 절 진실로 따뜻하게 반겨주시니 정말 몸둘 바를 모르겠더군요. 집에는 분명히 계시지 않는 당신이 꼭 계실 것만 같은 착각이 들었습니다. 밖을 나왔습니다. 마음은 가볍지만, 한 편에는 외로움이 뭉글뭉글 올라왔어요. 안 계시는 차이가 이렇게 실감날 줄 전에는 미처 몰랐지요. 정말 짝 잃은 외기러기처럼 힘없이 걸었습니다. 저

숱한 사람 중에 당신이 계시지 않는다는 사실만이 크게 부각되었어요.

앞으로 어떤 환경 속에 처해질 지 모르지만 웬만하면 끝까지 당신 곁에 함께 있어야겠다고 결심했어요. 당신 없는 이 모든 것들이 무슨 의미가 있습니까. 제가 있기에 당신이 계시고, 당신이 계시기에 제가 있다고 생각하면 더 무엇을 바랄 게 있겠습니까. 세상일이 마음대로 되지 않는다고 하지만 그대로 끌려갈 수는 없지 않겠습니까.

어제저녁 아버님께서도 그러시더군요.
"배치가 어떻게 되려는지. 만약 몇 년을 전방에 있으면 넌 어쩌겠니?" 그러셨어요. 제가 대답했습니다. 아버님 말씀이 너무 진지해서 농담을 할 수 없었어요. "난 나대로 계속 이곳에서 있겠다."고 했더니 "결혼해서는 절대 멀리 있으면 안 된다."고 하셨어요. 적당히 얼버무렸지만 지금 곰곰 생각해 보니 정말 심각한 일일 것 같더군요.

같이 있지 못하면 같이 있을 때 까지 인내심을 갖고 더 기다릴 거라고 작심했어요. 결혼이라는 것은 신기루처럼 사람의 마음을 유혹되게 만들지만, 막상 가까이 가서 보면 아무것도 아닌 허상이고 사막 같은 현실이라고. 그래서 헛된 기대 같은 것은 가급적 안 하려고 합니다.
어떤 철인이 말하였지요.
'결혼하라, 후회할 것이다. 결혼하지 마라, 더욱 후회할 것이다.'라고.
후회는 마찬가지니까 하는 게 낫다고 여기는 사람은 결혼하는 건가 봐요. 나의 앞길이 어떻게 열리려는지, 아니면 굳게 닫혀 버릴는지.

이렇게 멀리 있는 것이 좋지 않은 것만은 확실해요. 그러나 산 너머 저쪽에는 행복이 있다고, 길 떠난 아이처럼 멋모르고 갔더니 눈물만 머금고 되돌아 왔다는 시의 구절처럼 저쪽 길모퉁이에 행복이 있겠지요.

어제 일요일, 우연히 시내에서 만난 옛 고등학교 동창이 영향이가 결혼한다는 소식을 전했어요. 믿기지 않아 몇 번 다그쳐 물었더니 정말이래요. 어처구니가 없더군요. 요 며칠 전 영향이에게서 편지가 왔는데 결혼한다는 말 같은 건 눈곱만치도 없었어요. 그래서인지 정말 기분이 이상하더군요.
그럴 리가 없을 거라고 부인하면서 다이얼을 돌렸습니다. 식모아이가 받더니 결혼을 한다더군요. 5월 2일. 그렇게 빨리. 학교는 사표내고 집에서 시집 갈 준비하느라고 엄마와 언니 집에 갔다나봐요. 정신없이 집엘 들어왔습니다. 또 돌렸습니다. 받더군요. 향이가.
힘없는 대답에 눈물이 그렁해지더군요. 그렇지 않아도 나에게 편지하려고 했었는데 그리 되었다고요. 무슨 일이 있었는가 봐요.
배우자는 서울에서 한전에 다니는 사람인가 봐요. 장남이고.
5월 2일 결혼식!
다음에 서로 만나기로 하고 전화는 끊었지만, 저녁 내내 속이 울렁거렸어요. 자세한 연유는 편지로 한다고 했으니까. 향순이, 광자, 다음이 영향이가 될 줄은 몰랐네요. 그런데 너무 일찍 가버리니까. 아니, 한마디 말도 없이 가버리니까 정말 속상하고 허전하고 슬프고 눈물이 쏟아지려하고 이상해요.
아무튼, 친구로서 마음껏 축복은 해 줘야겠어요. 그 가시나도 이상하게 친구들한테 한마디 의논도 없이 미암국민학교로 가버렸어요. 편지가 왔는데 아주 비관적인 말들만 쓰여 있어 마음이 언짢아 죽겠어요. 집에 무슨 일이 있는가, 아무튼 복잡하고 복잡한 것이 인생살이인가 봅니다.
모두 모두 행복하기를 두 손 모아 빌고 싶군요. 내가 너무나 좋아하는 마음씨 고운 사람들. 모두가 편안하고 행복했으면.

이번 첫 번 면회 때와 마지막 면회 가기를 혼자 결정지었습니다. 차편과 시간도 알아보았습니다.
4월 26일 3시, 광주 여객에서 출발해야겠습니다. 6시간 정도 걸린다고 하는군요. 그러면 늦어도 9시 반에는 대구에 도착하겠지요. 그런데 대구 시내에서 군의학교까지의 거리를 모르겠군요. 물론 가보면 알겠지요. 기다리셔요. 서로 많은 변화가 있었으리라 기대합니다.
다음, 다음 주 그러니까 2주일 남았습니다.
지금 생각해 보니 세월이 빠른 것 같아요. 약한 것이 인간의 마음이라 했겠지요.
다음 편지 때는 다시 군의학교로 해야겠지요. 군 번호도 바뀔 것도 같은데 시간이 허락하면 소식주세요. 막상 뵐 것을 생각하니 두근거리고 부끄러워지네요.
하지만 당신이니까. 괜찮아요. 오늘도 건강하시고 밝은 하루가 되시길 빌겠어요. 안녕.

     1974년 4월 14일 당신의 선미 올림.

ps. 난필이네요. 이해하세요.

선미 글.
1975년 4월 28일.

사랑하는 내님께.
꿈같은 시간이었습니다.
그날을 위해 그리도 애태우며 가슴 조였던 순간들이 활짝 핀 꽃잎처럼 두 마음이 열렸으니. 지금은 나의 안식처에서 어제를 돌아보며 깊고 즐거웠던 여행을 생각합니다. 흘러내리는 빗물 사이에 날 놓아두고 싶어집니다. 다시 시작되는 일과들은 날 힘들게 만들지만 내 안에 살아계시는 당신의 존재는 현실의 모든 어려움을 극복하게 만드는 원천이 됩니다. 늘 하시는 말씀, 교무에 충실하라는 당부 때문에 찡그리다가도 얼굴 펴면서 아이들을 가르치고 내 생활을 헤쳐나갑니다. 언제나 용감한 당신의 여인이 되겠습니다.
처음, 그 후문에서 뵈었을 때 웃음이 나오더군요. 처절하리만큼 고대하고 기다렸던 순간인데도 왜 웃음이 나온 것일까요. 이 세상 전부를 주고도 바꾸지 못할 내 님인데 너무 반가워 얼싸안고 울고 싶었지만 울음 대신 웃음이 나왔어요. 인간은 극단적인 비극 앞에서 피식 웃음을 짓게 된다는 아이러니한 존재라고 말했던 어느 극작가의 명언을 실감했던 날이었습니다.

내가 생소한 객지에서 있다는 사실과 대구 땅에 당신이 가까이 계시고 당신의 맥박이 뛰고 있다하니 잠이 오지 않았습니다. 그래서 저녁잠을 완전히 설치고 새벽녘에도 다른 날보다 일찍 일어나게 되었습니다. 그런 후 뵈었습니다. 정말 그때처럼 시간을 소중히 생각한 적은 그 이전에는 한 번도 없던 일이었습니다. 1분 1초의 촌음을 아끼면서 불안과 설렘이 공존하는 감정을 주체하지 못하면서 곁에 있는 당신을 향해 온통 내 몸과 마음을 던지고 싶었습니다.
1분, 1분이 흘러가는 것이 두려움 그 자체였습니다. 시간을 붙들고 사정을 하고 싶었지요. 냉정한 것은 현실이라 할 수 없이 우린 다시 헤어져 각자의 일상으로 돌아왔습니다. 못내 아쉬워하면서 말입니다.

마지막 경례를 붙이시는 당신의 모습 정녕 잊을 수가 없습니다. 차가 움직이자 가슴이 찢어질 듯 통증이 왔습니다. 흘러내리는 눈물을 닦을 생각도 않고 먼 차창 밖만 멍하니 보았습니다. 회색 빛 하늘의 우울이 흡사 나의 마음을 그대로를 채색해 놓은 것 같아 더욱 가라앉는 심경이었습니다. 쓸쓸히 목적 잃은 나룻배처럼 둥둥 떠다니는 내 마음은 중심을 완전히 잃었더랬습니다.
대구로 향할 때의 그 부푼 가슴이 바람 빠진 풍선 꼴이 되어 초췌해졌습니다. 혼자 찡긋 웃기도 하고 만나서 무슨 이야기를 할까, 이런저런 상념으로 분주했던 머릿속은 하얗게 표백된 채 아무 생각도 할 수 없었습니다. 만남과 이별, 행복과 불행, 이별과 고통, 상봉의 즐거움, 인생은 극과 극의 세계가 늘상 공존해 있나봅니다. 그간의 쌓였던 숱한 이야기를 어떻게 풀어낼까 했던 제 기대가 돌아올 때는 세상을 다 잃은 몰골로 초라하기 그지없었으니까요.

당신이라는 분은 마술사입니다. 저는 마술에 걸린 어느 먼 나라 공주처럼 마법이 풀리지 않으면 아무것도 할 수 없는 가엾은 여인입니다. 빗속의 여행, 비 소리가 자아내는 운치가 이렇게 깊고 온화한 것일 줄은 한 번도 경험하지 못한 데이트였습니다.
사실은 그날 나름 진땀을 뺐답니다. 4시 40분 대구 출발, 대전에 도착하니 6시 40분이 되더군요. 내리자마자 급히 그레이하운드로 향했어요. 터미널에 도착해서 매표소로 가니

표가 매진되어버렸더군요. 막차 7시 40분까지 말예요. 앞길이 막막하고 태산에 가로막힌 듯 애가 터지더군요. 당신께서 고생하시며 날 떠나보내신 보람이 사라질 상황이 턱 하니 버티고 있었어요. 당황이 되더군요. 그래서 물었습니다. 그랬더니 열차 막차 10시 50분 차가 있다고. 의외로 광주 손님이 많더군요. 고등학교 동창도 만났어요. 택시 타고 가자고 하는 동행 세 사람과 무사히 광주에 도착했어요. 10시 정각이더군요. 전화위복이라고 해야 하나요. 만약 그렇게 하지 않았다면 늦은 기차 안에서 시달림을 받았을 것입니다. 생각할수록 이번 혼자만의 여행은 최고의 순간이었고 성취감과 함께 사랑의 희열을 맛본 의미 있는 여행이었습니다.

인간은 혼자이기에 고독하고 그러기에 혼자만의 여행을 떠나라는 말처럼 그대로 실행된 여행이었습니다. 곧 다가올 멋진 여행 계획, 다시 설계하는 이 밤이 무척 즐겁습니다. 나를 설레게 하고 있습니다. 5월 8일은 말씀드린 시간에 꼭 갈게요.

옷은 새벽에 집으로 가져다드렸습니다. 사진과 편지와 함께.

사평갈 시간이 임박하여 조카와는 잠깐 인사만 하고 짐 건네주었습니다. 아쉽게도 어머님은 뵙지 못하고 왔습니다.

오늘도 오전 수업 마친 몇몇 아이들을 보내고, 1학년 합창 끝내고, 이어서 독창지도, 그리고 2학년 무용반 관리, 저학년 웅변 등. 여러 가지를 한꺼번에 혼자서 지도하자니 금방 종례 시간이 되버려 퇴근이 상당히 늦어져 버렸습니다. 하루가 쏜살같이 지나갔으니까요.

모처럼 마음에 그늘이 사라진 기분입니다. 당신을 만났고, 우리 사랑을 확인했으며, 자상한 당신의 손길과 목소리도 듣고 또 숱한 대화들로 당신의 생각과 삶의 방향과 미래에 대한 비젼도 발견했으니까요.

 건강하신 모습은 처음부터 바라던 모습인데 잘 지켜 주어서 퍽 감사했지요. 살이 오른다고 건강한 것은 아니지만 그래도 어느 정도는 서로 연결되어 있겠지요. 독서 양은 줄이지 마세요. 저는 당신이 책 읽는 그 모습이 무척이나 마음에 들어요. 믿음직하면서도 건강미 넘치는 그 포즈. 많이 읽고 저에게도 많이 가르쳐 주세요. 늘 당신을 존경합니다.
오늘은 일찍 쉬어야겠습니다. 사랑합니다.

      1975년 4월 28일 당신의 선미 올림.

선미 글.
1975년 5월 5일.

계획하지 않는 여행이라 별다른 기대는 하지 않았습니다만, 여러 가지 일들은 나의 자아를 찾고, 눈 뜨게 해 준 의미 있는 여행으로 다가옵니다.
사랑하는 당신!
무언가 만족하지 못해 짜증스러움을 당신 앞에 나타내고야 말았습니다. 너무나 사랑의 밀도가 강하여 내 자신이 가진 좋은 조건들을 망각하고 당신에게 다 드러낸 것이 후회 되네요. 모든 것 죄송하게 생각합니다.

가실 때 당신의 얼굴을 차마 바라볼 수 없는 가련한 여자가 된 것 같았습니다. 만남은 짧고, 이별은 긴 것인지. 언제까지나 이런 생활을 반복해야 되는지. 나는 뭘까, 내가 왜 이곳에서 당신도 없는 곳에서 날개 부러진 새처럼 떨고 있는 것일까. 그리고 당신은 무엇을 하는 분이기에 내가 이리 정신을 차리지 못하는 걸까.
아!
모든 게 부질 없는 짓인지 모릅니다. 그리고 글을 쓰고 있는 이 생면부지의 사람 곁에서 차 시간을 기다리다, 기다리다 5시간을 기다린 결과, 이제 한 40분 있으며 대전을 출발 나의 집으로 갈 것입니다. 아무튼 감사합니다. 얼마 남지 않은 훈련 뜻깊게 받으시고 그곳에서 기다려 주세요. 그런데 혹시 모르겠습니다. 꼭 가야 할 필요성은 있습니다만 내 마음이 갑자기 변하지 말라는 원칙은 없으니까. 혹시 안 오면 너무 서운하게 생각지 마세요. 생이 무엇인지, 사랑이 무엇인지 현재로서는 도저히 모르겠습니다. 갑자기 좌표를 잃고 방황을 하게 되는 지, 그 이유조차도 모르겠습니다.

당신이 너무 좋아 난 이상한 여자가 된 것이 아닌가. 말로는 표현할 수 없는, 이 끝도 없는 그리움이 나를 너무나 슬프게 합니다. 끊임없이 나를 당신으로부터 밀어내는 이 현실의 중압감에서 언제쯤 놓여날 수 있을지. 그레이하운드에서 10시~11시 30분까지는 기다려 주세요. 특별한 일이 생기지 않는 한 달려가겠습니다. 일단 접어야겠습니다. 집에 가서 또 쓸게요.

1975년 5월 5일 대전에서 미.

선미 글.
1975년 5월 26일.

사랑하는 당신께.
가슴이 철렁 내려앉음을 느낍니다. 그 어떤 커다란 일이 당신을 괴롭혔을까요.
모처럼의 휴가를 편히 쉬지도 못했을텐 데 거기다가 좋지 않은 일이
당신을 기다리고 있었다니.
지금쯤은 어느 정도 수습이 되어 별 지장은 없을 테지요. 제발 그리되었기를 빌겠습니다.
당신께서 하시는 일 모든 것들이 은총이 깃들고, 행운이 따르며, 만사가 순탄하기를 바랍니다. 당신과 나의 시간들. 레몬 향기처럼 향긋하고 황금처럼 귀한 날들이었습니다. 당신의 목소리, 그 취향, 그 지식만 해도 충분한데, 당신은 어쩌면 그리도 섬세하고 자상하신지요. 음악에 대한 조예와 독서력에 의한 상식은 교직을 맡은 저에게 큰 도움이 되는 자양분이기도 하답니다.
진통 뒤에 맞이하는 환희의 물결처럼 새로운 행복에 전 눈이 멀고 귀도 어두워지는 것 같습니다. 새삼 당신의 존귀성을 알고 당신의 위대성을 발견한 순간, 이 행복이 영원히 이어질 것 같았지만 우리는 또 짧은 이별의 시간을 맞이해야 했습니다.
그러한 이별이 싫어 난 짜증도 내보고 마음에도 없는 웃음도 보였지만, 웃어도 웃는 것이 아니고, 태연한 척해두 마음은 천 길 낭떠러지로 떨어지는 심정이었습니다. 암울하고 절망적인 시간이 째깍째깍 다가오는 것이 마치 악몽처럼 괴롭더군요.
시간이 흘러 안정된 분위기에서 생각해보니 그런 이별의 고통이 있었기에 당신과 나의 사랑이 더욱 고귀하게 영글어지는 것임을

깨닫게 되었습니다. 미안해요. 앞으로는 짜증 내지 않을 게요.

사랑하는 당신!
그렇습니다. 전 지금 당신 곁에 있습니다. 당신이 곁에 항상 있어 당신이 주시는 사랑을 힘으로 날로 성숙되어 갑니다. 그 사랑의 위력으로 나의 영혼이 깊어지고 삶의 모든 순간을 긍정적으로 받아들일 수 있습니다. 그래서 이 이별조차도 매우 만족하려고 합니다. 이제 얼마 남지 않았어요. 진짜 당신 곁에 있을 날이. 지금은 달력 쳐다보며 날이 흘러가는 것을 하나의 낙으로 삼고 있답니다.
세월이여! 빨리 흘러 방학만 오게 해 다오. 날마다 외우고 있어요. 아! 그러고 보니 내일이 4일. 24일 방학. 아유 생각만 해도 즐겁네요.
기다려 주세요.
그리고 방 옮기시려거든 서두르셔요. 방학 기간이 25일간인데, 그 짧은 기간에 강습까지 걸리면 난감할 일이라서 지금으로서는 그 점이 가장 걱정되는 부분입니다. 가신 후 제 몸에 이상을 느꼈습니다. 3일간 식욕이 완전히 달아나고 구토증세에 나른하고 맥이 풀리고 눈돈 환자처럼 몽롱하기 그지없네요. 그러다가 요즘 한 사흘간은 또 괜찮네요. 이번 토요일 병원에 다녀와야겠습니다. 제발 하느님! 모든 일이 잘되기를 도와주세요. 마음으로 빌고 또 빌고 있어요. 괜찮을 거예요. 걱정하지 마세요. 그렇지는 않겠지만 혹시나 지난번처럼 또 낭패를 당한다면 앞당길 수밖에 없겠지요. 빨리 방학이 되어 든든하신 당신 곁에 있고 싶어요. 나의 불안과 근심을 당신과 나누고 싶어요. 당신이 있다면 절대 일어나지 않을 불행들.

유격 훈련받으신다죠. 몸조심하셔요. 광주에 무장공비 2명이 나타나 아주 분위기가 살벌해졌어요. 머리는 어떠신지. 나아야 할텐데 말예요. 몸조심하시고 군무 충실하세요. 그럼 오늘은 이만 쓰겠어요. 항상 기다리고 있어요. 당신의 정다운 사연을. 안녕.

1975년 7월 3일 당신의 선미 드림

.
ps. 그때 말씀하신 계는 어떻게 하려는지요. 별 다른 말씀이 없으시기에 안 해도 된다는 것으로 받아들입니다만, 제 욕심으로는 티끌모아 태산이라고 계라도 넣어 두는 것이 위급한 일을 당하더라도 안심이 될 것 같아요. 어머님과 혹 어떤 타협이 있었는지요. 어머니의 말씀을 따르는 것도 필요하답니다. 정확한 결론을 알려 주시면 고맙겠습니다.
그리고 결혼에 대해서 너무 신경 쓰지 말기 바랍니다.
시간이 흐르면 해결되겠지요.
그러다가 그토록 보기 좋은 살 빠질까 봐 겁나네요.
될 수 있는 대로 개인 시간을 많이 가져 좋은 생각하시니 정말 마음 놓이는군요.
그 마음 계속 변치 말고 우리들의 내일을 위해 꾸준히 노력하시기 바랍니다.
저도 용기 있게 살아보겠습니다.
당신과 나. 나와 당신, 정말 좋은 인연이고 싶어요. 우리로 인해 주변의 많은 사람이 즐겁고 행복한 삶을 영위했으면 좋겠어요. 그럴려면 우리 힘과 권력과 명예를 가져야 가능하겠지요. 그런 날을 위해서 고군분투합시다. 사랑합니다.

선미 글.
1975년 6월 13일.

사랑하는 내님께.
두서없이 써 내려간 마음들을 훌랑 내려놓아 이것저것과 함께 부치고 나니
혹 서운한 것 있으실까, 불편하실까, 작은 오해라도 있으실까 싶어서
빠뜨린 이야기를 글로 대신합니다.

광주에서 길 떠나시는 날,
어린 마음에 먼길 나서는 분의 기분을 상하게 해 드려 얼마나 후회하고 반성을 했는지 모릅니다.
그래서 며칠간은 편지가 오지 않으리라 생각했지만
허전하고 갑갑한 마음은 날이 갈수록 날 옥죄어 들더군요.
한동안 우울했습니다.
그러던 중 27일 반가운 님의 소식이 왔습니다. 23일 쓰신 편지더군요.
날짜를 보고 더욱 반가워 떨리는 가슴을 겨우 진정시켜야 했습니다.
읽어 갈수록 큰 선물처럼 기쁜 소식이 줄지어 있었는데
그 중에서도 6월에 오실 수 있다는 기별에 뛸 듯이 기뻤습니다.
읽고 또 읽고 계속 읽었습니다.
읽을수록 정겨움이 솟구치는 행복한 시간이 연속되었습니다.
편지에 그러셨더군요. 그곳의 주소는 자세히 가르쳐 줄 수 없고
다만 전보만을 기다리며 편지 쓸 것이니 기다리라고.
그 말씀은 좀 서운하더군요.
나의 이 마음을 전할 수 없다고 생각하니 갑갑했지만

금방 주소가 도착하면 내 마음 일일이 전하고
고백할 수 있을 것이라 여기며 위안을 스스로 했습니다.

그런데 하루가 가고 이틀이 가고 열흘이 가도 소식이
없으셨습니다.
절망했습니다. 예전에 그렇지 않았는데 무엇이 잘못되었다는
말인가.
별의 별 생각이 꼬리를 물고 일어났습니다.
여전히 소식은 오지 않았습니다.
매일 밤을 기다림 속에서 잠이 들었습니다.
거의 날마다 꾸는 꿈은 나에게 오셔서 편지를 주며 반겨 주시는
얼굴이었습니다.
그런데 어느 날 소식은 어디를 다치셨더군요. 가슴이 떨렸습니다.
야속하고 미운 사람이라고 원망했던 마음은 사라지고
태산 같은 걱정에 짓눌리기 시작했습니다.
아, 그랬던 시간을 견디고 나니 오늘 갑자기 기대하지 않았던
편지가 왔습니다.
당신의 편지를 전해주시는 김영자 선생님이 구세주 같았습니다.
선생님도 가슴이 떨려서 혼났다고 하시더군요.
당신의 편지를 고통스러울 만큼 기다리는 내 모습을 가까이에서
지켜본 선생님으로서 충분히 공감되는 부분이 있었을 터이니.
생각해보니 동료 선생님들에게 미안해 죽겠습니다.
너무나 괴로워하고 마음 아파하니
이선생님과 김선생님 등 여러분이 날 위로하려고 진땀깨나
뺐습니다.
이젠 그러지 않겠습니다.

너무 반가웠습니다.
그러면서도 한편으로는 야속한 생각이 들더군요.

물론 바쁘시고 또 바쁘셨겠지만,
그렇게 소식을 뜸하게 주시는 분이 어디 있습니까.
여기에서 기다리는 사람 생각도 좀 해 주셔야지요.
그랬건 말았건, 어쨌든 편지로 오시는 것이 아니라
실물로 제게 걸어오신다니 말로 표현할 수 없을 정도이고
모세의 기적을 보는 것만큼이나 감동과 벅찬 희망이 나를
공중으로 들어 올립니다.
내일부터 1차 농번기가 시작됩니다. 2차(23일, 24일) 농번기
때쯤에는 당도하시리라 짐작하며 기다리고 있겠습니다.

퇴근 시간이 가까웠습니다.
비가 오려는지 날이 갑자기 어두워지는 군요.
이젠 웃어보렵니다.
사랑하는 당신! 다시는 나를 울리지 마세요.
서로 위하고 이해하고 사랑하면서 일평생 좋은 반려자가 되도록
서로 노력해요.
그리운 당신 정말 보고 싶군요.
이제야 마음이 풀리고 안심이 됩니다.
비가 옵니다.
억수같은 이 비 사이를 뚫고 지나가고 싶어요.
이 행복한 마음을 누군가에게 자랑하고 싶어요.
이젠 무서울 것이 없어요. 아무 두려움도 없어요.
넓은 아량을 지닌 당신이 계시니까. 안녕

        1975년 6월 13일 선미 올림.

선미 글.
1975년 6월 14일

사랑하는 당신께.
보고 싶고 그리운 내 마음이 당신의 이름을 나직이 불러 봅니다. 높은 하늘 곳곳에 잔잔한 별들이 미소짓듯이 나를 내려봅니다. 마치 당신의 맑은 눈빛처럼 말입니다. 어느새 나도 그 별 곁에 가서 기대고 싶어집니다.
사랑하는 당신이여! 왜 오지 않으십니까. 애타게 불쌍하리만큼 애타게 기다리는 저의 마음은 아랑곳하지 않고 무얼 그리 주저하신단 말씀입니까? 당신의 사랑 없이는 단 하루도 못 살겠습니다. 빨리 오셔요. 그리고 떨리는 제 손을 힘껏 잡아주세요. 침묵은 없애고 언제나 다정한 이야기를 계속해요. 그래야만 우린 영원히 행복한 거예요.
당신과 선미. 자신있어요. 어떠한 일이라도 당신이 계시니까 불가능은 없고 항상 우리 주위에 깨끗한 샘물이 흐르도록 노력할 거예요. 나 이제 화내지 않을게요. 예쁜 꽃처럼 환하게 당신의 꽃밭을 장식해 드릴게요.
이제까지도 당신을 진정 사랑했지만 앞으로 나의 생이 끝날 때까지 당신을 나의 온 정성 다 바쳐 영원히 영원히 사랑할래요. 오늘 밤은 유난히 당신이 그리워지는군요. 내일모레 오셔서 날 봐 주시겠지요. 몸조심하세요. 건강에 유의하시고. 오실 때 전보 치세요.
시간을 내서 항상 소식 주세요. 기다리는 큰 희망은 당신의 정성어린 글밖에 없어요. 나도 자주 쓰겠습니다. 이번 오실 때 맛있는 것 좀 사 오세요. 또 쓰겠어요. 안녕.
        1975년 6월 14일 당신의 애인 드림.

선미 글.
1975년 1월 7일

그리운 당신께.
5일 날에 부친 편지 받으셨는지요?
갑자기 일이 이렇게 되어 저도 어찌해야 좋을지 모르겠어요.
그러나 이미 각오한 일이므로 그대로 일을 진행할 수밖에 없는 것 같습니다.
집으로 연락하셨는지요?
모든 게 궁금하기만 합니다.
우리 집에선 어제 전부 식구들이 모여서 제 일에 대해서 의논했습니다. 결론은 9월 6일 토요일로 하자는 의견이 최종적으로 결정되었습니다.
답답합니다. 가까운 거리라면 제가 훌쩍 가서 좀 더 신중히 의논도 하겠습니다만 당신께서 그렇게 멀리 계시니까 저 혼자만의 생각으로 되 버린 것 같아 죄송스럽기 그지없으나 별도리 없이 그러하니 이해 바랍니다.

지난번 오실 수가 있다고 그러셨는데, 단 하루라도 좋으니 될 수 있으면 빨리 오셨으면 좋겠어요. 처음 계획을 당신께서 집으로 연락하셔서 승낙을 받으시길 바랐는데 생각해 보니 어머님께서 그렇게 갑자기 허락하시지 않을 것 같습니다.
제가 직접 찾아 뵈어서 말씀드리고 싶으나 차마 그럴 수는 없을 것 같습니다.
어떻게 하면 좋겠습니까. 그러니 오실 수만 있으면 빨리 오시면 좋겠습니다. 일단 다녀가셔야 우리 일이 진행될 것 같습니다.

요사이 같으면 정말 못 살 것 같아요. 편지 자주 쓰세요. 그곳에서 어머님의 허락을 받을 수만 있다면 오시지 않아도 됩니다. 방학 때 내가 거기 간다는 일도 어쩌면 어려울 것 같네요. 짧은 시간이라도 좀 고생이 되더라도 이곳에 오시면 정말 좋겠네요. 결정을 내려 답장 빨리 보내 주시기 바랍니다.
이만 그치겠습니다. 안녕히 계셔요.

     1975년 7월 7일 당신의 선미 올림.

요즈음 훈련 기간입니까? 만약 이 편지를 못 받으시면 어떻게 해야 할지 막연해지는군요. 그러나 꼭 읽으시리라는 기대 속에 쓰고 있습니다.
병원 의사가 그러더군요. 남의 속도 모르고 이제 낳으려고 하니까 유산될 게 겁나냐고 그러데요.
혹 그럴 염려가 있으니 유베라를 복용하라나요. 웃음이 나오더군요. 아버님은 그러시데요. 이왕 그렇게 되었으니 몸을 생각하라나요. 전부 옳으신 생각이시죠. 그런데 옳은 줄 알지만 그렇게 되질 못 하니 더 갑갑하기만 합니다.
제발 하느님이시여
나의 길에 광명을 비쳐주십시오.
그리고 어머님의 허락이 꼭 내리시길 도와주십시오.
사랑하는 당신이시여
제발 나 좀 살려주세요.
나의 이 벅찬 고민 풀어주실 이 당신입니다.
마음을 가라앉히고 힘을 내겠습니다.
내일의 찬란한 태양을 맞이할 것을 기대하면서 살겠습니다.
미안합니다.
괜히 일을 이렇게 지저분하게 만든 것이 제 잘못 같습니다.
가부간 결정을 내리셔서 연락주십시오.

이젠 무슨 일이 있어도 9월 6일은 해야지, 그렇지 않으면 생각할 여지도 없이 모든 것을 마무리 짓겠습니다. 나도 더는 참을 수 없습니다. 어머님을 이해시킬 수 있는 분은 당신밖에 안 계십니다. 정 안 되면 누님들을 동원해서라도 허락하시게 하십시오.
생각하고 생각할수록 내가 미워죽겠습니다.
나 자신만 원망하지, 당신은 절대 원망하지 않습니다.
이겨내겠습니다.
어떠한 험난한 길이라도 모질게 이겨 나갈 수 있습니다.
오직 기다린다는 말 밖에 없군요. 소식 빨리 주시기 바랍니다.
당신을 진정 사랑합니다.
바보 같은, 어리석은 여자가.

선미 글.
1975년 7월 11일.

나의 사랑하는 님께.
보내 주신 편지 잘 받았습니다.
기다리다 지친 나머지 또 날 잊어버리셨나 하고 혼자 끙끙 앓는 터에 받아서인지 더욱 반가웠습니다. 너무하신다고 생각 안 하셔요?
그렇게 애원하다시피 제발 소식 좀 자주 해 주라고 부탁드렸는데 가뭄에 비를 보는 양 받고 보니 더없이 반갑기는 합니다마는 또 사정이 사정인지라 초조하고 조급하여 어찌할 바를 모르고 바둥댔습니다.
이젠 저의 편지 모두 받으셨겠군요.
혼자 결정 내리고 행동하자니 너무 벅차군요.
정말 절실히 절실히 당신의 귀함을 알 것 같습니다. 해결 짓지 못할 일들이 잔뜩 찌푸린 여름 날씨처럼 마음이 갑갑해 어디라도 토해 버리기라도 했으면 좋겠습니다만.

내일은 토요일 장동집에 가서 어머님을 뵙고 일요일 아버님과 저 이렇게 세 사람이 만나 이야길 나눌 수 있도록 일을 꾸며야겠습니다. 그래서 무슨 일이 있어도 어머님과 저의 아버님의 의견이 일치되도록 힘써 보렵니다. 이젠 9월 대사는 확실합니다. 그렇지 않다고는 꿈에서도 있을 수 없는 일입니다.

당신께서 오셔서 일을 처리하시고 중간 역할을 하시면 더없이 좋겠지만 너무나 먼 곳에 계시고 시간이 없기 때문에 그리 된 것이니 제발 빌어 주세요. 어머님께서 무사히 승낙해 주실 것을... ...

정말 가슴이 덜덜 떨려요. 어머님 앞에서 이야기할 것을 생각하면 어떻게 하면 좋을까요.
나의 이 기막힌 마음 누가 알아줄까요. 죄악을 온몸에 둘러쓴 사람처럼 두렵습니다.
사랑하는 당신!
정말 발등이라도 꽉 찍고 싶은 심정입니다.
왜 진즉 병원에 가보지 않고 그처럼 차분하게 안전하게 생각했었던가를 저 하늘을 보며 울부짖고 싶습니다. 그때만 했었어도 완전히 결정 짓고 평화스러운 마음으로 그날만을 기다리며 고운 꿈 엮었을 것인데….
앞으로의 일들이 제발 순풍에 돛단 듯이 그렇게 되었으면 여한이 없겠습니다.
편지 자주 써주세요. 오늘 11일 내일은 토요일 그리고 일요일 10여 일 남았군요, 방학이.
결혼! 마음대로 할 수 없는 게 인생이라지만 그렇게 어려울 줄은 예전에 미처 몰랐어요. 정말 그날이 가까와지고 있군요.
행복의 보금자리 엮어야겠죠. 당신 보고 싶어집니다. 이 귀하고 찬란한 사랑, 언제까지나 우리들의 마음에 등불이 될 것입니다.
기다리겠어요. 당신의 사랑을.

    1975년 7월 11일 당신의 선미 올림.

선미 글
1975년 7월 11일

임이여!
그립고 보고픈 마음 호수만 하니 눈 감을 밖에
문득 이 시가 떠오르는 군요. 정지용의 호수.
이미 시인이 먼저 한 말이지만 어떻게 이렇게 실감나게 보고픈 마음을 묘사했을까요.
오늘도 평안하십니까?
당신의 사랑 선미는 이렇게 당신만 생각하고 애타는 가슴을 안은채 그런데도 잘 있다고 전하렵니다. 당신의 고생에 비한다면 여기는 더없이 편안한 후방인 걸요.
다른 날 같으면 퇴근 후 할 일이 별로 없으니까 몇 몇 선생님들과 잡담하여 놀다가 늦게야 나의 안식처를 찾아듭니다만 오늘은 김영자 선생님도 계시지 않고 내가 좋아하는 비가 오기 때문에 일찍 방에 들어왔습니다.
좋군요.
방문을 활짝 열어 놓고 밖을 감상하며 편지를 쓴다는 것이 슬며시 잠이 오는군요.
항상 자지만 그래도 자꾸 잠이 오는 것은 아마 좋은 현상이겠지요.
이젠 모든 일을 차분하게 생각하기로 마음먹었습니다. 절대 초초해 하지 않고 힘없는 체념은 벗어 던지겠습니다.
짧은 인생, 번갯불과도 같은 인생을 나 스스로 불행하게 살고 싶지는 않습니다.
그렇게 되지는 않더라도 군자처럼 성인처럼 고고히 여유 있게 세상을 달관하고 초인적인 마음으로 살기로 노력하겠습니다.

맹모삼천지교가 있듯이
맹자의 어머니처럼 율곡의 어머니 사임당처럼 만분의 일이라도 그렇게 되길 마음으로나마 빌어보고 자세를 고쳐야겠습니다
밖이 조용하군요.
그곳도 이곳처럼 장마 전선에 들어갔을까요.
햇볕이 쨍쨍 내리쬐는 태양. 멋있긴 해도 지겨워요.
이런 날이 더 마음에 들어요. 좋지 않아요?
어머님과의 일을 모레 제가 다 처리하겠어요. 되고 안 되고는 차후에 알겠지만 불가능이란 없어요. 노력해서 되지 않는 일은 없습니다. 전번 제가 편지에 말씀드렸듯이 계획은 다 되어 있어요.
어머님 말씀대로 계도 하겠어요. 그리고 지금 집에 돈이 없으시다면 30만 원만 빚 내주시라고 하겠어요. 그래서 우리 곗돈이 되면 갚아 드린다고요. 아무튼, 여러 수단과 방법을 다 해서 이번 계획은 꼭 성사해야 하겠습니다. 결정 짓는 대로 급히 연락드리겠습니다. 기다려주세요. 이제 행복의 날만이 나의 앞길을 비추는 것 같습니다.

안녕히 계셔요. 1975년 7월 11일 선미 올림.

선미 글.
1975년 7월 13일

사랑하는 당신께.
어제(토요일) 오후에 장동 집에 갔었습니다.
어머님은 계시지 않더군요. 둘째 형수님과 이야기했습니다.
말을 꺼내야겠는데 차마 입밖에 그 소리가 나오지 않더군요.
결국, 계를 한다는 말만 남긴 채 구두를 신으려는데 어머니께서 들어오시더군요. 밥 먹고 놀다 가라 하시는 말씀에 다시 방으로 들어갔습니다. 제가 계를 하겠다고 말씀드리니 벅차면 하지 말라고 그러시더군요.
그래도 한다고 했습니다.
긴히 의논 드릴 말씀도 있고 계 때문에 그냥저냥 왔다고 했습니다. 정말 어렵더군요. 이야기한다는 것이. 망설이고 망설이다가, 침만 무겁게 삼키고 있을 때 동생이 들어오시더군요. 더 큰일이구나, 싶어 말씀 못 하고 고개만 숙이고 있으니까 저녁 밥상이 들어오더군요. 조금 먹고 나니 못 먹겠더군요. 그렇지 않아도 요즘 통 식욕이 없는데, 어려운 사람들 앞에서 고양이처럼 먹다 식은땀만 흘러서 숟가락을 놓고 말았습니다.
어머님께서 진지를 물리시고 난 다음에 저쪽 방으로 가자 하시더군요.
당신께서 쓰셨던 그 방으로 어머님과 저 이렇게 건너가 앉았습니다.
말해보라 그러시더군요. 어렵게 생각지 말고. "예, 말씀드릴게요." 그 말을 몇 번 뒤풀이했었는지 모릅니다. 안 되겠더군요. 시간은 가는데 이렇게 있을 수만은 없다고 초조히 결심한 끝에 말씀드렸어요.

매우 딱하신 모양이셔요. 그리고 그러시더군요. 웬만하면 지워버리라고. 정말 송구스럽고 미안해 어쩔 줄을 모르고 고개만 점점 숙여졌습니다. 계속 그 말씀만 하시는 어머님의 심정 이해할 것도 같았습니다. 당신도 없는 여기서 저 혼자 어떻게 큰일을 처리하려고 그러느냐고 하셨습니다. 한참을 그러시다가 "할 수 있냐? 그러게, 할 수밖에." 핑그르르 도는 눈물을 얼른 감추고 죄송하다는 말만 되풀이했습니다.

9월 초(정식 날짜는 말씀드리지 않았지만, 차차 9월 6일로 정하자고 말씀드릴 생각입니다.)에 하자 그러셨습니다.
못내 서운하고 갑갑하신 모습이 지금도 떠오릅니다. 얼른 나왔습니다. 나의 온 전신이 구정물을 엎질러 놓은 것처럼 더러워진 나 자신이 된 것 같았습니다. 안녕히 계십시오. 정말 죄송스럽습니다. 하고 나오니 어머님께서 "뭐, 그런 것이 죄송하다냐. 괜찮다. 잘 가거라." 그러시더군요.

대문을 막 나오니 비웃음을 던진 것만 같아 고개를 숙이고 비 오듯이 쏟아지는 눈물을 닦으려 생각도 않고 어두운 골목길만을 걸었습니다. 허전했습니다. 나 혼자 무인도에 떨어져 나가 하늘을 쳐다보는 듯했습니다. 더러웠습니다. 언제부터 나의 깨끗한 자존심은 헌 걸레 조각이 되버렸을까 생각하니 더욱 메스꺼워 혼자 중얼거렸습니다.
이 넓은 세상에서 날 전부 손가락질하고 미워하는 것 같았습니다. 내가 생각해도 추하고 더러운 인간을 그 누가 나의 순백함을 인정하겠습니까. 세게 질주하는 차들을 바라보았습니다. 혼자는 너무너무 무거워 감당할 수 없기에 떠남을 영원한 것으로 생각해 보았습니다.

결혼에 미친 여자.

어리석음에 마음까지 몽땅 빼앗긴 여자. 이 모두가 나를 두고 한 말 같았습니다.
이젠 지쳤습니다. 어머님의 승낙이 무한히 감사하고 좋으면서도 난 완전히 패배자가 되었습니다.
어디에 가나 얼굴을 들 수도 없고 말할 수도 없는 불쌍한 패배자가 나의 양어깨에 걸쳐지고 말았습니다. 자신이 너무나 비참합니다. 이젠 한 분 남았습니다. 당신께서도 날 멸시하고 미워하십시오. 그러시면 이젠 됩니다. 모든 것이 좋아질 거예요. 아무 후회와 회한 없이 떠날 수 있습니다. 나를 지켜 줄 수 있는 이는 나밖에 없습니다.
나의 길은 내가 잘 알고 있습니다. 어느 것이 최선의 길인지. 울지 않으려 해도 참을 수가 없습니다. 모든 것이 이대로 끝나버리면 좋겠습니다. 이곳에 오시지 않으셔도 될 거예요. 아닙니다. 알아서 하십시오. 저는 모든 사람에게 죄송스럽고 미안한 마음밖에 없답니다. 당신께도 미안합니다.

하필이면 어리석고 바보 같은, 저 같은 여자 때문에 신경을 쓰시니까요. 몸조심하셔요.
다음 소식 띄우겠습니다. 안녕히 계십시오.

1975년 7월 13일 선미 올림.

선미 글.
1975년 8월 10일

남으로 창을 내겠소

남으로 창을 내겠소
밭이 한참 갈이
괭이도 파고
호미론 풀을 메지요

구름이 꼬인다 갈리 있소?
새 노래는 공으로 들으랴오
강냉이가 익걸랑
함께와 자셔도 좋소

왜 사냐건
웃지요
            - 김상용-

알려지지 않은 좋은 시예요. 가만히 음미하고 있노라면 무언가 끌려 들어가는 여운 짙은 함축성(왜 사냐건 웃지요)이 좋지 않아요?

선미 글.
1975년 8월 13일

사랑하는 당신께.
무사히 도착해서 군무에 충실하옵는지요.
진즉 편지 올리려 했으나 바쁜 나날 속에 지내다 보니 너무 늦은 것 같습니다.
저는 항상 아껴주시고 사랑해 주시는 덕분에 건강한 나날 보내고 있습니다.
이제까지 저 때문에 무척이나 걱정도 많이 하고 어머님께도 떳떳지 못한 사람으로 죄송한 마음밖에 없었습니다. 참으로 면목이 없는 저의 입장을 깊이 헤아려 주시는 당신이 계시기에 큰 힘이 되었습니다. 평생을 잊지 않고 온 정성을 다 바쳐서 보답하겠습니다.

오늘은 어머님 뵈러 장동 집에 갔습니다. 다행히 계시기에 여러 가지 결혼에 대해서 의논했습니다. 날짜는 확실히 9월 13일 2시 중앙예식장에서 하기로 했습니다. 당신이 오는 이달 말경에 계약하시겠다고 했지만, 아버님이랑 제가 가서 계약해 두었다고 말씀드렸습니다.
고마워하시더군요. 여러 가지 하시는 말씀을 듣고 그동안 두렵고 힘들었던 마음이 깨끗이 정화되는 듯했습니다.

이 방에 있어도 어떨 때는 꼭 내가 그 방에 있다는 착각을 일으킬 때가 있습니다. 그땐 기다리는 기쁨이 있었는데 지금은 그렇지 않으니, 현실적인 일들이 저를 이렇게 만드는 것 같습니다. 사랑하는 임을 기다리고 옷을 빨아보고 당신의 체취를 맡고 그 속에서 행복감을 맛보는 묘미란 이루 표현할 수 없이, 세상의 축복이란 축복은 모두 다 받는 여인이 되었던 그때.

하룻밤이 지나고 다음 날 저녁 술을 과음하셔서 못 견디시는 모습. 정말 가슴 아프더군요. 내가 대신 아프고 말겠더군요. 당신께서 건강하셔야 제가 건강하고 명랑한 생활을 할 수 있을 것입니다. 모든 점이 미숙하고 부족한 저이지만 좋은 동반가가 되어 당신을 보필하겠습니다.

입추가 지나니 조석으로 선선한 바람이 불더니 다시 막바지 더위가 기승을 부립니다. 안간힘을 쓰는 여름이 정말 싫증이 납니다. 그러나 희망이 있기에 이 더위쯤은 아무것도 아니라고 여기면서 기운을 차립니다. 그곳의 시원한 계곡이 떠오르는군요. 발 담그고 더위를 씻기 바랍니다. 승희도 잘 있겠죠? 아주 귀엽고 영리한 꼬마가 보고 싶습니다. 그러나 제일 그립고 보고싶은 분은 당신입니다. 안녕

1975년 8월 13일 선미드림.

ps. 8월 30일경에 오신다고 하셨는데 될 수 있으면 꼭 그때는 오시길 바랍니다.
만약 9월 6일경에 오시면 당신과 같이 해야 할 일이 너무나 지연되기 때문에 곤란한 일이 생길 것 같습니다. 편지로 그 가부를 꼭 알려 주시기 바랍니다. 15일부터는 사평에 있을 예정입니다.

선미 글.
1975년 8월 14일

나의 사랑이시여!
초가을 하늘이 창연하게 펼쳐지는 축복 같은 그날이 얼마 남지 않았습니다.
우리 두 사람을 뜨겁게 맺어 줄 날이 당신과 나를 위해 기쁘게 다가오고 있습니다.
여기에, 사랑이 있고, 믿음이 있고, 존경과 인내가 일치되어 백년을 기약하는 언약이 있을 것입니다.
그동안 사랑의 밀어들은 우리 미래의 전주곡이었고 두려움 속에서 가슴 조였던 일은 보다 성숙한 생활인으로 단련되는 디딤돌 같은 시간이라 여겨집니다. 이제 어떠한 가시밭길이라도 헤쳐나갈 자신이 있습니다. 마음도 몸도 매우 건강해졌습니다. 식욕도 좋아지고 마음의 근심이라곤 한 점 없어 자유롭게 날아갈 것만 같습니다. 행여 저 때문에 다른 걱정이 있으신 것은 아니겠지요. 당신도 편안하고 가볍게 우리의 시간을 맞이했으면 좋겠습니다.

어제저녁에 당신 꿈을 꾸었습니다. 아주 멋있고 의젓하게 차려입으신 당신 정말 훌륭했지요.
그리고 다정하게 말씀하시는 모습에서 저는 얼마나 축복받은 여인이 되었는지….
지금의 나는 그 누구도 부럽지 않습니다. 시원한 그곳에 가고 싶지만, 꾹 참고 있습니다. 저녁에 이불 잘 덮고 주무세요.
이곳에 오시기 전에 어머님께 하실 말씀 있으시면 편지로 하시든가 아니면 저에게라도 말씀하시면 전해 드리겠습니다.
편지지가 찾아도 없길래 시골이라 사기도 곤란해서 좀

지저분하군요. 또 다음에 소식드리겠습니다.
안녕히 계시기 바라며 그간이나마 별일 없기를 기도합니다.

1975년 8월 16일 당신의 선미 올림.

ps,
전번에 냉장고 말씀을 하셨는데 아무리 생각해도 안 하는 것이 좋을 것 같습니다. 전축이나 녹음기도 마찬가지입니다. 집에서 그럭저럭 잡는 것이 7자가 됩니다. 그 외에 빚을 더 짊어지면 너무 부담될 것 같습니다. 빚 부담이 과중하면 결코 마음이 편치 않을 테고.
조금만 기다렸다가 우리들의 곗돈이 나오면 그때 해도 되지 않겠습니까.
당신께서 조금만 더 날 생각해 주시고 어머님을 이해시키시면 해결되리라 생각됩니다. 너그러운 판단 부탁드려요. 죄송스럽니다. 조금만 형편이 넉넉해도 이런 말 하지 않아도 될 텐데, 참으로 죄송하군요. 부끄럽습니다.

선미 글.
1975년 8월 25일

그리운 님께.
먼저, 스물아홉 번째 맞이하는 당신의 생일을 진심으로 축하합니다.
 작년의 일들이 엊그제 같은데 벌써 1년이라는 시간이 지나갔군요.
세월이 쉬이 흘러서 서글픔보다는 설렘과 기다림이 있는 미래를 원해 봅니다.
섭섭하군요.
시원한 산장이나 지리산 계곡에서 당신의 모습을 대한다는 것은 너무나 큰 무리이지만 조용한 찻집에서조차 이야기할 수 없다는 것이….

그러나 기다리는 여심은 더욱 붉게 타오르므로 비록 몸은 멀리 있어도 마음만은 당신 곁에 있다는 것을 알아주셨으면 합니다. 고등학교 시절 어떤 선생님께서 이런 말씀을 하셨어요. 프루스트의 '잃어버린 시간을 찾아서' 라는 문학적인 말씀. 내용이나 흐름은 완전히 잊었지만 제목이 생각나서 선택했답니다.
퇴근하셔도 따분하실테고 다방에 앉아 계서도 피로만 몰려드니까 깨끗한 아랫목에서 조용하고 산뜻한 기분으로 책을 읽으셨으면 합니다.
자세히는 모르지만 주인아주머니께서 선배되신다는 옛날 군의관의 칭찬을 많이 하시더군요. 그러시면서 그분께서는 마을 사람들과 굉장한 친분과 신뢰를 한 몸에 받았다고요. 거기에서 느꼈습니다. 당신께서도 뭇사람의 시선을 받으며, 부락민들과

유대관계도 더욱 철저히 하시고 같은 동료(상관이나 부하)들과도 대화의 길을 열고 있다는 것을. 용기와 신념에 찬 생활을 하셨으면 하는 바람입니다.
어련히 알아서 하시겠습니까마는 저의 작은 조언이라고 여기며 받아주셨으면 합니다. 쓸데없이 지껄이는 건 아닌지 모르겠습니다.
어제는 처서, 조금은 시원해진 느낌입니다. 그곳은 더욱 시원하겠지요. 빨리 서늘해져서 으슬으슬 할 정도가 되면 좋겠어요.

이제 점점 당신과 나의 거리가 가까워 오고 있습니다. 영원한 사랑과 존경이 함께 하리라 여깁니다. 요즘도 바쁘신가 보죠. 정다운 사연이 어찌하여 멈추었을까요. 이해합니다. 복잡하고 혼란스러운 것. 몸조심하시고 하시는 일 모두 무사하길 빌겠습니다. 만나서 사연 나눌 때까지 안녕히.

        1975년 8월 25일 당신의 선미 올림.

그리운 내님께.
끝났습니다. 처음 어떻게 마칠까, 의문이었고 고심했던 강습이 마침내 오늘 끝이 났어요. 당신께서 염려해 주신 덕분으로 성적도 아주 좋게 나올 것 같아 기쁘기도 하지만 나흘 밤을 도서관에서 꼬박 뜬 눈으로 공부를 했기 때문에 피로가 몰려드나 마음은 가볍습니다.

그동안 정들었던 교수님 그리고 여러 선생님과 아쉬운 작별을 하면서 헤어져 오면서 연수받은 지난 시간을 돌아봤습니다. 배우는 날들은 무척 즐거웠어요. 다시 한번 더 이런 기회가 부여된다면 그때도 후회 없이 노력할 수 있을 것 같습니다.

당신의 편지 반가웠어요. 소견 좁은 여자의 등살에 혼나셨을 거예요. 하지만 그 모든 것들이 당신을 너무 사랑하고 믿고 있는 까닭입니다. 지금부터는 지난날의 슬픔은 잊고 지극히 만족한 생활을 영위하며 멋진 인생을 사는 방법을 생각하렵니다.
마지막 주 토요일 6시 금란.
화초, 길남, 나 이렇게 셋이서 만났는데 재미있었어요. 길남이의 생활 이야기 화초의 교제 이야기 그리고 나의 이야기. 내 성격이 많이 명랑해졌다나 봐요. 그리고 옛날보다 더 똑똑해 졌다고요. 그리고 무엇보다 날 보며 부럽다고 하네요. 규철씨 밖에 모르는 선미라고 말이에요.
당신의 옷자락에 매달려 당신의 사랑만을 갈구하는 내 모양이 처량해 보이지 않을까요. 마음의 고삐를 서서히 풀어가며 나의 생활을 이제 편하게 펼쳐갈 예정이에요. 만약 여기서 통근하게 된다면 피아노를 배우든지, 서예실에 다닐 계획입니다. 아무튼, 나의 에너지를 쏟을 돌파구를 찾아 나의 성장을 꾀하는 데 힘을 기울일 작정입니다.

돌이켜보면 결혼 전에는 당신께서 적극적이었는데 결혼하고 나니 그 반대가 되었네요. 당신이 그립고 보고 싶을 때마다 강인한 의지력으로 참겠습니다. 우리 두 사람의 완전한 결합이 있기 전에는 당신은 당신의 생활에서 만족과 보람을 찾으세요. 난 나대로 설계하면서 삶을 펼쳐갈 테니까요.
이번에 느낀 당신에 대한 실망감, 아무리 잊으려 해도 쉽게 잊지 못하겠지만, 시간이 흐르면 예전처럼 당신을 사랑할 수 있을 것 같군요. 삶은 즐거운 것이다. 이렇게 생각하며 하루하루 유익하게 살아갈 작정입니다.

11월의 휴가가 있다고 하니 그때 오시든지 당신 마음대로 하시기 바랍니다. 당신을 볼 수 있을 때 잠바를 가지고 가겠습니다만 만나지 못할 경우 부쳐드리겠습니다. 당신께서 나를, 그리고 내가 당신을 믿고 서로 의지하는 마음만 있다면 인생의 어떤 고통도 극복하며 살아갈 수 있으리라 확신합니다.

겨울, 그리고 봄이 빨리 오기를 기다립니다. 안녕히 계십시오.
8월 28일.

선미 글.
1975년 9월 29일.

그립고 그리운 당신께.
으스스한 찬 기운이 허공중에 맴돌고 있다가 날 붙잡고 있습니다.
석양의 노을을 바라보다가 그리움에 나도 모르게 당신을 불러봅니다. 어제저녁은 한숨도 자지 못하고 끙끙대며 당신 이름만 부르다가 잠이 들었습니다. 너무나 먼 곳에 계시기에 혼자만의 세계 속으로 당신을 초청하여 영혼의 위안으로 삼고 싶었습니다.
예전보다 더 사무치게 그리워지는 이 마음은 무슨 까닭일까요? 아담하고 귀엽게 꾸며진 우리들의 방엔 그리움과 사모의 정이 은은한 분위기와 함께 나를 둘러쌉니다. 당신 곁으로 뛰어가고 싶어집니다. 어쩔 수 없는 현실이라고 받아들이지만, 이별의 시간은 너무나 가혹한 것 같습니다.
 집안의 어머님, 시숙님, 형님, 아가씨 특히 은숙이 모두 저를 잘 대해 주십니다. 제 도리도 못하는 데 과분한 대우를 받고 있으니 죄스럽기만 합니다. 그러나 다른 여건이 좋고 다 좋아도 당신이 계시지 않는 곳은 어둠의 공간입니다. 당신의 따뜻한 손길이 절실하군요.
피곤했던지 몇 차례 코피를 쏟고 좀 쉬고 나니 훨씬 나아졌습니다. 편지를 자주 해 주신다면 이 피로는 아무것도 아니게 될 것이라 여깁니다. 당신이 적어도 일주일에 한 번은 오는 줄 아는 주변 사람들의 반응이 내심 서글프고 쓸쓸해지더군요. 길을 가다가도 우연히 마주치는 젊은 부부를 보면 못 볼 것을 본 마냥 고개를 돌리고 맙니다. 혼자 있는 내가 초라해지고 왜소해지는 순간이기도 해서 본능적으로 외면을 하게 되더군요.
어머님께서도 처음에 줄곧 나에게 피곤하고 그러니 사평에 있으라고 신신당부하셨습니다. 그렇지만 계속 오면서 한 두달 동안은 통근한다고 말씀드렸더니 별말씀 없으십니다. 어머님도 제게 아주 잘 해 주세요. 따뜻한 분이시더군요. 모든 것이 풍족하다면 별것을 다 사드리고 싶어요. 그러나 지금은 마음속으로만 효도를 다 할 생각입니다. 형님과 아가씨 이 두 분께도 감사드리고 싶어요. 내 7시 20분경에 차를 타고 8시 즈음에 돌아오니까 아침이나 저녁을 지을 시간이 나지 않아요. 아침엔 너무 피곤했는데, 감기까지 걸려 겨우 밥 먹고 학교 나가는 게 나의 일이고 저녁에 돌아오면 밥 먹고 자는 게 나의 일과가 되버려 미안해서 어쩔 줄 모르겠어요.
아침은 아가씨가, 저녁은 형님이 짓더군요. 은숙이는 나의 잔일을 거의 돌봐주니 내가 도리어 집안의 짐이 된 것 같아 사평으로 가는 게 낫지 않을까. 고민하게 됩니다.
그러나 집안 식구들과는 확실히 가까워지는 것 같아요. 그래서 염치불구하고 그대로 다니고 있답니다. 큰 시숙님은 이사를 하셨답니다. 새로 이사한 집으로 인사하러 수일 내로 갈 계획입니다.
모든 게 초년생이라 미숙하고 어리숙애 언제나 완숙미 넘치는 사람이 될까 고민해 봅니다. 그 경지까지 가려면 까마득하지만 천리길도 한 걸음부터라는 옛 속담을 새기면서 차근차근 쌓도록 하겠습니다.

공수 훈련 다시 시작했겠지요.
이제 우리 학교도 얼마 안 있으면 농번기 할 것 같아요. 모든 여건이 순조로우면 훌쩍 날아가겠지만 어떨지 모르겠어요. 당신께서 오실 날만 꼬박 기라리겠습니다. 그때까지 너무나 오랜 시일이 남은 것 같군요. 견우와 직녀. 우리가 지금 그런 상태이군요. 오직 제가 당신께 드릴 수 있는 말은 이 말 밖에 없어요. 편지. 그리고 당신께서 오실 날을….

1975년 9월 29일 선미 올림.

ps.
엄마의 길이 가까워지고 있습니다.
당신과의 사랑의 결실이 무럭무럭 자라 어느덧 여섯 달이 되었습니다.
조금씩 태동이 느껴집니다. 좁은 곳에 자라느라고 끙끙대는 듯합니다.
아가가 말하는 것 같습니다.
빨리 세상 밖으로 나가고 싶다고. 세월을 재촉하는 양 팔다리는 쑥쑥 자라납니다.
누구를 닮았을까요.
저는 당신을 많이 닮았으면 좋겠어요.
당신과 아기, 이 세상에서 가장 귀한 보물입니다.
어떻게 소중하게 키우고 좋은 부모가 될 것인가를 생각하다가 하루해를 넘길 때가 많아지고 있습니다.

야전잠바와 두꺼운 겨울 내의는 보내지 않습니다.
무거워 소포로 보내지 않더라도 당신께서 곧 오신다고 하니 그때 가지고 가는 편이 나을 것 같습니다.
그리고 녹색 티셔츠를 아랫부 눈을 개가 물어뜯어 할 수 없이 제 솜씨로 밑을 겹쳐 꿰맸습니다.
조금 길이가 짧더라고 입으셨으면 합니다.
미안해요. 요구를 다 들어드리지 못해서.

선미 글
1975년 10월 7일

보고 싶은 당신께.
그간 몸 건강하며 별일 없으시겠지요.
어제저녁 연수씨와 형균씨 두 분께서 오셨더군요.
바로 오늘(7일) 준호씨 결혼하시는 날이라 회비(5,000) 때문에 다녀갔습니다. 계속 반가운 소식이 들리더군요. 연수씨는 18일(토요알) 오후 1시 관광호텔에서, 그리고 형균씨는 24일쯤 정훈씨는 12월에 하신대요. 모두 모두 축복이 깃들기를 빌어드리고 크게 축하드리고 싶어요.

엊그제 올렸던 우리들의 결혼식이 새삼 떠오릅니다. 아무런 감정 없이 그냥 허망하게 끝났을 때의 그 허전함. 지난날 꿈꾸었던 일들이 지금 막상 현실로 닥치다 보니 쓸쓸함만 안겨주는 것 같습니다. 어제저녁 꿈속에서 또 당신을 뵈었습니다. 너무 반가워 눈물이 나더군요. 예전과는 다르게 느껴질 줄 알았습니다. 결혼하면 모든 것이 나아지리라, 그리움도 덜 안정이 되어 덜 할 것이라고 여겼는데 왜 더 그립고 괴로운지 모르겠군요. 더 보고 싶어 못 견디겠어요.

지난 토요일 전화하셨다고요?
못 받아서 섭섭했습니다. 야전 점퍼는 보내지 않았습니다. 꼭 필요하다면 말씀하셔요. 보내드리겠습니다. 예전에 말씀하신 대로 11월 1일부터는 다시 사평으로 가렵니다. 아직 결정은 내리지 않았지만 그렇게 될 것 같군요.

비가 오고 있어요. 차가운 빗방울이라 키 작은 코스모스가 떨고 있네요. 우울을 가득 안겨주는 계절이 얄밉습니다. 찌푸린 하늘도 누굴 닮았습니다. 좋으면서도 얄미운 사람. 몸조심하시고 모든 일 순조롭기를 바랍니다. 안녕히.

1975년 10월 7일 선미.

선미 글.
1975년 11월 6일

그리운 당신께
새벽녘부터 촉촉이 내리는 비는 어둑한 밤이 왔건만 쓸쓸함을 더 안겨 주는 듯 더욱 외로운 밀어를 속삭이며 마냥 흘러내리고 있습니다.
사랑하는 당신!
정말 당신과 만나는 날은 어찌 그리 즐거울 수 있을까요. 온통 세상이 내 것 같고 모든 것이 나의 품에 있는 것 같은 행복한 순간들이었습니다. 그러나 떠나신다고 생각한 그 순간부터는 너무나 서글퍼 당신 몰래 얼마나 울었는지 모릅니다. 금방까지 생동했던 자연들이 파리해져 죽어감을 맛보아야 하고 홀로 고독한 밤을 지새운다는 것을 생각하면 아예 밤이 없으면 하는 생각조차 들 정도입니다,

이런 나의 마음도 아랑곳없이 또 당신은 길을 뜨셨습니다. 어쩔 수 없는 사연 때문에 무거운 발걸음을 옮기시는 당신의 마음 천 번 만 번 이해하고도 남음이 있습니다. 그러나 마음을 알면서도 나 자신이 너무 처량하고 가여워 울먹였는지 모릅니다.
그러나 이제는 예전처럼 불안하다거나 가슴을 흔드는 무서움은 없는 것 같습니다. 이제 당신은 영원한 나의 남편이 되셨고 전 당신의 아내가 되었으니까, 오직 신뢰감만 따를 뿐이라 그런 것 같습니다. 우리들의 귀한 사랑은 영원히 빛날 것이라 언제까지 다짐하고 노력하고 또 그렇게 믿고 있습니다.

사랑하는 당신!
예전부터 꼭 불러 보고 싶었어요.

당신이라는 말이. 그러나 편지나 낙서장에는 수없이 굵적이면서도 정작 내 앞에 계시는 분께 하려고 말을 하면 입이 딱 굳어버려 하릴없이 침만 삼키고 맙니다. 다음에는 꼭 하고야 말겠어요. 그리고 당신께서 전번 "여보"라고 말씀하셨지요. 참말 어디 숨고 싶을 정도로 부끄러우면서도 꼭 듣고 싶은 말이었어요.

세월은 빠르다지만 우리의 지나온 추억을 생각하면 새삼 인식이 되어요. 이제 곧 겨울이 다가옵니다. 1976년이 되면 귀여운 아가가 태어납니다. 꼭 당신 닮은 사내아일 갖겠습니다. 얼마나 재미있을까요.

사랑하는 당신. 그리고 사랑하는 아가.
이런 즐거움 때문에 삶은 고달프면서도 행복이 있다고 하나 봅니다. 빨리 방학이 되었으면, 요즈음은 달력만 보며 지내고 있습니다.
생각만 해도 긴 시간을 당신과 함께 보낼 것을 상상하면 춤이라고 추고 싶을 정도입니다.

그리운 당신!
기다려주세요.
그런데 한 가지 품이 우습다고 싫어하시지 마세요. 전번 참말 부끄러워서 혼났어요. 당신 보시면 싫어할까 봐 배 들어가라고 콜셋까지 했는데 배불러 큰일 났다고 하시니. 아유 참말 다시는 그러지 마세요. 그러시면 난 토라질 거예요. 이제 한 달하고도 십여 일 지나면 오시겠지요. 그리고 나도 따라가고.

몸조심하시고 독한 술은 될 수 있는 대로 피하세요. 그리고 음악감상 하시며 나에게 편지를 써 주세요. 이제 나도 사평에

왔으니까 자주자주 글 올릴게요.
사랑하는 당신. 이 밤도 고운 꿈 엮으시길 빌겠어요. 안녕.

1975년 11월 6일 당신의 아내.

ps. 혼인신고는 아가씨께 잘 부탁드리고 왔어요. 곧 보내드릴게요. 그리고 어머님 생신이 양력으로 11월 26일이더군요. 잊지 않으시겠지만, 축하전보라도 띄우세요. 겨울에 지낼 방 미리미리 알아보세요. 지금 그 주인아주머니께 상세한 것(전세비, 연탄비, 식기도 빌려주시는지) 알아보시고 여의치 않으시면 다른 집도 알아보셨으면 합니다. 추위에 감기 조심하셔요. 정이 뚝뚝 흘러넘치는 편지 진짜 부탁드립니다.

결혼식/ 김선미

하느님,
오늘의 영광을 주신 당신께
머리 숙여 감사드립니다.

태초에 당신께선 인간을 사랑하셨습니다.
그 마음으로 어린 두 양을
영원히 사랑해 주시옵소서.

여기 짝 지워진 한 쌍의 원앙에게
천국을 날 수 있는
날개의 힘을 길러내게 해 주시옵소서.

태양이 떠오릅니다.

3일 만에 부활하시는 당신의
위대성이 한눈에 보입니다.

우리에게도 세파를 이겨나갈 수 있는
인내와 사랑을
빈 술잔에 그득 부어주소서.

 신혼 생활 / 김선미

시집간 지 한 달 하고도 보름
긴 긴 밤을
한탄하며 하는 말
너 어이 서로 마주보며
나처럼 말 없이 서러워하는가

이 밤이 동짓날처럼
긴 줄 알았으면
아예
임 옷고름 잡고 놓지나 말 것을

아서라
동녘이 밝아오는 곳에
임의 발자국 소리
나의 가슴
저려 저려 녹이는 구나

선미 글.
1975년 11월 8일

그리운 당신께.
꿈속에서 당신과 재미있게 놀았는데 오늘 반가운 편지를 받았습니다.
나의 이 따분한 생활에서 제일 즐겁고 기쁜 일은 사랑하는 당신의 소식을 듣고 나 혼자만의 기분에 도취되는 것, 바로 그것입니다.

물들어가는 단풍의 온갖 색깔을 아무도 없는 교무실에서 혼자 감상하며 이제 방학이 며칠 남았을까 하는 기대 속에 한가한 토요일 오후입니다. 늦가을의 어둠은 혼자 있는 심정을 더욱 떨게 합니다. 12월 13일에 동그라미를 쳐놓고 하루하루 손꼽아 기다리며 살고 있습니다.

지나간 날 가슴 조이며 당신을 만나고 헤어져야 할 장소에 오면, 우리의 처지를 망각한 채 항상 함께 있기를 바랐고 그 꿈의 실현으로 결혼을 했지만, 다시 멀리 떨어져 서로를 그리워하는 삶은 변함없는 것 같습니다. 그나마 심리적인 안정감을 느끼게 되고 홀몸이 아니라는 사실로 인해 당신이 더욱 절실할 때가 많아집니다.
이렇게 떨어져 있을 땐 다음 당신을 만날 때면 어리광도 부리고 맛있는 것도 사달라고 그래야지 하면서도 막상 얼굴을 대하면 어렵고 두려워서 말이 안나 오지만.
그렇다고 당신은 저의 이런 마음을 눈곱만치도 몰라 주시니. 정말 어떤 때는 야속할 때가 있답니다. 남자의 잔잔한 정에 감동하는 것이 여자의 마음. 그렇다고 당신의 마음을 몰라서 이런 말을 하는 것은 결코 아닙니다만.

이전 편지 받으셔서 아시겠지만, 자취를 해야겠지요. 집에는 미안하고 염치없지만, 김치와 된장, 고추장을 주시라고 해야겠어요. 만약 그것이 여의치 않을 때는 하숙하는 도리밖에 없지만. 그러나 이번에 당신께서 꼭 오셔서 어머님께 말씀 잘 드려 주세요. 그래서 자취할 수 있도록.
식기는 그곳에서 빌리도록 하고 반찬만 이곳에서 가지고 가면 좋겠어요. 마치 초등학생이 소풍 가는 심정으로 좋아하는 이 마음 당신은 얼마나 잘 알까요. 만약 다른 곳으로 방을 얻는다면 이불도 있어야 할 것입니다. 없는 솜씨지만 밥 한 그릇이라도 따뜻하게 해서 당신과 나란히 앉아 맛있게 먹으면서 살고 싶습니다.

올 겨울에는 강습이 없기를 제발 소원해 봅니다. 얼마나 기다려 왔던 방학인데. 12월 18일 경에는 강원도에 내려갈 수 있게끔 잘 맞춰서 오시기 바랍니다. 자취하려면 여러 가지 짐이 많을 테니까 꼭 동반해야 할 것 같아요.

방학하기 전 연구 수업이 있어 골치를 앓겠지만 무난히 내 나가리라 생각합니다만 그래도 전교 선생님들 앞에서 우스운 폼으로 공개수업을 하자니 지금부터 떨리기도 합니다. 11월 27일만 넘어가면 즐거운 방학이 박두!

사랑하는 당신!
당신의 결심이 서 계시리라 생각되지만, 혹시 강한 마음 없이 단순하게 생각하신다면 각오를 다시 하셔야 할 것 같아요. 내일은 친정 식구들 만나러 가는 날이에요. 당신과 함께 갈 수 있다면 얼마나 좋을까요. 다음 부부 동반 땐 꼭 빠지지 말고 함께 가기를 권해봅니다.
낙엽이 집니다. 허무, 공허에 가뜩이나 마음이 우울한데 찾아오는 이도 없고 들리는 소리 멀리서 낙엽 모으는 비질 소리만 덩그러니 울려 퍼집니다.

날개만 있다면 날아가고 싶은 심정입니다. 갈수록 당신이 그리워지고 애타는 마음 이젠 차분히 눌러가며 잊도록 하겠습니다. 그냥 평범한 하루를 지내다 무심한 마음으로 그날을 기다리렵니다.
다시 만나는 날 그땐 나의 가슴 다 열고 당신을 그리워했던 지난날을 생각하며 웃을 날이 오리라 믿습니다.
쉴새 없이 꿈틀대는 작은 이 생명을 위해 마음을 반듯하게 써야겠다고 다짐해 봅니다. 건강한 아이가 태어나도록 조심하면서 맛있는 것도 많이 먹어야겠어요.
사랑하는 당신!
몸 조심하시고 군무에 충실하셔요.
몸을 따뜻하게 하시고 건강에 유의하세요. 조용한 이 밤을 앙증스러운 초생달이 비추고 있군요. 안녕히 주무세요. 안녕.

                1975년 11월 8일 당신의 선미 드림.

선미 글.
1975년 11월 20일

그리운 임께.
하얀 서리가 내리더니 날씨가 표나게 추워집니다.
따뜻하다는 남부 지방이 이 정도이니 그곳은 얼마나 추울까요. 추운 날씨에 별일 없이 지내시는지요. 당신께서 항상 염려해 주시는 마음 때문인지 오늘도 학교 일에 충실하며 건강도 아주 양호하답니다.

세 번째 보내 주신 서신 잘 받았습니다. 많이 단조롭다는 당신의 생활. 부러움을 느끼면서도 약간의 샘이 나는군요. 전 요사이 큰 걱정이 생겼어요. 초등학교 1급 정교사 자격 강습이 나왔어요. 겨울방학 동안 광주교대에서 받게 될 것 같아요. 확실히 단정키는 어렵지만 80~90%는 가능성해요. 참말 이럴 때는 진퇴양난이라 해야겠죠. 이러지도 저러지도 못하고 망설이고 있지만, 만약 강습을 받아야 할 상황이면 어떻게 되는 걸까요. 몇 달 전부터 꿈에 부풀어 계획했던 그곳의 생활은 완전히 물거품이 돼버려 꿈은 사라지게 되는 것 아닐까요.
2달은 방학을 송두리채 받치는 것과 같은 시간인데. 1급 정교사 자격 강습은 서로 받으려 하고 경쟁이 치열하다는데 포기하자니, 몇 년 썩을 생각하면 안타깝고 갑갑하네요.

이번 겨울 방학을 저처럼 목이 빠지게 기다렸던 사람은 없을 거예요. 그런데 그 방학이 뜻밖의 난관에 부딪히고 있다니….
사랑하는 당신, 뭐라고 대답 좀 해주세요. 제발 안 받을 수만 있다면 좋겠습니다. 차후에 확실한 결과를 알려 드리겠지만 당신도 빌어주세요. 모처럼 당신과의 긴 생활 두근거리며 기다렸는데 막상 이렇게 되어 버리니 야속해집니다.

올바른 주관대로 행동하는 사람 그 사람이야말로 성공의 지름길을 향해 착실히 뛰고 있는 사람일 것입니다. 먼 내일을 위해서 오늘을 모질게 참아야 하는 우리네 인생이 처량하기도 하고 위대하기도 합니다. 인간이기에 쓰디쓴 인내도 맛보아야하고 행복한 만족에 즐거워하기도 합니다.
기다리렵니다.
그저 가슴속에는 용기를 지니고 열심히 앞만 보고 살아가렵니다. 돌처럼 단단하게 살아가렵니다. 창조의 힘이 희박할 대로 희박한 나, 세월에 구름 가듯 저 자신을 시간에 맡기면서 꿋꿋하게 견디렵니다.
그리운 내 사랑
몇 달만 있으면 내가 엄마가 됩니다. 가끔 꿈꾸기도 하는데 예쁜 아기가 나를 바라보면서 방긋방긋 웃어줄 때는 세상 부러울 것이 없더군요. 사내아이 같았어요. 계집아이라 할지라도 진선미를 겸비한다면 그 외는 바랄 것이 없겠어요.

밤이 깊어갑니다. 긴 긴 밤은 더욱 외로워지니 꿈의 날개를 펼치면서 이 외로움 극복하도록 하겠습니다. 건강한 나날 되시길 바랍니다. 안녕

1975년 11월 20일 당신의 선미 올림.

선미 글.
1975년 11월 20일

사랑하는 당신께.
26일은 어머님 생신이길래 토요일 학교를 끝나자 곧바로 시내에 들렀습니다.
며칠 전 형님과 아가씨가 한 말을 상기하면서 이 집 저 집을 기웃거린 결과 한 가방 집으로 들어갔습니다.
"지금 어머님은 핸드백이 없으시니까 될 수 있는대로 핸드백을 사게나" 했던 형님의 말씀대로 핸드백을 하나 샀습니다. 들어서자마자 형님께서 핸드백 사와버렸는가, 어쩔까, 큰일났네. 어머니가 절대 사지 말라고 그러셨는데. 참말 나 때문에 어쩌지 하시며 호들갑을 떨었습니다. 그때서야 아차 하는 생각이 들었습니다.
아니나 다를까 저녁에 들어오시는 어머님 나 들지도 않은 핸드백, 없으니 좋으니 다른 가방으로 바꾸라고 하셨습니다. 처음 맞이하는 어머님 생신. 어머님 필요한 것을 사드리기 위해 미리 형님과 아가씨에게 물어보고 실수 없이 한다고 했는데 마음에 맞지 않으셔서 나 스스로 기가 죽었습니다.

그래서 다음 날 바꾸기로 했는데 기분이 나지 않았습니다. 결혼 후 처음 맞는 어머님 생신 선물을 아무런 보람도 없이 끝나버리는가 싶었습니다. 어머님께 미안하고 죄송스러운 마음만 가득했기 때문에(왜냐하면 변변히 대접도 못해 드리고 며느리 구실도 제대로 못 하는 저를 이해해 주시는 고마움을 반드시 표현하고 싶었습니다.) 면목이 없었습니다.

그러나 다음 기회가 있으니까 너무 안타까워하지는 않겠습니다.

지극히 효자이신 당신이 계시니 더욱 위로되었습니다. 내 몸 안에 있는 아가. 이제 조금만 있으면 11월도 다 지나갑니다. 곧 다가오는 12월은 올해의 마지막 달입니다. 좋다는 시절은 바람처럼 사라지고 어느새 한 해를 마무리해야 하는 시점인 것 같습니다.

당신을 만나 결혼을 하고 서서히 인생의 중요한 순간들을 맞이하고 해결하고 극복하면서 살아가면서 진정한 인생의 참뜻을 생각하면서 하루하루 보람있게 살고 있습니다. 당신은 오늘 어떤 일을 하셨을까요. 당신 계시는 차가운 북녘 하늘을 올려다보며 상념에 젖습니다. 언제나 이성적으로 때로는 냉정할 정도로 차가울 때가 있는 당신이지만 저를 사랑하고 가족을 위하는 당신의 마음이 오늘따라 더욱 그리워지는 시간입니다.

마음은 하나인데 다른 장소에서 서로를 애타게 찾는 이 이별의 시간도 언젠가는 찬란한 미래의 자신이 될 것인지는 희망으로 저에게 주어진 상황, 시간들을 지혜롭게 해결해 가고자 노력합니다.

사랑하는 당신. 오늘도 저를 생각하면서 편안하게 주무시기 바랍니다. 그럼 안녕

                        1975년 11월 밤에 선미.

선미 글.
975년 11월 21일.

네 번째 당신의 글을 받고.
한창 열을 내서 아이들을 가르치고 있는데 교실 문을 노크하는 어린 손님이 있어 나가보니 3학년 4반 최희주 선생님이 보낸 쪽지가 내 손에 들어왔습니다. 맛있는 것 가지고 자기 교실로 오라는 메시지. 반드시 먹을 것 지참이라는 말에 쿡 웃음이 나왔습니다. 쏜살같이 이 층으로 달려가 보았습니다. 손에 아무것도 들지 않은 채 설레는 마음으로 드르륵 문을 열고 들어가지 환한 얼굴로 나를 반기더니 빈손이면 안 된다고 자꾸 놀렸습니다. 아이구, 조금 있다가 틀림없이 맛있는 거 사드릴게요 하면서 손가락 약속까지 한 후 반가운 당신의 편지를 내 두 손에 꼬옥 쥐어 주셨습니다.
낮 동안의 피로는 말끔히 사라지고 즐거운 마음만 일렁일 뿐 아주 귀하고 귀한 편지를 읽었습니다. 걱정하고 걱정하는 당신의 마음. 참말로 따뜻한 그 위로의 말로 전 오늘도 너무나 충만한 행복에 싸여 남들의 부러움을 샀는지 모르실 거예요.
그러나 여기서 보낸 서류가 늦어 버렸다고 하니 애석한 마음뿐입니다. 여러 사람의 수고가 들어간 일인데 요긴한 기회를 놓쳤다니 저 역시 몹시 안타깝기만 했습니다. 할 수 없지요. 이곳 걱정은 너무 하지 말아요. 제가 어머님께 효도하는 것, 가정의 화목을 위해 노력하는 것, 잘 알고 있고 실천하고 있습니다. 아직은 제가 어머님 눈에 흡족한 며느리는 아닐지라도 조심하면서 어머님의 눈에 들도록 최선을 다하고 있습니다. 이곳에 온 후 집에 많이 가지는 않았어요. 한 번씩 간다는 것이 여간 어려운 일이 아니라는 것 당신은 모르실 거예요. 자지 않는다고 저의 마음이 달라지거나 멀어진 것은 결코 아니랍니다.

얼마 살지 않을 이곳의 생활이기에 마음껏 쉬고 싶다는 것뿐이에요. 저도 저 알아서 잘할 수 있으니까 크게 염려하지 마세요.

아무래도 불편한 몸 때문에 저를 많이 배려해주시고 아껴주시는 것 때문에 오히려 불편한 점도 많답니다. 어머님의 보호와 형제들의 보살핌 속에서 저와 뱃속의 아기는 무사히 잘 지내고 있습니다. 밥도 잘 먹고.

올해는 작년보다 조금 더 일찍 방학을 할 것 같다는 말이 나돌고 있습니다. 13일경에는 할 것 같아요. 만약 강습을 받는다면 당신과 나의 시간은 완전히 없어져 버리겠군요. 시간이 조금만 더 지나 봐야 확실한 것들을 알 수 있을 것 같습니다.
엊그제부터는 이곳도 매우 추운 날씨가 이어지고 있습니다. 결혼이 무엇인지, 결혼하면 부부가 같이 사는 게 정상인데 우리는 이상한 상황에 처해 이렇게 별거를 하고 있으니, 때로는 적막하고 때로는 외롭기 그지없는 때가 많습니다.
생각하면 화가 날 때도 있지만 참을 수밖에 없는 처지이기에 꾹 참으며 살겠습니다. 그래도 지금은 당신께서 아가에 대한 애정과 관심을 쏟아주시니 한량없이 고맙습니다. 우리 가정을 복되게 이끌어가려면 절대 저 한 사람의 힘으로는 되지 않는답니다. 우리 두 사람의 신뢰와 사랑 속에서 비로소 완전한 결혼생활이 영위되는 것이니까요.

기다리겠습니다. 당신의 편지를. 몸 건강하시고 하시는 일 잘 되시기를 빌겠어요.

1975년 11월 21일 당신의 선미.

선미 글.
1975년 11월

겨울 / 김선미

흰 눈이 나리지 않아도
좋은 날이 있습니다

세찬 바람이 불어도
무섭게 때려도
하나도 무섭지 않을 때가 있습니다.

얼어붙은 강물 풀리지 않아도
하나도 춥지 않은 때가 있습니다.

겨울 손님
그리운 그 님께서 오시는 날이면
하늘이 내려앉아도
하나도 무섭지 않아요

다만 두려운 것이란
잠시 후면 떠나가실 나의 님
잡을 수 없는 서러움이
제일 무섭답니다.

첫 눈 / 김선미

생각지도 않은
하이얀 소녀가
똑 - 똑
창밖 나무 그늘에서
님의 모습처럼
씽긋 웃으며 손짓합니다.

설레이는 가슴
두 손으로 꼭 쥐고
후다닥 뛰어가는 날 보고
그녀는 점점
멀어지는 달처럼
새하얀 이를 드러내며
순결한 미소를 나에게 보냅니다

혼자인 것은 싫어요
가는 길 멈추고
하늘 향해 묻습니다
나의 사랑 당신께선 무엇을 하고 있나요.

선미 글.
1975년 12월 8일.

그리운 당신께.
보내 주신 서신 잘 받았습니다.
추운 날씨에 몸 건강히 잘 계신다고 하니 안심은 됩니다만 다른 일은 없으시겠지요.
저는 당신께서 항상 염려해 주신 덕분에 건강하게 잘 지내고 있습니다.
얼굴의 부기도 없어지고 모든 게 예전과 다름없이 편하게 흘러갑니다. 다만 하루하루가 다르게 태동을 느끼면서 우리 아가가 자라고 있다는 신기함이 저를 새롭게 태어나게 만듭니다.
생명! 힘찬 생명이 나의 몸속에서 자라고 있다고 생각하면 자연의 신비랄까, 우주의 신비로움이 나의 전신을 에워싸고 기쁜 마음에 행복에 젖기도 하네요.
의젓한 우리 아기의 아빠인 당신.
세월이 무척 빠르죠. 처음 당신을 만나 소개받고 웃고 떠들던 일이 주마등처럼 스쳐 지나갑니다. 몇 번인가의 짧은 이별 그리고 다시 만남, 불같은 사랑.
그리고 웨딩마치 속의 행복한 한 쌍의 원앙이 된, 행복한 여인이 바로 저예요.
사랑하는 사람을 언제까지 모실 수 있고 끝없는 사랑을 주기도 받을 수도 있는 저의 위치는 모두가 당신이 주신 축복입니다.
사랑하는 당신!
이제 조금만 있으면 만날 수 있겠군요.
당신과 나의 만남.
결혼 전의 시간보다도 몇 배 더 귀중하고 귀중한 시간이 된 것 같아요.

보고 싶어요.
나의 이 끝없는 사랑을 쓸쓸하신 당신 마음에 가득 불어넣어 드리고 싶어요.
외롭다 느끼지 마세요. 제가 위로해 드릴게요.
제가 있잖아요. 몸은 비록 떨어져 있어도 마음만은 항상 당신 주위를 맴돌고 있답니다.
오늘이 12월 8일이군요.
우리 학교는 13일 날 방학한대요.
어쩌면 강습문제는 나의 소원대로 가지 않아도 될 것 같아요.
당신께서 이곳에 내려오시려면 14일 정도 오시면 14일부터 18일까지 휴가가 되겠네요.
13일 방학하고 17일은 전 교직원 출근하는 날이기 때문에 18일날에 같이 강원도에 갈 수 있을 것 같아요. 그렇게 일정을 조절해서 내려오시기 바랍니다.
그리고 오실 때는 전보를 띄우세요.
잠바 문제는 참 미안하게 되었습니다. 나는 진즉 집에서 잠바를 부친 줄 알았는데 옷이 없어 여태 부치지 않았다 하시더군요. 할 수 없이 당신께서 오셔서 어떻게 해야 할 것 같습니다. 무척이나 기다리셨을 텐데 죄송합니다.
방 수리는 당신 가신 다음 날 11월 3일, 4일 이틀간에 고쳐서 지금은 방 전체가 고르게 아주 따뜻하답니다.
그리고 김장은 아직 안 했어요. 날이 조금 풀리면 한다고 아가씨가 그러더군요.
당신 오시는 날을 학수고대하면서 이만 그치겠습니다.
그간이라도 몸 건강하시고 군무에 충실하시기 바랍니다.

　　　　　안녕.　1975년 12월 8일　당신의 선미 올림.

선미 글.
1976년 2월 28일

반가움보다 야속함이 앞섰습니다.
하루가 만 리 같은데 또 다른 날 오신다니. 전화 끊고 나서 나의 표정이 얼마나 처절했는가 이 선생님이 달래주었습니다. 싫고 또 싫습니다.
요즘 같으면 생을 환멸을 느끼다 지쳤습니다. 당신도 미워집니다. 봄빛도 싫고 진달래를 보아도 괜히 화만 치밀어 오릅니다. 이런 생활을 어떻게 해야 할까요. 무언지 모를 무서운 힘들이 날 압축해 오고 있습니다. 어떻게 견뎌야 할까요. 왜 나만 이런 생활을 해야 합니까. 우리 집의 형편 잘 알고 있습니다. 하지만 제가 보탬이 되는 건 없어요.
5월 4일 아가씨 결혼하십니다. 우리 100,000원 부담하기로 되었습니다. 우선 어떻게 하고 계돈 타서 갚아야겠습니다. 6월 사표 낼 것을 생각하고 만반의 준비를 하겠습니다. 무슨 일이어도 이 일만은 단행해야겠습니다. 시간이 많이 흘렀군요. 새벽 2시를 가리키고 있습니다. 오늘도 호출로 신청했더니 3시간을 기다려도 나오지 않아 그냥 신청했더니 나오더군요. 너무나 먼 곳으로 우리는 헤어져 있어요. 그나마 싫은데 거리까지 멀어서 더욱 기가 막힙니다. 이 편지가 닿은 이틀 후나 사흘 후에 오시겠군요. 내 마음 이해해 주세요. 이렇게 마음이 서글프고 쓸쓸하기는 태어나서 처음인 것 같습니다.
모든 것이 운명이라 생각하지만….
기다려 보겠습니다. 바람처럼 변덕이 심한 군대 생활, 어서 지나가길 빌고 또 빌어봅니다. 안녕
1976년 2월 28일 선미 올림.

선미 글.
1976년 9월 10일

그리운 당신께.
이제나저제나 올까, 당신 편지를 기다려도 오늘도 아무런 소식 없이 하루가 지나가는가 봅니다.
이제 학교에 나갈 일도 얼마 남지 않았는데.
닷새만 있으면 새 학년 담임이 되어 나가게 될 것 같습니다.
건강의 회복도 아주 좋아졌습니다.
빨리 정상이 되어 예전처럼 뛰어다니며 마음껏 활동하고 싶습니다.
당신은 별고 없으신지요.
한동안 침체 되었던 우울증도 지금은 많이 나아지고 있습니다.
새 출발을 위해 환한 내일만을 생각하기로 했습니다. 계획하신 일들은 무사히 마쳤는지요.
나의 하루하루의 생활은 주변 분들의 따뜻한 간호로 마음 편하게 잘 지내고 있습니다.
곧 학교에 나간다고 생각하니 한편으로는 즐거운 마음이 들기도 하고 갑갑한 마음이 생기기도 합니다. 언제나 오시려는지요.
참 며칠 전에 동희씨가 오셨어요.
4월 6일날 결혼한다고 하시더군요.
잘 생각하셔서 4월 중에 오시기 바랍니다.
될 수 있는 한 삼거리에 꼭꼭 눌러 계세요.
지난, 사고 때 얼마나 걱정했는지, 다시 생각만해도 등골이 오싹해져요.
술도 과음하지 마시고 조금씩 잡수세요.
어련히 알아서 하시겠습니까마는 항상 걱정하고 있는 저의 마음도 알아주세요.

어제는 우리의 앨범도 넘기고 주고받은 편지도 읽으면서
당신과의 지난날과 아름다운 추억들을 떠올리곤 했답니다.
그러다가 당신이 더욱 보고 싶어지는 심정 때문에 멍하니 한동안
앉아 있었습니다.
사랑하는 당신!
잊지 않을 거예요. 진실한 당신의 사랑을.
밤이 깊었군요.
지금은 퇴근하신 후 어느 곳에서 무엇을 하며 지내시는지요?
다방 아니면 훈이 집에서?
시간을 가장 잘 활용하는 사람이 성공한다고 했습니다. 괜히
이곳저곳 방황하지 말고 딱딱한 책일망정 읽으시기 바랍니다.
봄이 왔어요.
정말 좋은 계절이에요.
특히 나에겐
당신도 그러시겠죠.
정아 엄마 만나심 안부 전해 주세요.
그리고 지난 29일 김대위님에게서 전화 왔더군요. 사동인가
서동인가 친척 집에서 다니신데요.
다음에 또 전화하겠다 하시더군요. 건강하시기 바랍니다. 그럼
안녕히 계세요.

    1976년 3월 10일 당신의 선미 드림.

ps. 자주 편지 쓰세요.
 그리고 저에게 주신다는 돈, 송금으로 하시기 바랍니다.

선미 글.
1976년 3월 26일

사랑하는 당신께.
주룩주룩 내리는 봄비 속에서 받아 본 당신의 편지 무척 반가웠어요.
소식을 읽는 나의 마음은 내리는 빗소리도 속삭임처럼 들리고, 당신의 힘찬 모습이 마치 눈앞에 선연하게 그려지는 기분이었습니다.
안녕히 잘 계신다고 하니 다행입니다.
저도 당신의 염려 덕분으로 건강한 나날 보내고 있답니다.
모든 것이 다시 원위치로 돌아간 듯 예전처럼 그렇게 자유스럽게 몸이 가볍고 잘 움직이고 있답니다. 학교생활도 2주 정도 하고 나니 다시 적응되고 익숙해집니다. 바쁜 나날 속에서 보람있게 잘 보내고 있습니다.
새로 오신 교감 선생님도 아주 잘 지내고 계십니다.
음악적인 면에서는 특히 광주에서 따를 자가 없을 정도로 실력파이십니다. 그리고 인자하고요. 모든 면에서 앞서가는 분이십니다.
이제 모레(일요일)까지는 환경정리가 마무리 될 것 같지만 다시 며칠간은 경영부 작성 등 학교는 이 3월의 신학기가 제일 바쁜 곳임을 실감하고 있습니다.
내일은 마지막 토요일이라 친구들 모임을 금란에서 하자고 했답니다. 석 달 만에 처음 나가는 곳이라 가고 싶군요. 당신과의 추억이 묻어있는 그곳, 잊지 못할 거예요. 화초, 길남, 삼순, 미자. 우리 집에도 놀러 왔었어요. 화초의 약혼은 아무래도 이루어지지 않은 것 같아요. 자세한 이야기는 듣지 못했지만, 아무튼 그 남자와는 하지 않는대요.

길남이는 5월 경에 결혼하는가 봐요.
저는 사평에서 지내고 있습니다. 토요일은 어머님과 시간 보내기로 했어요. 은숙이 집은 산장 입구 근처에 사셨다는 것 같아요. 아가씨도 올봄 아니면 가을에 시집가실 것 같아요. 이제 날이 화창해 졌으면 좋겠습니다. 며칠간은 이곳도 엄청 추웠어요. 3월의 꽃샘추위였던가 보아요. 진달래 피고 개나리 피고, 종달새 하늘 날며 울어대는 날이 가까이 옵니다.
이곳으로 이동 건은 어찌 되셨습니까. 진척 상황이 어떤지 궁금하군요.
자세한 말씀 좀 해주시기 바랍니다. 그리고 휴가는 언제 받아 오실 것인지. 그저 오실 날만 기다리니 당신 마음도 무거우시겠지만, 말씀해 주세요. 그립고 보고싶은 걸 어떻게 합니까. 당신 곁에 있으면 온 세상이 내것처럼 마음 든든하고 행복해 지니.
한 가지, 반가운 소식 전할게요.
옛날부터 갖고 싶어 했던 한국 가곡(레코드)을 샀답니다. 좋은 노래 많이 있어요. 당신 매우 기쁘실 테죠. 그리고 이번 휴가 오실 때 전번에 샀던 세계 애창곡 집 중에서 판이 이상한 것 다 가지고 오세요. 교환이 가능하답니다. 썼어도 바꿔준다고 하니 빨리 그 싫은 곳에서 떠나오셨으면 합니다. '아, 당신과의 보금자리 꾸미며 산다면…,' 생각만 해도 가슴이 떨려옵니다.
사랑하는 사람과 사는 모든 사람 하나도 부럽지 않을 것 같습니다. 우리의 사랑보다 더 진실하지 않을 것도 같습니다. 우리 사랑에 비하면 아무것도 아니라고 여겨집니다. 지난날의 사랑, 지금 이 현실을 극복하고 있는 사랑, 앞으로 펼쳐질 아름다운 사랑, 이 모두가 내것이고 당신과 함께 만들어 가는 사랑이라고 생각하면 이 세상 부러울 것 없는 당신과의 사랑입니다.
곧 우리가 인내한 보람, 땀 흘린 보람이 눈앞에 보이는 것

같습니다. 이 밤도 고운 꿈 엮으시고 편안한 하루 되시길 바랍니다. 건강하시고. 안녕

                    1976년 3월 26일 당신의 선미드림.

ps. 4월 초에 오시면 좋겠어요. 꼭.

      4월의 만남 / 김선미

      너와 나
      연한 녹색의 이파리
      희망이고 진실인

      연분홍 수줍음 속에
      피어나는 서러운 몸짓

      피고 피어나는
      약동의 세계에서 꽃이 웃는다

      아! 생명의 봄
      긴 기다림의 동면에서
      너와 나
      힘차게 일어나자꾸나.

선미 글.
1976년 4월 8일

사랑하는 당신께.
바쁘시다니 걱정이 되는군요. 몸 건강하오며 별일은 없으신지요.
당신의 걱정 속에 오늘도 이곳의 가족들은 몸 성히 잘 지내고 있답니다. 편지도 잘 받았습니다.
지난번 답장에 제가 말씀을 안 드렸나 보네요.
당신께서 귀하게 보내 주신 돈 아주 잘 받았습니다. 어머님께 20,000원 부쳐주셨다 하였더니 아주 기쁘게 생각하시더군요. 14,000원 잠바값 드리고 어머님 봄 스웨터 사 입으시라고 3,000원 드리고 형님 슬리퍼 하나 사드렸답니다. 그리고 남은 돈은 당신을 생각하며 내가 꼭꼭 가지고 있답니다.
보고 싶군요. 멀리 보이는 도로의 차들을 바라보니 울컥 그리움이 치미는군요. 훌쩍 날아 당신 곁에 갔으면 하는 아련한 생각. 잊어야죠. 현실성 없는 건 아예 생각지 않으렵니다. 학교생활은 아주 충실히 잘하고 있어요. 성심성의껏 하고 있습니다. 이제는 처음과 달리 아주 재미있어요. 재미를 느끼고 보람을 찾으려고 전심전력을 다 쏟고 있다는 말이 더 정확할 것 같군요.
아담한 교실, 아이들이 가져다 꽂은 봄꽃들이 예쁘게 웃고 있어요. 개나리, 진달래, 벚꽃, 동백. 모두 모두 개성이 뚜렷한 우리나라 꽃 소박하고 순수한 봄 아가씨들이에요.
내일은 개교기념일이에요.
학교의 큰 행사로 송광사로 야유회 간답니다. 안 갈 수도 없는 형편이라 재미있게 놀다가 올 계획으로 따라나서려고요.
당신께서 이해해 주시겠지요. 물로 이해해 주시리라 믿어요.
언제 옛날처럼 단둘이 가는 영광이 주어질까요. 오직 희망은 내일, 아니면 가까운 미래일 것이라 기대하며 기다려 봅니다.

역시 봄은 멋있는 계절이에요.
생명감, 율동감이 있는 계절. 나도 저 종달새처럼 창공을 훨훨 날아다닐 수 있었으면 좋겠습니다. 탁 트인 세계, 우울이 도사리지 않는 세계, 조용히 명상할 수 있는 세계, 이 얼마나 좋은 곳입니까. 우리 주변에는 너무나 가여운 사람들이 많아요. 그제도 3학년 여자아이가 느지막이 집에 가다가 자동차에 받혀 그 자리에서 쓰러지자 받은 차가 그 아이를 싣고 어디론가 가버렸데요. 하루 뒤 그 기사는 검거되었는데, 사건 경위는 자가용을 빌렸던 운전자가 고흥 쪽으로 나들이 가다가 아이가 뛰어들자 그대로 그 아이를 싣고 가는 도중, 숨이 끊어지자 화순 너릿재 구 도로변에 묻어버리고 도주했다가 잡혔다는군요. 그 운전자는 1주일 후 '이란'에 이민 가려는 사람이었대요.
누구를 원망해야 하는지 모르겠지만, 아무튼 모두 불쌍한 사람이예요. 운전사만 나쁘다고 할 수 없어요. 내가 그런 경험이 있었기 때문인지, 그 아이도 불쌍하지만, 운전사가 더 불쌍하더군요.
삶, 정말 올해처럼 인생의 허무를 느낀 적은 없어요.
운명이라고 돌리기엔 너무나 어처구니가 없고 슬퍼지기만 한 삶. 나도 당신도 너무나 위험한 순간들을 넘겼습니다. 이 모든 액운을 우리의 아기가 짊어지고 조용히 떠나갔어요. 하느님의 부르심이겠지요. 희생이라는 큰 산을 혼자 넘어가 버렸어요. 이제 당신 오시면 같이 가봐요. 1976년 3월 15일에 싹튼 작은 새싹이 16일 바람처럼 사라져버린 순간.
나에게 가장 큰 보람은 당신의 건강, 그것 밖에 없어요.
머잖아 오시겠군요. 복되게 생활하세요. 안녕.

1976년 4월 8일 선미올림.

선미 글.
1976년 4월 15일

그리운 당신께.
바쁜 중에서도 한가함이 깃드는 목요일 오후입니다.
내일은 16일 학교에서 소풍가는 날이라 평일과는 달리 1시간 일찍 끝내고 선생님들도 일찍 퇴근한 날입니다. 혼자 교실에 남아 봄 경치를 바라보다가 당신께 글월 올립니다.

18일은 길남이 시집가는 날입니다.
예전에 말씀드렸던 충남 어딘가의 고등학교 교사인 그 사람에게 가게 됩니다. 나와 같은 처지가 될 거라 생각하니 길남이가 불쌍하다는 생각이 들어요.
어떤 남자들은 그렇다 하더군요. 멀리 떨어져 있으면 아무도 모를 테니까. 술집에 자주 드나들고 또 바람도 피운다지요. 어제저녁에 우연히 이 선생님과 이런저런 이야기 나누다가 당신의 이야기가 나왔습니다. 어쩌면, 하는 무서운 생각도 들었지만 애써 지웠습니다. 운명의 장난. 너무나 거창하게 나오는군요.

이곳으로 온다는 당신의 언약은 물거품이 되었습니까. 왜 한마디 말씀이 없으십니까.
1년이든, 10년이든 기다리라 하시면 기다리겠지만 사는 것이 사는 것 같지 않고 존재의 무가치함만 더해 가는 나의 마음은 갈 곳을 몰라 헤매고 있습니다. 일요일 일직이 연달아 걸려 광주 나가시는 이 선생님께서 집에 전화를 부탁드렸습니다. 그랬더니 아가씨가 받으면서 어머님께서 내가 보고싶다고 그러시더라구요. 그 말씀을 듣고 가슴이 뭉클했습니다. 나의 위치를 망각한 나의 생각이 정말 죄송한 마음이 들었습니다.

기다림에 지친 생활 속에서 어머님의 따뜻한 말 한마디가 저의 마음에 훈풍을 돌게 해주는 고마운 손길과 같았습니다. 당신의 얼굴마저 잊어버릴 정도 세월이 흐른 것 같습니다.
나의 마음에 자리 잡고 계시는 당신! 언제 오시렵니까.
우리의 나아갈 긴 행로에 불운은 영원히 없게 해 달라고 빌겠습니다. 만약 운명의 신이 다시 우리를 실험할 때는 그것을 극복할 수 있는 강인한 힘을 주십사하고 빌 것입니다.
이 선생님도 5월에 결혼하실 것 같아요. 모두가 나처럼 우리들의 어머니들처럼 시집을 가고 결혼 생활하고 아내의 길을 걸어가는군요. 끝없이 푸른 바닷가에 가서 먼 수평선을 바라보며 나 자신을 한 번쯤 깊이 생각할 시간을 가지고 싶습니다. 닫힌 생활, 적막한 이 삶에서 내가 과연 어떤 자세로 살아야 이 난관을 극복할 수 있을는지.
막막함이 깃드는 공허한 세상에서 탈피하고 싶습니다. 바다를 보며 백사장을 거닐다 보면 해결 방법이 떠오르지 않겠습니까.

동희씨 결혼식엔 아무도 참석하지 않았답니다. 그분이 당신께 연락하셨는지 궁금합니다. 미안하게 생각하지만, 이제는 어쩔 수 없는 일이 되고 말았군요. 사랑하는 당신! 우리의 긴 만남은 언제쯤 가능할까요. 어쩌면 먼 미래의 시간엔 지금 이러한 상황조차도 아름다운 추억으로 남게 되겠지요. 당신은 나이고 나는 곧 당신입니다. 몸조심하시기 바랍니다.
항상 즐거운 마음으로 건강하게 지내기 바랄게요.
오시는 날짜를 정확하게 알려 주세요.

                1976년 4월 15일 당신의 사랑 선미 드림.

선미 글.
1976년 4월 26일

어제저녁 꿈이 유난히 뒤숭숭했습니다.
애타게 기다리던 편지도 오지 않아 아예 기대하지 않고 살겠다고 독한 다짐을 했습니다.
월요일 아침을 학교에서 지내던 중 후배 선생님으로부터 편지가 왔다는 기별을 듣고 꿈에서 깨어난 사람처럼 마음조이며 편지를 뜯었습니다.

3월 18일 부치신 편지가 이제야 제 손에 닿았습니다.
한 줄 할 줄 읽어 가는 내 가슴이 떨리기 시작했습니다. 한 갓 미물도 제짝을 찾아 도란도란 정답게 살아가는데 나만 이런 잔인한 고독에 떨며 혼자 쓸쓸히 살아야 합니까.
이곳에 오실 날만 손꼽아 기다렸는데 오시지 못한다니.
정말 너무 잔인하십니다.
오늘은 수업도 하는 둥 마는 둥 이 선생님과 같이 울며 위로를 받았습니다. 나의 마음을 누구보다도 잘 알아주는 정말 고마운 이 선생님. 전화를 넣고 11시까지 학교 숙직실에서 기다렸건만 결국 전화를 받지 못하고 되돌아 왔습니다.
어디 가셨습니까. 정말 이제는 못 살 것 같습니다. 깊이 고민한 내용입니다.
결론은 학교를 그만두는 일, 그 일만 남은 것 같습니다. 하루를 살다 죽어도 사는 것처럼 살다가 죽겠습니다, 더는 참지 못하겠습니다. 허락해 주십시오. 이 말씀을 드리려고 오늘 밤 전화 신청을 한 것입니다.

둘이서 절약만 하면 얼마든지 살아갈 수 있을 것입니다. 6월 중순 경에 깨끗이 사표내겠습니다. 제가 우리 집안을 위해서 아무런 보탬이 되는 것 없이 그만둔다고 생각하니 어머님께 볼 면목이 없지만 언젠가는 이해해 주실 것입니다. 내 생각이 옳다고 찬성해 주십시오.
그리운 당신!
제발 어머님께 잘 말씀드려 주세요.
토요일에 오신다면 5시 금란에서 지난달처럼 당신을 기다려 보겠습니다.
더 희망찬 미래가 당신과 나를 위해서 밝혀 줄 거라 믿고 기다리겠습니다. 5시 금란.
그날까지 건강에 유의하세요. 안녕.

4월 26일 12:10분 당신의 선미 드림

선미 글.
1976년 5월 7일

나의 당신께.
전화하셨다는 말을 듣고 참 서운했습니다. 오늘은 다른 날짜와는 달리 어버이날 행사가 끝나자마자 피곤한 몸을 이끌고 집에 들어왔는데, 30분만 일찍 들어왔어도 내가 받을 수 있었을 텐데. 참 섭섭하셨겠군요.

이 주에 오실 거라 생각하며 기다렸는데 아마 못 오신다는 전화였겠죠. 업무 때문에 꿈쩍도 할 수 없는 군대, 아무리 미워해 봐도 대항할 수 없는 힘이기에 차라리 기대나 가져보려 하지만 얄밉기만 하군요.

나는 그곳으로 가신 후 시간적 여유도 많이 생겨 집에 자주 오실 수 있을 거라 생각하며 정말로 좋아했는데 그것도 허무한 꿈이었던 것 같습니다.
늘 그렇지만 요즘들어 더욱 사는 일이 재미가 없는 것 같습니다. 그저 책임을 다하기 위해 고단한 몸을 이끌고 학교에 갔다 오면 지쳐 쓰러져 자고.
언제쯤 이런 시시한 생활이 끝나려는지. 당신까지 가까운 곳에 계시지 않고 소식도 뜸하시니 사는 보람이 하나도 없어집니다.

온종일 집을 지키며 TV나 감상하렵니다. 제법 이제 아랫배가 불룩해져서 스타일은 형편없지만 툭툭 치고 노는 태동을 느끼게 합니다. 신기하고 고귀한 내 뱃속의 생명. 나와 연결된 작은 생명체가 더욱 애틋할 따름입니다.

제대하시면 곧바로 인턴에 들어가셔야 함을 누구보다 당신께서 잘 아실 것입니다. 헛되게 시간은 안 쓰시리라 여깁니다만 아내의 도리로서 위로와 용기를 드리고자 합니다. 부디 열심히 공부하시기를 바랍니다.

그 하숙집에는 전화 없습니까? 아마 없는가 보군요. 있다는 말씀이 없으신 것으로 보아.
힘겨운 나날 언제쯤 끝나려는지 하루하루가 여삼추 같습니다. 내년이 까마득합니다.

몸 건강하시고, 군대 생활 더욱 충실히 하시기 바랍니다.

1976년 5월 7일 선미 드림.

선미 글
1976년 5월 25일

나의 임이시여!
개구리 울음소리만, 저무는 오월을 장식하는 고요한 밤입니다.
침묵만 가득한 이 밤, 당신께서는 무엇을 하고 있는지요. 더욱 그리운 밤입니다.

이젠 당신께서 어느 곳을 가시든지 마음 편히 생각하며 즐겁게 살 수 있을 것 같습니다. 이 모두가 당신의 깊은 사랑의 힘, 그리고 주님께서 우리들의 사랑을 지켜주시는 덕분이라고 굳게 믿습니다. 돌이켜보면 한탄하고 원망하고 괴로워했던 날들이 모두가 꿈만 같습니다. 이제는 희망찬 미래만 있을 뿐 그날들의 모진 고통이 오늘의 희망을 잉태한 배경이 아니었나 돌아봅니다.

6월 중순부터는 다시 집에서 다닐까 합니다. 이 선생님도 계시지 않는 이곳이 너무 적적할 것 같아 두렵기까지 합니다. 이젠 1년만 참으면 당신과 진정한 삶을 살 수 있으리라는 기대로 참고 견디겠습니다. 이번 여름 방학 강습이 시작된다면 주저 없이 받겠습니다. 이 모든 것들이 우리의 행복을 위한 준비 과정이라 여기고 달게 감내하겠습니다. 못 다한 말들 편지로나 위로하며 살겠습니다. 오늘은 여기까지만 쓰겠습니다.

1976년 5월 27일
보내 드린 책은 잘 받아 보셨는지요.
당신의 편지를 읽고 얼마나 즐거웠는지. 지금 편지를 쓰는 순간에도 당신의 글을 유심히 읽고 또 읽어봅니다. 현재 상태에서 가장 큰 행복이란 당신의 편지를 읽는 시간입니다.

오늘은 학교에서 자그마한 나의 실수로 교감 선생님께 꾸지람을 들었습니다. 부족함이 많고, 모자람이 많은 나 자신이 저지른 일이지만, 어쩐지 서글퍼지더군요. 그래서 아무도 없는 교실로 들어와 당신을 생각하며 펑펑 울었습니다. 절대 남을 원망하지 않겠습니다. 다만 당신이 보고 싶어 못 견딜 것 같아 서러운 마음 주체할 길이 없더군요.

나도 어떤 목적이 있어 그랬고 아이는 아이대로 교사의 말에 순응하기 위해서였고 교감 선생님은 또 그 나름대로 학교의 규율을 잡으시려고 그랬지만 꾸지람을 듣는 기분은 결코, 좋지만은 않았습니다. 하지만 가볍게 툭툭 털겠습니다.

옮겼다는 곳을 지도를 아무리 뒤져도 찾을 수 없길래 아주 전방으로 가신 줄 알고 놀랐습니다. 다행히 그 전보다는 후방이라 하니 안심됩니다. 춘천에서의 거리는 얼마나(차 시간) 되는지요.
이 선생님이 그러십니다. 만약 결혼식과 농번기가 겹치면 날 비행기로 보내준다고. 어떠한 일이 있어도 꼭 가겠습니다. 당신께서도 그러신다니 정말 고맙군요. 이젠 당신의 그 마음만 있어도 행복하고 따뜻합니다. 얼마든지 참겠습니다. 오늘의 이 고독, 허전함 모두 잊도록 하겠습니다.

50만 원짜리 계를 끝 번호쯤 해서 하나 들었습니다. 친정에서 하는데 7월부터 시작한다고 하더군요. 당신께서도 찬성해 주시리라 믿습니다. 절약해서 돈을 모아야 가까운 날 당신의 개업을 도울 수 있기 때문입니다. 정신을 바짝 차려야겠습니다. 당신께서도 적금을 많이 하신다니 안심됩니다. 전번에 말씀하신 대로 저금을 하시는지요. 만약 하시지 않는다면 이제부터라도 하세요. 저축하는 습관이 성공의 지름길인 것 같습니다.

이번 6월에는 빚을 100,000원 갚아야 합니다. 그래야만 7월부터 곗돈을 넣을 수 있을 것 같습니다. 그러니 사랑하는 당신 부담되겠지만, 꼭 3만원 만 부쳐주세요. 기다리겠습니다.

개업하기 위해서 군에 있을 때 좋은 의료 기구를 싼값으로 구입할 수 있다는 말을 들었는데, 그런 것도 한 번 알아봐 두시기 바랍니다. 당신이 어련히 알아서 하시겠습니까만 한발 먼저 결승점에 도달하기 위해서라면 내 한 몸 아끼지 않고 몽땅 바치겠습니다.
미래에 갖게 될 우리 아이들을 위해서라도 넓은 도량과 지혜를 가진 여인이 되도록 노력하겠습니다.

언제부터인가 나는 당신이라고 편지에 쓰고 또 썼습니다. 그러나 정녕 큰맘 먹고 오늘은 한 번 불러보려고 하면 어느덧 당신과 나는 헤어져야 하는 시련을 맛보는 것이 연속이었습니다. 당신과 여보(?) 불러보고 또 불러보고 싶은 말입니다만, 틀림없이 다음에 만나도 결국 못 부르게 될 것 같군요.
밤이 깊어집니다. 비록 몸은 떨어져 있지만, 가슴에서 당신의 숨결을 느끼고 있습니다. 별들만이 초롱한 이 밤 당신의 행운과 우리들의 사랑이 영원하기를 주님께 깊이 깊이 바라며 기도드리겠습니다. 그럼 이밤도 안녕.

      1976년 5월 21일 당신의 사랑 선미 드림

선미 글.
76년 5월 22일

당신께, 어제 토요일 원주에 가려고 했습니다만 당신께서 놀러가라는 말씀에 힘입어 여행하기로 마음먹었습니다. 화, 수요일 연휴이므로 오라는 말만 하셨어도 모든 것 단념하고 원주로 가려 했는데 할 수 없이 내키지 않는 걸음합니다.
원주는 6월 4일 일찍 출발하겠습니다. 필요한 것 있으면 미리 연락 주시기 바랍니다. 아직 짐은 옮기지 않으셨겠지요. 옮기신다면 빨리 연락 주시기 바라며 전화가 있는 집을 택하시기 바랍니다. 오늘은 별로 유쾌한 기분이 아니군요. 당신도 마찬가지겠지요. 염동균이 힘없이 저버렸으니.
보내 드린 돈은 잘 받으셨겠지요. 공부는 계속 열심히 하고 계시는지요. 오늘 해거름 때 쯤 시숙님께서 다녀가셨습니다. 고혈압 때문에 걸음을 잘 못 걸으시고 말씀조차 부자연스러워진 모습이 몹시 안타깝더군요. 아직 정정한 나이에 건강을 잃은 모습이 몹시 측은해 보였습니다. 여러 가지 원인이 있겠지만 은정이 엄마는 술 때문에 저렇게 된 것이라고 진단하더군요. 두렵습니다. 당신 정말 건강 조심하시고 별로 못하시는 술이지만 절제를 잘하실 것을 당부드립니다.
사랑하는 당신과 나, 우리는 내일의 꿈이 있습니다. 당신은 전문의에 의학박사님, 난 박사 사모님. 멋진 자가용에 귀여운 아이들 태우고 콧노래 부르며 생활하는 그날이 훤히 보이는 것 같습니다. 존경하는 당신. 당신은 나의 빛이며 희망입니다. 항상 당신의 아내 얼굴에 웃음 꽃 피게 만들어 주시지 않겠습니까.
안녕

5월 22일 선미 드림

선미 글
1976년 7월 1일

사랑하는 당신
정말 떠나기가 싫더군요.
나의 마음을 아시면서 모르는 채 하는 당신이 얄미워 그곳에 머물러 버릴까 하다 에이 참자 하고 떠나왔습니다. 너무나 고생하시는 당신 생각만 해도 마음이 저려옵니다. 하루종일 군무에 시달리시고 수면 방해마저 받아야 하는 당신의 처지를 생각만 해도 안스러워집니다.
무사히 도착했어요.
학교에 오자말자 나는 7월 6일부터 강습 관계로 통신표까지 다해 놓고 가야 해서 정신없이 일을 처리하고 있습니다. 내일까지는 모든 것을 마무리 지어야 다음 과정이 순조로울 듯합니다.
정말 눈코 뜰 사이 없이 바쁜 날들의 연속입니다. 오늘이 7월 1일 언제나 세월이 지나 당신을 만나는 날이 속히 왔으면 합니다. 아침에 꿀은 잘 드시는지요. 담배 주의하시고 술도 과음하면 절대 해로우니 조심하시기 바랍니다.
어머님께도 말씀드렸어요. 담배도 이젠 안 피운다고요. 아주 좋아하시더군요.
사랑하는 당신!
그곳을 떠나온 지는 얼마 안 되었지만 까마득한 옛날에 만난 것처럼 몹시 그립군요. 빨리 또 만날 수 있으면 얼마나 행복할까요. 참말 나는 당신을 너무너무 좋아하나 봐요. 당신은 어떠세요. 석남이라고 자처하셨는데 당신의 본심을 누구보다도 제가 더 잘 알아요. 마음속으로는 날 무지무지 좋아한다는 것.
아이 행복해.

지금 나 있는 곳은 사평이예요. 강습가기 전까지는 할 일도 많고 해서 이곳에서 지냅니다. 어제는 사평에 사는 정선생님 집에서 저녁내 이야기 나누며 밤을 새웠답니다. 이곳은 정말 매력 있는 곳이예요. 그 선생님께서 당신의 첫인상을 잊지 못하겠다고 하시더군요. 언제 당신을 보았는지 아세요? 오래전 교육청으로 양호일 때문에 출장 갔을 때 당신께서 날 찾아오셨던 그때 학교에서 막 나오신 분이 정선생이예요. 당신께서 물어보셨다면서요. 내가 어디 있느냐….

결국, 그날 저녁 우린 만났었죠.

너무 멋있는 당신과 나의 옛 추억이 되었던 그때는 그때대로 당신이 두려우면서도 좋았었죠. 난 진정 행복한 여인이예요. 사랑하는 당신께서 다른 사람한테는 냉정하게 대하셔도 나에게만큼은 늘 따뜻하게 대해주세요. 당신의 성격을 번연히 알면서도 어떨 때는 주체할 수 없는 설움에 혼자 울곤 한답니다. 나에게는 오직 당신 한 분밖에 없어요. 내 목숨보다도 더 소중한 당신이신데 성실하게 살아가는 당신 곁에서 사랑과 믿음으로 서로를 감싸며 행복하게 살아가고 싶어요.

오늘 내일의 이별쯤은 잘 참을 거예요. 내년 5월은 정말 우리가 한 지붕 아래에서 생활할 수 있기를 바라고 또 바랍니다. 그리운 당신! 당신은 과연 하루에 몇 번씩 이 선미를 생각하십니까. 궁금합니다. 다음 답장때는 꼭 알려 주세요. 몸 건강하시고 빠른 시일내로 집으로 편지해 주세요. 바쁘고 바쁜 줄 알지만 편지 자주해 주세요. 안녕 당신의 선미가.

1976년 7월 1일

선미 글.
976년 7월 30일

여보 떠나시는 당신께 어처구니없이 무거운 마음을 안겨 주었습니다. 왜 내가 그랬을까 돌아보고 후회하는 시간입니다. 떠나시는 남편의 마음을 그렇게 상하게 했으니.
당신께서 다치실까 너무너무 사랑스러워 귀한 보석처럼 꼭꼭 모셔두고자 하는 마음이 지나쳐서 그만 기분을 상하게 한 것 같습니다.
전날 형균씨 부부를 만났지요. 미쳐버릴 정도로 부러워 보이더군요. 난 왜 그럴 수가 없을까. 제 편리한 대로만 생각했습니다. 우리의 처지는 완전히 묵살하고 죽더라도 당신 곁에 있고 싶다는 생각이 점점 강해졌습니다. 게다가 임신까지 한 그녀가 그렇게 부러울 수가 없었어요.
아이를 기다리고 기다렸는데 무참히도 닷새 뒤에 생리가 비치는 바람에 너무나 실망이 컸습니다. 당신이 곁에 계시지 않기에 아이를 애타게 기다리고 있는 건지.
소원이 있습니다. 첫 번째는 당신과 함께 사는 것이고, 두 번째는 아이를 갖는 것입니다. 방학 때 가서 계속 함께 살면 아이가 생길 것이라 여깁니다. 강습도 걸리지만, 그 무엇보다도 우리 두 사람이 함께 움직이고 함께 먹고 자면서 돈독한 부부애를 나눴으면 하는 것이 저의 가장 큰 소원입니다.

나는 당신을 행복하게 해 드릴 자신이 있습니다. 당신은 나를 행복하게 해 줄 자신이 어느 정도 있는지요. 행복은 아주 작은 일에서부터 시작된다고 합니다. 당신과 나, 서로 믿고 끝까지 사랑하는 것이 행복의 시작이자 끝인 거죠. 당신께서 전문의 따시는 날까지 이젠 정말 당신 마음 상하지 않도록 하면서 철저히 내조하렵니다. 마음 좁거나 시기나 질투를 하는 여자 따위는 되지 않을 것입니다. 훌륭한 여인이 되도록 노력하겠습니다.

14일 날 웬만하면 가겠습니다. 그러나 변수가 있을 수도 있습니다. 시험이 시작되니까 말예요.
그러나 가야겠다고 결심되면 가차 없이 출발하겠습니다. 잠 편히 주무세요. 편지(?) 알아서 하세요. 한 번 헤아려 보렵니다. 건강에 유의하시고 만날 때까지 안녕.

7월 30일 당신의 아내

선미 글.
1976년 7월 21일

여보!
정말로 오랜만입니다.
오늘 이런 즐거움이 있으려고 어제저녁 꿈속에서 당신을 뵈었나 봅니다.
내가 머리를 감고 있는데 머릿속에서 빨간 피가 줄줄 흐르지 않겠어요. 어쩔 줄 몰라 당황하고 있는데 당신께서 나의 머리를 손으로 받쳐주면서 치료해 주는 꿈이었어요.
어찌나 황홀했던지….

오늘 학교에서 오르간 레슨이 있었는데 교수님께서 내가 끝까지 다 쳐내니까 수를 주시면서 칭찬을 크게 해 주셨어요. 즐거움이 겹친 날이었어요. 게다가 당신의 편지까지 받았으니.
오늘의 이 행운을 결코 잊을 수 없을 것 같습니다.

날마다 당신 꿈만 꾸었으면 합니다. 매일 계속되는 강습은 힘들지만, 최선을 다해 노력하고 있습니다. 욕심이 많고 지기 싫어하는 내 성미인지라 강하게 극복하고 열심히 공부해서 수석을 놓치지 않을 생각으로 강습을 받고 있습니다. 과목 수가 무려 25과목입니다. 다행히 중학교 때 육상을 가르쳐 주셨던 체육 선생님이 교수님이 되어가지고 강의를 맡으셨어요. 얼마나 반가웠는지 몰라요.
오늘처럼 생각지도 않은 편지를 받게 되면 기다렸다가 못 받을 때와는 전혀 다른 행운에 도취 되어 어쩔 줄 몰라 하는 저 자신을 보고 피식 웃음이 나옵니다. 자주 편지를 못 하시는 당신의 형편을 누구보다 잘 알면서 늘 목 빼고 당신에게서 올 소식을 기다리는 저 자신이 처량할 때가 더러 있어요.

당신 잘 판단하셔서 언제든지 오세요. 9월에 오셔도 좋고 내년에 오셔도 좋아요. 다만 건강만 잘 지키시고 당신이 목표로 하는 의사로서의 최고의 자리에 오르시는 일만큼은 성실히 달성해 주신다면 저는 언제까지나 여기서 기다릴 수 있습니다. 건강에 항상 유의하시고 꿀 계속 잘 드시기 바랍니다. 규칙적으로. 당신을 진정으로 아끼고 사랑하는 사람은 이 세상에서 어머니와 당신의 아내, 저뿐임을 잊지 마세요.
경솔한 말을 많이 쏟아 냈군요.
행인지, 불행인지 며칠 늦던 생리가 기어이 비치고 말았습니다. 섭섭하고 허전했지만 아직은 자격 미달이라고 여기는 신의 뜻을 겸허히 받들어 받아들이고 있습니다. 안녕히 계세요.

      1976년 7월 21일 당신의 선미로부터.

선미 글.
1976년 8월 2일

사랑하는 당신께.
빠뜨리고 가셨던 신분증을 보내드립니다.
무사히 도착하시어 군무에 충실하시겠지요.
안정된 생활속에서 찌는 듯한 더위도 아랑곳없이 공부를 열심히 하고 있습니다. 이 모든 결실도 당신의 뜨거운 조언과 사랑 덕분인가 합니다.
오늘은 칠월 칠석. 견우와 직녀가 1년 만에 만나는 뜻깊은 날. 정말 그 옛날 전설이 맞는가 봅니다. 대강 이야기를 풀어보자면, 옛날도 아주 옛날 견우라는 소를 모는 목동과 직녀라는 실 잣는 처녀가 서로 사랑을 하였더랍니다. 이에 옥황상제님께서 두 사람을 아주 멀리 떨어져 보내 거리로서는 지구에서 태양보다도 더 먼 곳에 견우성과 직녀성을 만들어 버렸습니다.
조금의 아량을 베풀어 1년에 단 한 번 칠월 칠석날 두 사람의 만남을 허락했습니다.
그래서 해마다 음력 7월 7일이 되면 견우와 직녀는 만나고 헤어질 때 그 이별이 너무나 서럽고 안타까워 흘린 눈물이 빗물이 되어 지상에 내리곤 한다는 전설입니다.
그런 오늘 약간의 비가 왔어요. 그런 견우직녀에 비해 나는 얼마나 행복한 여인인가 모르겠습니다.
별일 없으셔요? 무척이나 무더운 날씨입니다. 건강에 유의하시고 즐거운 마음으로 군무에 충실하시기 바랍니다.   안녕

1976년 8월 2일 당신의 아내 선미 드림.

선미 글.
1976년 9월 3일

흐르는 세월따라
권위와 자학 속에 방황하는 한 무리의 벌떼를 보라.
가슴과 가슴을 밀착시키는 비탈길의 오동잎은 누구의 원죄 속에 흐느껴야만 하는가.
힘없는 나래 접고 후줄근한 빗방울을 함초롬히 받고있는 나약한 후손들은 과연 어떤 원대한 희망 속에서 꾀죄죄한 눈망울을 요리조리 굴리며 하늘을 응시한다는 말인가.

모두가 꿈이다.
허로다, 무로다.
껄껄거리며 웃는 찻질 옆의 해바라기는 태양을 닮아 동그랗단다.
아이야, 끼끗한 쟁반 위에 올려놓은 빠알간 홍시 한 개 무엇 때문에 기다림의 시선을 주고 있는지.
그렇다. 너의 목적 있는 행동은 꿈을 쫓는 일이로다. 부질없다. 모두 귀하지 않는 일이로다. 망각하며 살 일이다. 초로의 인생 그렇게 숨 쉬는 것이다. 아예 모든 것 잊으며 웃는 것이다.

한 줄기 지나가는 비인 줄 알았습니다.
한데 계속 내리고 있네요. 모처럼의 소풍은 찡그린 구름 속에 날려 보내고 다시 새로운 계획 속에 하루가 넘어가려 합니다.
들려오는 건 처진 빗소리에 몇몇 아이들의 물 젖은 목소리 꿍당꿍당 두드리는 피아노 소리 그리고 새장 속에 졸고 있는 외로운 새 한 마리.

참 고요한 오후입니다.

아무런 부담 없이 나의 세계 속에서 아무도 없는 숲속의 여왕처럼 한가로움에 충만된 시간을 보내고 있습니다. 까마득한 옛날의 우리들의 결혼식이 있었던 것도 떠올려봅니다. 망각 속에 묻히다 보니 아예 늙어버린 고목이라도 되어버린 것 같습니다. 그리움도 기다림도 없이 그저 그렇게 안으로만 일렁이는 마음을 소멸시키며 아무 생각 없이 사는 인생.

두 번이나 전화하셨다지요.
야전잠바 부쳤습니다.
이제 용건이 없으시니 하실 필요가 없으시겠죠. 그리고 하실 말씀 없으니까 편지도 안 하실 작정이시겠죠. 혼인신고는 월요일 동구청에 제출합니다. 될 수 있는 대로 빨리하려 했는데 워낙 시간이 없어 늦었으니 이해바랍니다. 연수씨 18일, 형군씨 24일 날 받았습니다. 잘 알아서 하세요. 이제 저도 11월부터는 사평에 있으렵니다. 어느 정도 가족의 성격도 파악했고 친숙해졌으니 그리하는 게 나을 것 같습니다. 야전잠바를 진즉 보내드리지 않아 죄송합니다.
그럼 몸 건강하시기 바랍니다.

선미 올림.

선미 글.
1976년 9월 9일

한가지 자랑할 게 있어요.
요즈음 학교에서 바이올린 하느라고 정신이 하나도 없군요.
아직은 기초 단계로 활 쓰는 요령을 습득하는 단계지만 이제 조금만 있으면 쉬운 노래도 할 수 있어요. 처음엔 학교생활이 여간 딱딱하고 어색했는데 시간을 보람있게 지내고 있는 지금은 생활이 몹시 부드럽고 활기에 넘치는 것 같아요. 아침에는 매일 8시부터 1시간 주산을 배울 계획을 합니다. 이번 강습을 받으면서 느낀 것이지만 조금만 노력하면 어떤 어려운 공부도 할 수 있다는 자신감을 배웠어요. 밤에는 영어 단어공부.
그동안 아까운 시간을 허투루 많이 보냈다고 여기니 참 아까운 생각이 듭니다. 그리하여 당신과 마주했을 때 하나도 뒤지지 않는 똑똑한 아내가 되겠어요. 오늘은 새로 오신 교장 선생님 환영 파티가 있었어요. 과묵하시면서도 어딘가 매력이 넘치는 분이었어요. 한 가지 우스운 일은 교장 선생님께서 아주 멋있는 노래를 부르자 한구석에 있던 한 여 선생이 '자기 멋있어' 라고 웃기는 통에 얼마나 웃었는지 몰라요.
역시 당신 말대로 사표 안내길 잘했다는 생각이 오늘 처음 들더군요. 쓸쓸함도 극복하고 회식도 하고 하루하루 알차게 보낼 수 있으니 다행한 일이예요. 두 번째 편지도 잘 받았습니다. 나 편지 이제 기다리지 않아요. 건강히 계시기만 하면 대만족이예요. 부담 느끼지 마시고 열심히 근무에 임하시기 바랍니다. 그럼 안녕히 계세요.

1976년 9월 3일 선미 올림.

선미 글.
1976년 10월 5일

여보!
항상 내가 느끼는 무거운 발걸음이지만 그런대로 또 만날 수 있다는 기대감으로 잘 도착했습니다. 서울에서 어머님 스웨터 하나 사고 담배 1보루와 당신께서 주신 영양제와 설탕 등을 드렸더니 아주 좋아하시더군요. 역시 선물이란 좋은 것 같더군요.
우리 학교 농번기를 18, 19, 20(일요일까지 포함해서 나흘)까지 합니다. 당신의 훈련 기간과 겹쳐질 것 같아 이번에는 9일 날 또 가겠습니다. 10일, 일요일에 내려오겠어요. 갈수만 있다면 시간만 허락하면 언제든지 가겠습니다. 다행히 학교에서는 별일 없었어요. 학교에서 내가 오지 않으면 강원도 갔는 줄 다 알고 계세요. 교감 선생님께서 그러시더군요. 뽀뽀 많이 하고 왔느냐고요. 언제나 부끄럽고 창피한 순간이기도 해요.
당신의 편지 잘 받았어요.
이번에는 올라갈 때 집에 말씀 안 드리고 가는 것이 좋을 것 같지요? 그렇지 않나요?
또 어머니께서 한 말씀하시면 기분이 흐려지니까요. 당신은 행복한 사람이예요. 세상에 둘도 없는 선미를 만났으니까.
한 가지 슬픈 소식 전할 것 있어요.
나를 가장 따르는 그 예쁜 강아지가 죽었어요. 아마 쥐약을 주워 먹었나 봐요. 수업 시작이예요.
며칠만 있으면 다시 만날테니까.   안녕

1976년 10월 5일 당신의 선미 드림.

선미 글.
1976년 10월 9일

여보
가려고 며칠 전까지만 해도 단단히 결심했었는데 오늘이 가까워지니 시간 제약과 돈 때문에 단념하고 말았습니다. 돈이고 뭐고 생각 없이 가려면 갈 수 있으나 그렇게 되면 또 빚이 되고 우리가 떨어져 있는 이유가 하나도 없기에 마음을 고치기로 했습니다.

우리는 빈털터리입니다.
원점에서 시작하는 우리의 인생, 이제 첫 출발을 서로 먼 곳에서 안타까워하면서 조금이라도 저축을 하는 것이 안정된 생활을 앞당길 수 있는 방법이라고 판단합니다. 결혼한 지 1년 동안 당신은 무얼 하셨으며, 나는 또 무엇을 했는지 가만히 반성해봅니다.
난 1년 동안 겨우 20만원 정도 벌려고 그 아까운 인생의 황금기인 신혼생활을 무참히 빼앗기고 말았습니다. 신혼이란 결혼한 부부가 인생의 아주 짧은 시간 중 단 몇 년간을 살을 맞대고 사는 것인데 그 즐거움을 놓치고 있는 것이 아닌가 하는 아쉬움이 있습니다.
울기도 하고, 당신께 매달리기도 하면서 가까이 있으려고 노력을 해보았지만 결국은 이렇게 떨어져 있는 것을 받아들이는 우리의 현실입니다.

당신 역시 군대 생활로 고달픈 여건인지라 투정이나 불만을 일일이 털어놓을 수 없는 형편도 잘 알고 있습니다만, 당신은 그저 낭비만 하고 7월부터 겨우 정신을 차리신 듯합니다.

어떤 사람의 말을 들으니 나처럼 그렇게 물렁물렁하면 살기가 힘들다고 조언합니다. 결혼 초부터 당신께서 나에게 당연히 얼마만큼의 돈을 주셨어야 했습니다. 물론 당신의 사정 나보다 더 잘 아는 사람은 아무도 없을 거예요. 난 당신의 아내예요. 우리가 이렇게 떨어져 사는 이유가 무엇입니까.
 어떤 사람이 그러는군요. 아기 몇 있고 중년이 되었어도 선생이라는 직업을 가지려고 애를 쓰는데 이제 겨우 어린 사람이 그걸 못 참아 사직을 하려 하느냐고.

기막힌 소리 그만하라고 했습니다. 이 젊음이 지나가 버리고 나면 다시는 이런 날이 찾아오겠습니까. 인생의 참뜻이 무엇입니까. 마음에 꼭 맞는 사람, 사랑하는 사람과 한평생을 오순도순 재미있게 사는 게 진정한 인생 아니겠습니까. 그래서 난 오늘도 진한 고독과 싸우고 이를 악물고 지냅니다. 내일의 행복을 위해서 말입니다. 우리 이렇게 가볍게 생각하고 하루를 지낼 것이 아니라, 큰 목표를 세워 그 목표에 부합되기 위해 오늘을 헛되이 보내지 않기로 합시다.
우리의 목표는 병원 개원입니다.
지금부터 제가 1차 계획을 말씀 드릴테니 수긍이 가시면 다음 만났을 때 완전히 합의를 보기로 합시다.
내년 당신께서 광주로 오시고(31세), 그 내년 봄 재대(32세). 제대 전에 공부 열심히 해서 제대 동시에 인턴 시험에 합격(지금부터 정말 공부 열심히 하셔요.) 그 뒤 5년 동안 또 열심히 하셔서 전문의 시험에 합격(36세) 그리고 2년 뒤(빠를수록 좋고) 개업(38세). 정말 어떤 일이 있어도 40세 전에는 개업을 해야겠습니다. 당신 개업할 때까지는 저는 계속 직장 생활을 하겠어요. 당신 공부하시도록 분위기 조성이랑 뒷바라지는 제가 열심히 할 작정입니다.
당신은 오직 공부만 하고 살림은 내가 똑소리 나게

잘할게요.(그러나 당신이 내년에 이곳으로 오지 않는다면 내년에 사표를 낼 생각입니다.) 이 목표를 달성하기 위해서는 서로의 노력과 협조가 필요합니다. 그래서 이제부터는 정신을 차리고 돈을 모아야겠어요.

현 상태에서라도 의무적으로 5,000원씩 보내주세요. 계나 텔레비전 불입금이 끝나면 그 돈이랑 같이 보내주세요. 그러면 내가 돈을 모을게요. 그래야만 되겠습니다. 나는.
당신은 나의 남편이시니 뭐 당연히 수긍하시고 이 좋은 계획에 동의하시리라 믿습니다.
술도 절대 과음하지 마세요. 담배도 해로우니 하루에 1개피 씩만 줄여도 좋겠습니다.
잔소리로 들리시나요.

큰 시누이님께서 그러시는데 당신이 이곳으로 오실 수 있도록 인사를 담당하는 어떤 사람을 아는데 직접적인 군의관 담당은 아니지만, 그분에게 당신을 소개해 주기로 부탁드렸습니다. 꼭 이곳으로 오도록 하느님께 두 손 모아 빌겠습니다.
당신의 답장을 기다리겠어요.

1976년 10월 9일 당신의 사랑 선미 드림

선미 글.
1976년 11월 4일

사랑하는 당신, 보내주신 편지 잘 받았습니다. 아무 일 없이 훈련이 끝났다니 무엇보다 다행한 일입니다.
보고 싶군요. 당신 계신 곳 언제 가려는지. '제발 세월아 날 좀 생각해 주렴' 하면서 예전에 당신께서 대구 훈련 시절 군모 속에 있는 달력에 하루 지나감을 표시하듯이 저도 그러고 있답니다. 얼마나 추우세요?
춘천에서 잠바 꼭 맞추시기 바랍니다. 추위에 시달리는 당신을 생각하면 눈물이 나온답니다. 방학이 되면 그곳에 가서 이제까지 못다 한 나의 정성을 다 쏟아 당신을 위하고 싶어요.
지금 생각해보니 이제까지 제대로 된 아내 노릇을 통 못한 것 같아 미안하고 부끄럽습니다. 우리가 서로 만나서 원도 한도 없는 시간을 여유롭게 보낸다면 당신만을 위한 노력으로 일생을 바칠 생각입니다. 이번 친구들 계에서 물건들을 하나씩 마련했는데 저는 책장(23,000원)을 했답니다. 13,000원은 회비에서 부담하고 10,000원은 내가 준비해야 합니다. 제 혼자 결정했지만 이해하시리라 믿습니다. 문학 서적이나 당신의 귀한 책들을 넣으면 아주 좋을 것 같아 택한 것이니 양해해 주세요. 당신께 보여드리고 싶어요. 내가 꾸민 우리들의 방을.
애꿎은 찬비가 계속 내리더니 저녁이 되자 멎었습니다. 소음도 모두 잠들고. 좋으면서도 외로운 밤입니다. 조금만 더 기다리면 즐거운 나날이 우리를 기다리겠지요.

당신의 손짓을 간절히 기다리면서 안녕.
1976년 11월 4일 선미 올림.

선미 글.
1976년 11월 22일

여보!
근 20여 일 넘도록 소식이 없으니 몹시 궁금하고 걱정이 됩니다. 가슴이 아파 오늘 새벽 눈을 뜨자마자 당신 생각에 젖습니다. 오후에는 김치 담그는 것을 돕고 있는데 홍병대 씨가 왔다 가셨습니다. 무척 반가워 까딱 실수했으면 눈물방울을 보일 뻔했습니다. 당신을 만난 것처럼 반갑더군요. 어머님께 제수씨 중매를 부탁한다고 신신당부하시며 빨리도 떠나버렸습니다. 정말 못 살겠군요. 참을성으로 견뎠던 인내심도 바닥이 나고 더 지탱하기 힘들 만큼 당신 없는 이 생활이 힘이 듭니다. 큰맘 먹고 올라가던지, 어떤 수를 내든지 해야 할 것 같아요.

전보를 치겠어요. 어머님 위독하시다고. 그러니 진짜 놀라지 말고 놀라신 척만 하시고(연대장님한테 핑계대고) 꼭 좀 내려오세요. 어머님도 당신 보고 싶으시다고 날마다 그러십니다. 나도 정말 보고 싶어요. 당신은 내가 보고 싶지 않으세요?
나에게 자유만 있다면 모든 것 내 던지고 당신 계신 곳으로 훨훨 날아가 버리면 얼마나 행복할까요. 이제 조금만 있으면 방학! 당신과의 신혼생활에 젖노라면 세상이 전부 내 것처럼 부러울 것도, 바랄 것도 없이 되겠지요.

 젖은 손이 애처로워 살며시 잡아 본 순간 거칠어진 손마디가 너무나도 안타까웠소. 시린 손끝에 뜨거운 정성 고이 접어 다져온 이 행복 여민 옷깃에 스미는 바람 땀방울로 씻어온 나날들 나는 다시 태어나도 당신만은 사랑하리다.

금방 라디오에서 흘러나온 하수영의 아내에게 바치는 노래, 당신은 아시나요? 참 은근하고 진실성이 있어 아내들이 제일 좋아하는 노래라네요. 그리운 나의 사랑! 집에 꼭 오시기 바랍니다. 기다립니다.

'내 사전엔 불가능이란 없다'라는 말처럼 어떤 어려운 일이 있어도 노력하면 안 되는 일이 없습니다. 추운 계절 감기 조심하시고 무사한 나날들 되시기 빌겠습니다.

　　　　　1976년 11월22일 당신의 선미 드림.

　　눈 오시는 날

　내 연인은 잠든지 오래다
　아마 한 천년쯤 전에…

　그는 어디에서 자고 있는지
　그 꿈의 빛 만을 나한테 보낸다

　분홍, 본홍, 연분홍, 분홍
　그 봄 꿈의 진달래꽃 빛깔들

　다홍, 다홍 또 느티나무 빛
　짙은 여름 꿈의 소리 나는 빛깔들

　그리고 인제는 눈이 오누나
　눈이 와서 내려 쌓이고

우리는 저마다 뿔뿔이 혼자인데

아 내곁에 누워 있는 여자여
네 손톱 속에 떠오르는 초생달에
내 연인의 꿈은 또 한 번 비친다.

-서정주-

선미 글
1977년 2월 3일

여보! 안녕하세요.
혼자 있는 즐거움 맘껏 즐기고 계시겠지만 당신의 아내는 허전함, 외로움 때문에 텅 비어 있는 삶을 살아가고 있습니다.
서울 도착하니 2시경 되었더군요. 표를 되물려 수이동으로 갔습니다. 아재를 만나 이야기를 했더니 아재가 직접 전화를 거셨습니다. 그 사람이 고향 사람으로 국방부 비서실에 있대요. 소령인데 집에 계셔서 이야기하는 데 방향이 이상하더군요. 지금은 전방 3년 마치고 제대해야 된다구요. 그런 것은 알지만 우리는 전방 2년 후방인데 그렇지 않대요. 거듭거듭 확인했어요. 군단 희망하면 군단으로는 해 줄 수 있나 봐요. 하도 갑갑해서 오늘(하룻밤 거기서 묵고) 아침에 나섰습니다. 다시 용담리로 가서 당신과 시원스럽게 이야기하고 싶지만, 몸을 생각해야 하므로 꾹 참고 광주로 향했어요.

짐을 들어서인지 당신한테 주사 맞은 오른쪽 팔 두 곳이 보름달만큼 퍼렇게 멍이 들었어요. 괜찮겠지요. 당신이 곁에 있으면 응석이라도 부리고 싶은 날이예요. 여보! 보고 싶어요. 용담리 떠나는 순간부터 당신이 그리웠어요. 내일은 길남이 집(서창)가서 더 자세한 것 알아보겠습니다. 아줌마는 오셨어요? 오셨으면 돈 7000원 주라고 하세요. 받고 충북 여인숙으로 옮기세요. 아무리 생각해도 당신 고생하실 걸 생각하니 걱정이 되는군요.

학교에도 약간의 문제가 발생했어요. 방학 중 근무일에 나 혼자 나오지 않아 학교가 발칵 뒤집혔나 봐요. 인내가 필요한 시간인 것 같습니다. 우주에서 가장 빛나고 멋진 착한 마음 가지신 분이라는 것 선미도 잘 알고 있어요. 당신 아기를 위해서라도 날 기쁘게 해 주세요. 오늘은 여기서 안녕.

1977년 2월 3일 밤에. 당신의 아내 드림.
ps. 다행히 멀미는 안 했어요.

선미 글
1977년 2월 16일

그리운 당신께.
예전과는 달리 어찌나 입덧이 심한지 참기 어렵습니다.
건강이 좋지 않아 소식을 드리는 것도 많이 힘들군요. 당신 곁에 있으면 괴로움도 즐거움으로 생각하겠지만 그럴 수 없는 자신이 퍽 외롭군요. 어머님께서는 정말 따뜻하게 대해주셔서 마음 깊이 부모의 정을 느끼게 됩니다.
사랑하는 당신!
어떠한 고통도 참겠습니다. 우리의 미래를 찬란히 피우기 위해 차가운 무서리도, 돌풍도 견뎌내겠습니다. 15일 오신다고 해놓고선 오시지 않는 당신.
다음부터는 더 이상 실망시키지 않으시길 바랍니다. 드릴 말이 많았는데 내키지 않는군요.

안녕. 1977년 2월 10일 선미 드림

선미 글.
1977년 3월 17일

어제 당신의 첫 편지를 아주 반갑게 받았습니다.
그곳으로 올라가신 후 아무런 소식이 없는 끝에 받은 편지가 더없이 반갑군요.
지난 일요일 전화를 거셨다니 깜짝 놀랐습니다. 언니가 아들을 낳아서 문병을 갔었는데 그만 놓치고 말았군요. 당신은 당신대로 나의 전보를 못 받아 보셨고, 난 나대로 전화하신 상황을 모른 채 불안한 나날을 보낸 것 같습니다.
보내주신 옷 정말 나에게 잘 어울려요. 내가 봐도 예쁜데 당신이 보심 얼마나 더 예쁠까요. 이젠 몸도 거의 회복되어 밥도 잘 먹고 잘 때도 힘들지 않게 되었어요. 몸무게는 4kg이나 빠졌더군요. 당신이 바라는 늘씬한 여자가 되었어요.
아랫배가 제법 볼록해져 가고 있습니다.
5학년 여자반을 맡았어요. 3일 동안 가정방문 기간이었는데, 학부모와 대화를 나누는 동안 결혼했다는 말이 자연스럽게 나와버렸는데, 모두 깜짝 놀라더니 임신했다는 말을 듣자 거의 기절할 정도로 놀라는 모습이었어요. 어쩜 꼭 처녀 같은데, 하고들 다 같이 웃었어요. 아이들 입방아에 웃었다가 얼굴을 붉히다가 하루가 어떻게 갔는지 모를 정도였어요.
그리고 학교에서 환영회라며 다과회를 했는데 다른 선생님들 모두 날 미스인 줄 알았다고 깜짝 놀라는 것 같더군요. 당신 보너스 타셨어요? 필요하신 돈만 남기고 나머지는 보내주세요. 정말 당신과 나의 새 생활 계획을 지켜나가기 위해 절약합시다. 학교로 보내주세요. 기다리겠습니다. 몸 건강하시고 안녕.

1977년 3월 17일

선미 글.
1977년 3월 25일

그리운 당신께.
보내주신 편지는 잘 받았습니다.
확실치는 않지만, 가슴은 희망으로 부풀었습니다. 서울에 계시는 친척 아내가 친정에 들리셨는데 나에게 전화하셨더군요. 연락을 줄줄 알았는데 연락이 없어서 전화하셨다고.
그러면서 그 소령한테 부탁했다고 하시더군요. 춘천으로 해달라고. 고맙더군요. 한데 당신께서는 광주를 원하는지, 춘천을 원하는지 궁금합니다. 아재 말씀이 3월에 이동이 있다는 것 같더군요. 그렇지 않을 테지요. 광주로 된다는 것이 가능하면 무슨 수를 써서라도 꼭 되도록 노력하시기 바랍니다.
4월 초에 이사를 한답니다. 지금 사는 집은 셋째 시누(은정이 엄마)가 살려는가 봐요. 나는 짐은 여기 두고 몸만 가야 할 것 같군요. 옮긴 학교는 아직 별다른 고충은 없습니다. 무사히 잘 보내고 있어요. 걱정하지 말고 당신은 이곳으로 올 수 있는 일에만 집중했으면 합니다.
어엿한 대위님이 탄생하겠군요.
그런다고 저에게 너무 폼 잡으시면 안됩니다.
이제 3월도 며칠만 있으면 끝이겠군요. 꽃피는 봄, 사월이 얼마 남지 않았습니다. 희망에 찬 봄, 만물이 소생하는 봄, 내가 좋아하는 봄, 봄이 오고 있어요.
즐거운 봄날 이룸지않는 여인은 얼마나 행복할까요. 건강하시고 하시는 일 소원성취 되길 웃으며 바랍니다. 당신을 사랑합니다.

1977년 3월 25일 선미 드림.

선미 글
1977년 3월 20일

의사자격증 번호 제 15780호

깜빡 잊고 적어드리지 못했습니다.
며칠 전 편지했는데 받아 보셨는지요.

오늘은 즐거운 일요일이지만
환경 정리 때문에 학교에 나가야 합니다.
하루쯤 푹 쉬면 피로가 풀릴 것 같은데

남광주 근처에 여인숙을 420만원 가격으로 집 계약하셨는가
봅니다.
걱정 없이 마음 편히 살날이 언제가 되려는지.

반가운 소식 기다리겠습니다.

1977년 3월 20일 당신의 아내 드림

선미 글
1977년 3월 29일

그리운 당신께.
어떤 선생님이 나에게 혹시 군에 계시는 분 있느냐고 묻더군요. 가슴이 확 달아올라 나도 모르게 고개를 끄덕이자 편지가 왔다는 거예요. 부리나케 뛰어가 보았더니 아니나 다를까 사랑하는 당신의 편지가 날 보고 웃더군요.
이곳으로 오시는 것이 어려우리라는 것 이미 짐작은 하면서도 막상 이런 결과가 나오니 몹시 실망감이 컸습니다. 집 이야기를 조금 하겠습니다. 전세금이 420만 원인데, 겨우 여기저기서 빌렸다고 합니다. 장소는 남광주 근처 방은 16개. 장소는 좋은 곳인지 어떤지 저는 잘 모르겠어요. 1년간 해보다가 안 되면 그만두고, 되면 계속하신다는 계획이세요.
지금의 저에겐 학교든 집이든 아무리 좋은 여건이 마련된다고 해도 당신이 없는 세월은 그저 의미 없이 흘러갈 뿐인 것 같아요. 그곳에서 광주로 오는 것이 어려우면 아예 힘 쓸 생각은 버리시기 바랍니다. 이곳에서 제가 춘천으로 갈 수 있는 노력을 해볼 것이니까요. 또 그리 어려운 일이 아니니까요. 걱정하지 말기 바랍니다.
1년만 기다리면 군 복무가 끝나는군요. 군에 계시는 동안 근무도 철저히 하시고 공부도 부지런히 하셨으면 합니다. 우리의 계획대로 병원에 들어가시고 5년 후엔 전문의가 되고. 노력하면 뭐든 되는 거니까 기대를 하겠습니다.
오직 내일을 위해 힘차게 달려갑시다.
건강하세요.

1977년 3월 29일 당신의 아내 드림.

선미 글.
1977년 4월 9일

별일 없이 하루 잘 보냈는지요.
편지도 잘 받았구요?
어제는 학교에서 조금 일찍 나와 사평초등학교에 갔습니다. 여러 선생님이 어찌나 반가워하시는지 정말 친정에 온 기분이 들었습니다. 이선생님을 만났습니다. 참 많이 마르셨더군요. 곧바로 광주 집으로 가서 아기도 봤어요. 예쁜 옥동자더군요. 부러워 혼났어요. 널따란 집에 사랑하는 낭군도 계시고 예쁜 아기도 있으니 세상에 가장 행복한 여인처럼 보였답니다.

사랑하는 당신!
삭막한 이 세계에서 오직 당신이라는 거대한 존재만이 저를 구원해 주는 분이십니다. 당신도 잘 알고 있으시죠? 당신의 편지를 읽노라면 온갖 시름도 잡념도 사라지고 행복감에 도취되는 거예요. 그러니 여보, 편지 자주 해 주세요.

이곳의 꽃소식 좀 알려 드릴게요.
아침마다 출근길이 남광주까지 된답니다. 어제는 경수와 같이 무심코 얘기 나누다가 조대병원 쪽 동산을 바라보는데 아! 글쎄 몇 그루의 벚꽃들이 활짝 피어 있더군요. 참 세월이 빠름을 느꼈어요. 난 줄곧 추워 몸만 움츠리고 다닐 줄 알았는데, 벌써 벚꽃이 필 것이라고는 생각지도 못한 채 지냈어요. 공원에는 사람의 물결로 장사진을 이뤘어요. 멀리 진해 군항제 소식도 들리고.
아름다운 봄의 축제가 화려하게 열리지만, 나에게는 멀고 먼 봄이라 여겨집니다. 당신이 없는 봄은 왠지 텅 빈 세상과 다르지

381

않네요.

내년쯤이면 우리도 군항제에 갈 수 있겠군요. 동학년에서 날마다 가자고 난리예요. 또 내가 친목회를 담당하는 데다가 안 갈 수도 없고. 여보 어쩌면 좋을까요.
당신과 내가 좋아하는 봄, 생명의 환희 속에서 당신과 데이트 하는 날을 상상하면서 당신을 기다립니다. 언젠가는 군항제, 화려한 축제 속에서 벚꽃 터널을 다정히 걸어가는 날 기다리겠습니다.

     안녕. 1977년 4월 9일 당신의 선미 드림.

선미 글.
1977년 4월 9일

사랑하는 당신께.
어제는 오랜만에 은숙이와 영화감상을 했습니다. 제목은 '내 모든 것을 다 주어도'라는 아주 슬픈 영화였어요. 사랑하는 두 부부가 낯선 타향에서 펼쳐나가는 온갖 고생과 난관을 물리치면서도 두 사람의 입가엔 항상 웃음이 떠날 길 없이 행복한 생활을 하던 중, 세월이 흘러 '6남매를 가지게 되었는데, 이 집안에 커다란 불행이 찾아와 아빠가 디프테리아 병으로 죽자 곧이어 엄마마저 병으로 앓더니 결국은 죽고 맙니다. 12살의 장남이 동생 다섯을 각자 다른 집으로 양자로 보내는 슬픈 줄거리.
눈물이 나오고 슬퍼서 관객들은 거의 매혹되고 말았어요. 나도 예외는 아니었지요. 그렇지않아도 서글픈 환경 속에 처한 나 자신인지라 더욱 공감되더군요.

오늘은 날씨가 유난스레 기승을 부리는군요. 노처녀의 히스테리처럼. 아니 과부 아닌 과부들의 변덕스러운 기분처럼 바람이 불다가 멈추다가 흐렸다가 개었다가 하는군요.

> 생활이 그대를 속일지라도
> 슬퍼하거나 노하지 말라
> 슬픔의 날을 참고 견디면
> 언젠가는 행복의 날이 오리니
> 현재는 언제나 슬픈 것
> 마음은 미래에 사는 것
> 생활이 그대를 속일지라도

슬퍼하거나 노하지 말라.

노하지 않으려고 안간힘을 씁니다. 웃으면서 생활하려고 무던히 애를 씁니다. 그러나 수양이 부족한 나, 참지 못하고 폭발하는 곳은 아이들밖에 없는 것 같습니다. 날이 갈수록 아이들이 두려워집니다. 자칫하면 건방지다 못해 버릇마저 나쁘게 들어버릴까 걱정이 많아집니다.

예전에 생각했던 귀엽고 순수한 마음까지 의문이 들 정도로 아이들을 가르치고 이끈다는 이 직업이 무겁게 느껴집니다. 좀 더 근엄하고 두려워하는 교사가 되어야겠다고 다짐합니다. 마음을 더 넓게 가지며 불우한 아이들을 좀 더 다독이고 관심을 기울여야 할 것 같습니다.

선미글 112..
1977년 4월 9일

사랑하는 당신!
꼭 당신을 닮은 착하고 귀여운 아이를 가지도록 노력하겠습니다. 마음을 바르게, 행동은 점잖게 가져야겠습니다. 일요일엔 가지 못했어요. 다다음 주일로 연기했습니다. 당신께서 저를 그렇게 생각해 주신 점 정말 고맙게 생각합니다. 저도 언제까지 당신을 위해 내 온정성 다 바치겠어요.
당신과 오붓이 살날을 기다리면서 그럼 이만 안녕.

1977년 4월 18일 당신의 사랑 선미 드림

선미 글.
1977년 4월 21일

그리운 당신께. 연거푸 보내주신 정다운 편지 너무나 반가웠습니다. 이렇게 즐거운 날만 이어진다면 참 좋겠습니다. 감사드립니다. 바쁘신 군무에 시달리면서도 공부를 열심히 하신다니 그 무엇보다 반갑고 기뻤습니다.
사랑하는 사람! 날씨가 예전처럼 다시 포근해졌지요?
일요일의 가족 소풍 놀이는 5월 첫 주로 연기되었기 때문에 가지 않았어요. 25일 월요일 이사하는 날이예요. 하필이면 월요일이라지만 그 집 주인의 사정 때문에 그렇게 되었다는군요. 이달부터 재형저축 3년짜리 월부금 15,000으로 3년 후에 찾게 되는데 789,100원이더군요.
1년 적금을 넣으려고 하다가 별 이익도 없고 재형 적금인 2년 최 단기를 넣으려고 했지마 만약 주택 자금 융자를 받을시 2년짜리는 해당이 없다길래 3년짜리로 넣었습니다. 5월부터는 굉장히 쪼들릴 것 같습니다.
매달 15,000원씩 하숙비 드려야 되고 또 선풍기, 믹서, 전기밥솥 등을 월부로 준비하려는데 되려는지 모르겠군요.
면세품을 사게 힘 좀 쓰면 안 될까요. 내년이면 당신과의 첫 살림이 시작되는데 미리부터 필요한 물건을 준비해야겠어요. 또 카메라 냉장고 세탁기 피아노 등도 준비해야 하는데 욕심은 많고 돈은 없으니 참 한심합니다.
5월부터 학교에서 밴드부를 지도하라는데, 힘드는 일이라 부담이 큽니다. 결정하시면 곧 전화해 주세요.

그럼 안녕. 1977년 4월 21일 당신의 사랑 선미 올림.

선미 글.
1977년 5월 8일

사랑하는 당신!
무척이나 반가워 어쩔 줄 몰라 하는 나 자신이 여전히 연애하는 기분입니다. 당신의 목소리를 떠올리며 황홀함에 휩싸인 순간이었습니다.

종일 집을 지키면서 당신께 전화를 하려고 하다가 드릴 말씀이 없어 못 했어요. 정말 할 말은 많은데 금방 손 닿을 곳에 다이얼만 돌리면 그리운 당신의 음성을 들을 수 있는 곳에 계시니 이제 외로움도 많이 위안이 될 것 같습니다.
낮에 명대씨 다녀갔어요.
또 선보러 오셨는데 그 아가씨 마음에 안 든다고 계속 투덜거리셔요.
아무튼, 재미있는 분이세요.
언제 원주 놀러간다고 그러더군요.
이번 주에는 꼭 오시는 거죠?
정말 약속 지켜주시기 바랍니다.

오늘은 어버이날이라서 어머님께 약간의 돈(5000원)을 넣어 드렸습니다. 기뻐하시더군요. 당신께서도 오셔서 어머님을 위로해 드렸다면 더 좋았을 것인데, 다음 주에 꼭 온다고 말씀드렸어요.
사진 어때요?
최근의 내 모습.
전번 소풍 다녀와 학교에서 찍은 거예요.
하루에 한 번씩 아니라도 좋으니 생각나시면 자주 봐 주세요.

학교에서 선생님(교감 선생님)들 당신을 한번 보고 싶대요.
그래서 장담했어요.
언제 휴가 오면 한자리에 모여 보자고요.
우리 5과 선생님들만요. 놀라지 마시고.
당신의 그 멋있는 모습 자랑하고 싶어요.

지금 mbc 권투하는 시간, 당신도 열심히 감상하고 있겠군요.
몇 밤만 지나면 당신 뵈올 수 있겠군요. 기쁜 이 마음을 어떻게 달래야 할까요.
몸 조심하시고 편안한 여행에서 오시실 기다리겠습니다.

1977년 5월 8일 당신의 선미 드림.

선미 글
1977년 9월 4일

사랑하는 님께.
아쉬운 작별을 한 뒤 보름이 지났군요. 짐을 옮기신 후 불편한 점이 많다고 하시니 걱정이 되는군요. 건강하신지요.
모든 게 궁금하고 걱정이 되어서 당장이라도 달려가 당신 뒷바라지하면서 우리들의 아기를 낳아 기르고 싶지만 괴롭군요.
자세히 보니 동궁여인숙을 쓰지 않았더군요. 깊이 사과드립니다. 낙이 없이, 아무런 의미 없는 삶이라 망각했나 봅니다.
거기다 학교에서도 일이 좀 있었습니다.
아무튼, 나의 이 마음도 몰라주시는 당신께 이런 말씀 드려보았자 아무 필요 없지만 그래도 하소연할 곳은 당신밖에 없어요. 공부에 열중하신다니 반갑습니다.
불편한 점 많으시겠지만, 당신과 나 그리고 곧 태어날 우리 아기를 위해서는 잡념 없이 오직 공부에만 전념하시기 바랍니다.
저의 건강은 괜찮은 편이예요. 요즈음은 부기가 있어 걱정은 되지만 별일 없을 거예요. 그래서 예정일 27일보다 며칠 앞당겨 한 20일쯤 해서 쉬려고 합니다.
여보! 보고 싶군요. 당신 곁에 있으면 불안한 이 마음도 가라앉아 불안한 일이 설령 생기더라도 모든 것을 맡기고 저는 그저 따르기만 하면 될테니. 이 지구상에서 나의 걱정과 근심이 범접하지 못하는 유일한 장소가 바로 당신이 있는 곳이예요. 그런데 지금의 나는 너무 초라하군요.
아기 낳을 곳이 마땅찮아(은정이 엄마는 수 놓으시느라고 못해 주시고, 또 이번에 이혼소송을 하셨대요. 자세한 것은 차후에 말씀드리기로 할게요. 그리고 어머니 집에는 진석이 엄마가 예정일 8월 중순경이었는데 아직껏 아무 소식이 없어

까딱하면 저하고 쌍나팔 불게 생겼다고 신경을 쓰고 계시네요.)
그래서 이곳도 안되고 저곳으로 못가는 제 처지가 마치 거리의
천사처럼 되버렸어요. 친정집은 항상 바쁘셔서 갈 엄두조차 낼
수도 없고, 언니 집은 사돈이 상을 당해서 더더욱 갈 수도 없는
형편에 놓였으니.

그래서 할 수 없이 당신 계신 곳으로 가려고 타진했던 거예요.
아기 낳고 수발해 줄 사람은 그곳에서 한 10일 정도 사람을
구해서 쓰면 되겠거니 하고. 그런데 그곳으로 간다는 나의
말에 일언지하에 묵살해 버리는 당신의 말씀을 듣고 얼마나
서러웠는지 몰라요.

그 뒤 어머님께서도 내가 원주에 가서 아기 낳으려고 생각
했었다는 말을 전해 들으시고 펄쩍 뛰셨어요. 은정이 엄마한테
들으시고 그럴 수 없다고 집에서 낳으라고 일렀다고 하는군요.
그래서 어머님께 가기로 했어요. 왜 이리 사는 것이 서럽고
고달픈지 모르겠어요. 당장 그곳으로 가고 싶어요. 학교도 모든
게 마땅찮아요. 또 푸념을 늘어놓아 미안합니다.

계속 좋지 않은 소리만 지껄여대니 지겨울 테죠. 하지만 당신은
나의 남편이십니다. 남편에게 이런저런 고충을 토로하지
않으면 남의 눈에는 집안 창피를 하는 꼴이 될 수도 있어
극도로 조심하다 보니, 속 시원히 하소연할 곳은 유일하게
당신뿐이네요. 여자의 고통, 며느리의 처지, 엄마가 되는 과정이
그리 녹록지 않음을 남성인 당신도 참고하실 필요가 있어요.

여보! 어서 만나고 싶군요. 난 당신 곁에 있을 때가 제일
행복해요. 안녕 다음에 또 소식 전해 드리겠습니다.

     1977년 9월 4일 당신의 아내 드림.

선미 글.
1977년 9월 19일

여보!
어쩌면 이런 일도 생기는군요. 당신의 아내가 세상에서 가장 귀한 낭군님의 생신을 잊어버리고 아무런 준비도 못해 드렸으니. 죽어 마땅한 죄인이 되었어요.
생활이 암흑 같으니 머리 회전도 정지되고 아무 대책 없이 하루하루 살아간 탓인 것 같아요. 캄캄한 밤중에 호롱불도 없이 산길을 가는 것처럼 너무나 막막하고 힘겨운 나날입니다.
저의 세상만이 유일하게 불꺼진 암흑 천지가 되어버렸으니.
당신의 편지를 읽고 나서야 당신 역시 혼자서 외롭게 지내셨다는 말씀에 눈물이 나왔습니다.
사랑하는 당신,
내가 가장 존경하고 아끼는 당신. 귀한 당신께서 불편한 생활을 하신다고 생각하면 정말 가슴이 아픕니다. 거기다 일 년에 한 번밖에 없는 소중한 생일을 아무도 축하해 주지 않고 쓸쓸히 지내셨다니 저의 불찰이 원망스러울 따름입니다. 그러나 안타까움을 잊기 위해서라도 뒤늦게나마 크게 축하드리겠어요. 위로가 좀 되었으면 좋겠네요.
어제는 병원에 다녀왔습니다.
계속 부기가 있고 몸을 주체하지 못할 정도로 피곤해서 무슨 병이라도 걸린 것 같아 불안했어요.
굳게 마음먹고 혼자서 명성 산부인과로 갔었어요. 부기가 있다니까, 곧바로 임신중독 증세라고 진단을 내리더군요. 아기의 위치를 확인하고 심장의 맥박 소리를 들어보았어요. 정상이라고 할 때 정말 안심이 되고 기뻤답니다. 만약에 고혈압이기도 하면 내일 아침 소변을 받아 다시 병원에 가야 했지만, 다행히 정상이었어요. 절대 안정하고 쉬라는 권고를 몇 번이나 하더군요.

쉬라는 그것처럼 걱정스러운 것이 어디 있겠어요. 쉴 수 없는 이 형편에. 학교를 빨리 쉬기는 해야겠는데 강사 때문에 걱정이예요. 은숙이가 전에는 해 준다고 하더니만, 요즈음에는 마음이 변했는지 어렵다고 그래요. 피아노 연습 때문에 그러는 줄은 알지만, 살짝 서운하더군요. 은숙이 엄마는 아마도 돈(강사비 30,000원)이 적어서 그럴 것이라고 하면서 봉급을 반씩 나누자고 하면서 은숙이한테 다시 부탁해 보라고 했어요. 생각해 볼 필요는 있지만

아무튼, 복잡하고 또 복잡한 것이 사람의 마음인 것 같았어요. 모든 것이 내 마음대로 쉬이 풀리지 않고 자꾸 꼬이고 그러다보니 혼자서 감당하는 이 삶이 다소 지겨워집니다. 이 권태로운 일상에서 벗어날 길은 당신이 빨리 내곁에 계시는 것뿐이예요. 목을 늘어뜨리고 당신만 기다리고 있습니다.

이런 말씀은 드리고 싶지 않지만 가까운 친척은 냉정하고 계산적으로 정을 나눕니다. 진정한 정이 아닌 것 같아요. 어머님이야말로 제일 나를 생각해 주세요. 당신의 며느리, 당신 아들의 아내라는 사실을 잊지 않으시고 결정적일 때 의논 상대가 되고 문제를 해결해 주시는 어머님의 깊은 속내는 발뒤꿈치에도 못닿는 저의 좁은 소견머리랍니다. 더없이 고맙고 감사할 분입니다.

하루라도 빨리 이곳에서 나와 당신과 살고 싶어요. 공부를 열심히 하신다니 안심이 됩니다. 꼭 합격하시어 서울에서 함께 살면 좋겠어요.

선미 글.
1977년 9월 8일.

여보!
오늘은 무척 쌀쌀하군요. 가을이 성큼 다가왔어요.
이제 조금만 있으면 아기가 태어나겠군요.
태몽도 꾸었어요. 큰 호박 세 덩어리가 탐스러운 모양으로 집 마당에 열린 꿈이었어요. 그리고 홍시도 따 먹구요. 아, 어제저녁에는 또 당신을 꿈속에서 뵈었어요. 자주 꿈속에서 당신 나타나 날 위로해 주고 있었어요. 당신 꿈을 꾼 날은 행운이 늘 따랐어요. 어려운 일도 스르르 풀리기도 했구요. 그래서 꿈속에 당신을 만난 날은 좀 덜 외로워요. 당신이 나를 지켜주리라는 믿음이 더욱 강하게 받쳐주니까요. 비록 몸은 떨어져 있지만 언제나 나를 챙겨주는 당신이 있어서 든든하긴 하지만 그건 마음의 의지이고 남편의 손길이나 존재가 필요할 때는 너무나 서러운 현실이랍니다. 여자 혼자서 자식들을 키워낸 청상과부들의 인생을 공감하기도 하는 요즘이랍니다. 그러나 돌처럼 단단히 견뎌야 하겠지요.
참을 수 있을 때까지 한번 참아보렵니다.
참다가 참다가 정 참을 수 없으면 그땐 결정짓겠습니다. 내일을 위해 또 충분한 휴식을 취해야 될 것 같군요. 나의 사랑, 그대여 오늘도 안녕히.

　　　　　　　1977년 9월 8일 당신의 아내 드림.

ps. 생일 선물은 차후에 꼭 잊지 않고 해 드리겠어요.

선미 글.
1977년 9월 9일.

그리운 당신께.
반가운 소식 전할게요.
진석이 엄마가 딸을 낳으셨대요. 어제(8일) 집에서 산파가 와서 낳았다네요. 아기가 커서 고생을 많이 했다는군요. 그래도 참 장하지 뭐예요. '둘만 낳아 잘 기르자'는 국가시책에 딱 맞게 했으니 애국자가 틀림없는 진석이 엄마예요. 아들, 딸 하나씩을 고루 두었으니 복이 많은 편인 것 같아요.
나의 예정 일자도 꼬박꼬박 다가오는군요.
꿈속에서 진석이 엄마는 딸을 낳았고, 난 아들을 낳았다고 일전에 말씀드렸지요.
50%는 맞아떨어졌는데, 나머지 50%가 맞느냐 맞지 않느냐만 남았어요. 아무려면 어떨까 싶어도 그래도 사내 녀석이면 더 좋을 것 같군요. 어머님도 은근히 기다리시는 눈치셔요.
근데 여보.
오실 때 돈 가져오신다고 했는데 지금 계산을 해보고 계획을 세워보니까. 이 편지를 받는 즉시 돈을 부쳐주셨으면 합니다. 그래야 더 원활하게 움직일 수 있을 것 같습니다. 가능하면 집으로 부쳐주세요. 기다리겠어요.
제가 전화하면 즉시 오실 수 있는지요. 가능하다면 휴가를 많이 내어서 오기 바랍니다.
부탁입니다. 그럼 안녕.

　　　　　1977년 9월 9일 금여일 밤에, 당신의 아내 드림.

선미 글
1977년 9월 16일

사랑하는 당신께.
금방 당신께서 보내주신 편지와 돈을 반갑게 받았습니다. 월요일부터 쉬고 화요일은 학교에 나가 사정 이야기를 하고 휴직계를 제출했습니다. 14일부터 자체 강사를 대체해 놓고 편안한 마음으로 집에서 쉬고 있답니다.
병원에 갔습니다. 학교에 제출할 진단서를 끊기 위해 명성으로 갔었어요. 피검사도 해보고 혈압도 재보고, 아기 위치 등등. 여러 가지 검사를 했는데 모두 극히 정상이래요. 저혈압이라고 하는데 그것도 크게 걱정할 정도는 아니라서 원기를 돋우고 영양 섭취를 충분히 하라는 권고 정도였어요.
진단서가 필요하다고 했더니 이렇게 정상적인 수치가 나오는 환자에게는 임신중독증 진단서를 발급할 수 없다는군요. 의료법에 저촉된다고 했어요. 당신께 걱정을 끼쳐 드려 미안하군요. 저번에는 학교업무에 지나치게 시달리고 과로를 한 탓이었는지 갑자기 혈압도 오르고 혈액 순환계통이 이상이 있어 부종이 뒤따른 모양입니다. 지금도 약간씩 붓기는 걱정하지 않아도 될 정도라고 하니. 다행인지 불행인지. 진단서를 제출해야 서류처리가 통과되는데 회복 조짐이 보이니 출근안할 수가 없는 형편입니다. 걱정이 태산입니다. 거짓말한 것도 아닌데 꾀병 환차처럼 오해받기 딱 좋게 되었어요.

이맘때 학교는 각종 행사로 말할 수 없이 바쁜 시기예요. 복직하더라도 조금 무리하면 다시 발병할 수 있고, 그렇게 되면 다시 휴직해야 될 터인데, 근무와 휴직을 번복할 수도 없는 노릇이니 참으로 진퇴양난이군요.

대 운동회 연습 때문에 선생님들 모두 아주 녹초가 될 정도인가 봐요. 이렇게 편히 쉬고 있는 제가 미안하긴 하지만, 저의 건강도 중요하고 지영이를 돌보는 이는 역시 엄마인 나 말고는 최선책이 없으니, 좋은 해결 방안을 찾느라 머리가 터질 지경입니다.

박대위 내외분께도 은혜를 보답해야겠는데. 박대위와 당신, 두 분이 나란히 합격하시어 서울에서 살면 얼마나 좋을까요. 참 70,000이나 보내 주셨더군요. 당신도 돈 쓸 곳이 많을 텐데 너무 감사합니다. 아직도 연탄을 때시는지, 아니면.
모든 것이 궁금하군요. 귀찮다고 혹시 끼니를 빠뜨리거나 하는 일은 없도록 하세요. 영양 섭취에도 만전을 다하시고, 충분한 휴식과 함께 여유롭게 당신만의 시간도 가지기를 바랍니다.
하루, 하루 다가오는군요. 당신만 곁에 계시면 무서움도 아픈 것도 두렵지 않아요. 아플 일도 생길 리 만무하고. 사랑하는 당신 닮은 아기가 태어났으면 좋겠어요. 오실 때 차편이 좀 복잡하겠군요. 또 소식 띄우겠어요. 안녕히 계세요.

                1977년 9월 16일 당신의 선미 드림.

선미 글
1977년 10월 6일

아빠!
당신의 귀여운 공주가 지금 막 잠에서 깨어나 힘을 꽁꽁 쓰며 울려고 하고 있어요. 배가 고픈지 입놀림을 많이 해서 빨리 쓰고 젖을 줘야겠어요. 너무나 사랑스럽고 비교할 수 없이 예쁜 우리 아기예요. 천사처럼 착하고 맑고 투명한 어린 영혼이 눈동자를 통해 다 드러나고 있어요. 세상에 둘도 없는 보석 같아요.
당신이 가신 다음 날 배꼽이 떨어졌어요. 그 자리에 진물이 나길래 소독을 자주 해 주고 있어요. 저녁에도 잠을 잘 자요. 성가시게 하지 않고, 배가 고플 때와 쌌을 때를 제외하고는 순둥순둥 잘 먹고 놀아요.
어제는 학교에서 두 여선생이 왔어요. 우리 아기가 너무 예쁘다나요. 그리고 아주 똑똑하겠대요. 누굴 닮았냐고 하니까 당신을 닮았대요. 그리고 보니 입술(매력 포인트)만 빼놓고 당신을 온통 다 닮았어요. 사랑하는 당신과 나의 공주. 이 귀여운 모습을 보고 있노라면 세상 근심은 모두 달아나 버려요. 천국의 평화, 지상의 고요, 천상의 밝음, 세상의 모든 순수한 것들이 우리 아이를 통해 발산되고 있어요. 신비로운 생명의 질서를 아주 가까이서 바라보는 제 심정이 어떤지 아시나요. 바로 생명에 대한 경외심이에요.
우리들 어머니께서도 우리를 낳았을 때 이렇게 감동하셨겠구나, 여깁니다. 엄마가 되는 고통과 불안과 두려움을 뛰어넘어 헌신적인 사랑으로 아이를 길러내는 모성애, 그 살신성인의 정신에 가까운 희생정신에 깊이 고개를 숙입니다. 남자들은 결코 경험할 수 없는 여자들만의 세계, 세상의 모든 여자가 걸어가는 길을 저도 이제 걸어가고 있습니다.

어제는 약국에서 캄비숀 눈 연고를 사다가 조금씩 발라주고 있어요.

땀띠가 많이 나서 약사한테 문의 했더니 너무 따뜻하게 키우지 말라는 처방을 내려 주더군요. 겉이불을 덮어주지 않았더니 점차 가라앉았어요. 실내 온도 25~27도로 유지했더니 처음엔 딸국질을 하더니만 지금은 적응이 되었는지 편안하게 잘 놀고 잘 자기도 해요. 우리 지영이 태어난 뒤부터 모든 일이 만사형통인 것 같아요. 외롭고 고달팠던 지난날은 어디로 가버렸는지 기쁨과 설레임 속에서 하루하루를 꿈같이 지내고 있어요. 보배로운 우리 지영이를 위해 당신이 보내주시는 생활비 및 계금도 넉넉해서 생활의 실제적인 여유를 누리고 있어요. 안정감 속에서 살아본 지가 언제였는지. 제 건강 상태며 기분이 한층 좋아지는 바람에 지영이에게 혜택이 많이 가요. 건전하고 밝고 긍정적인 인성으로 성장하는 지영이를 보고 싶어요. 할 말이 많지만, 지영이가 꼬물꼬물 뭔가를 요구하는 것 같아 그만 쓰겠어요. 안녕.

당신을 사랑하는 아내로부터
1977년 10월 6일

ps. 시간이 허락되면 언제라도 오세요.
    참 그날 무사히 도착하셨는지요.
    건강하시고 공부 열심히 하시기 바랍니다.

선미 글
1977년 10월 15일

그리운 당신께.
어제 김중위님으로부터 전화 연락받았습니다. 아직은 교장, 교감 댁을 방문하지 못해 계획대로 보름 정도를 연장해서 휴가를 더 얻게 될지는 의문이지만 이 결정을 떠나서 당신이 오셨으면 합니다.
참, 먼저 안부를 물어야 하는데, 별고 없으시죠.
지금은 12시. 지영이는 초저녁부터 밤까지는 아주 잘 자요.
자정을 넘긴 이후부터 새벽 5시까지 한숨을 자지 않아요.
아마 뱃속에 있을 때 이 시간쯤에 내가 잠을 못 잤거나, 당신 생각에 편지를 쓰는 시간이 길어져서 뱃속에서 나의 습관을 물려받은 것이 아닌가 할 정도예요. 그렇다면 제가 잘못해서 그런 것이니, 감내해야 하겠지요. 며칠 전에는 감기에 걸려 권소아과에 갔었어요. 그리 심한 것은 아닌지 약만 지어 주더군요. 지금은 괜찮아요. 많이 나아졌어요. 성장 속도도 눈에 띄게 표가 나요. 아주 똘망똘망한 것이 여간 영특하지 않아요.
야무지고 예쁘고. 고마워요. 당신의 아주 우수한 두뇌와 신체 조건을 이어받은 아이를 갖게 해주어서.
아기를 가지면서부터 세 가지를 수칙으로 여기고 태교를 했어요.
첫째 건강해야 한다. 둘째 영리해야 한다. 셋째 예쁘고 단아해야 한다. 이 세 가지를 모두 지영이가 듣고 따라 했나봐요. 어린 것이 마치 무엇을 아는 듯이 나랑 눈도 맞추고 정서를 교감하고 느끼는 것 같아요. 때로는 저를 위안해 주려는 듯 손을 움직이고 표정을 짓기도 한답니다.
호호. 제가 너무 착각하는 건가요. 글쎄, 커봐야겠지요.
당신도 참 무심하세요. 아기가 보고 싶지도 않으세요. 그리고 저도 그렇고요. 편지 좀 하시지 않고서. 지영이랑 있을수록 당신이 더욱 보고 싶은 이 마음을 아시는지요.

빨리 시간이 갔으면 좋겠어요. 우리 식구 다 모여서 깨가 쏟아지게, 한 번 멋지게, 재미있게 살아보면 얼마나 좋을까요. 22일에 꼭 오세요. 만약 그때 못 오시게 되면 오시지 마세요. 그다음 토요일 29일에 오신다면 어중간해서 곤란하니까요. 제가 가지도 못하고, 있을 수도 없는 상황이 벌어질 것 같아서. 그러니까 꼭 22일에 오세요.
22일에 오시면 내가 어떤 수단을 써서라도 원주에 갈테니까요. 기다리겠어요. 그리고 당신 월급 타신 돈 꼭꼭 아껴 두세요. 그래야 20일가량 우리 세 식구 살림을 할 수 있으니까요. 저번에 말씀드렸듯이 전 돈이 없어서 당신 도움이 많이 필요해요. 그러니 염두에 잘 두시기 바랍니다.

아기가 설사를 했어요. 남양분유를 먹이다가 다 떨어져서 서울분유를 먹였더니 설사를 하지 뭐예요. 얼마나 걱정을 했던지, 부랴부랴 남양분유를 다시 사서 기응환과 같이 먹였더니 마른 변을 보기 시작하는군요. 겨우 한시름 놓아요. 지영이 몸에 조그마한 탈이 생겨도 왕초보 엄마인 저는 깜짝깜짝 놀란답니다. 쩔쩔매기도 하고 어떤 때는 무섭고 두렵기까지 할 때도 있어요. 의사 선생님이신 당신이 우리 곁에 있게 되면 이런 걱정 전혀 안 해도 될 텐데 말이죠. 당신 몸 건강하시고 조심히 오시기 바랍니다.

　　　　　1977년 10월 15일 당신의 아내 드림.

선미 글
1977년 10월 17일

사랑하는 아빠께.
힘 빠질 일이 생겼어요. 학교에서 연락이 왔는데 10월 26일부터 나오라고 하는군요. 어떡하죠, 싫은 지영이를 두고 학교에 가려니 정말 기가 막히네요. 당신과의 약속, 재미있을 원주의 생활, 귀여운 우리 공주와 하루라도 더 행복하고 달콤한 시간 가지고 싶어요. 하루라도 내 손길, 내 품 안에서 지영이를 돌보고 싶어요. 아이의 모든 것을 내가 보살피고 먹이고 재우고 안고 달래면서 고이고이 길러내고 싶었는데 현실은 도무지 내 편이 아니군요. 가혹한 세월입니다.
천사처럼 자는 우리 지영이. 너무너무 예뻐 꼭 껴안아 주고 볼에 뽀뽀를 실컷 해 주고 싶지만 고운 꿈 방해될까 봐 그윽하게 쳐다만 보는 것으로 만족합니다. 세상에서 가장 귀하신 당신. 그리고 우리 지영이. 정말 그 무엇과도 바꿀 수 없는 귀한 내 사람들.

여보! 당신 어떡하실래요. 할 수 없이 학교에는 일찍 나가야 할 것 같은데. 난 자신이 없군요. 잘 생각하셔서 내려오시기 바랍니다. 내 마음 같아서는 이번에도 오시고, 다음에도 오시고, 틈날 때마다 자주 오셔서 우리 지영이가 아빠의 부재를 전혀 느끼지 않고 성장하는 환경을 제공했으면 합니다. 어디까지나 나의 꿈, 나의 기대. 당신 편하신 데로 결정하세요. 그런데 당신께 도 면목 없지만, 부탁이 있어요. 여유 없으실 테지만 10,000원만 부쳐주세요. 월급은 탔지만, 이것저것 다 제하고 나니 아기 우윳값이랑 제 용돈(교통비)이 없군요. 그렇다고 빚을 낼 수도 없으니 좀 도와주시면 고맙겠어요.

당신이 이번 주에 오시면 갖다 주시고, 만약 못 오시면 부쳐주시기 바랍니다.

오늘 은정이 엄마가 오셔서 장동으로 오라고 하더군요. 아가 봐 준다고. 고맙더군요. 정말 내 속으로는 은정이 엄마가 아가 맡기는 데는 제일 안심되고 내 마음도 편하겠다고 여겼는데. 청을 들어주어 정말 감사해요. 그래서 25일은 다시 그곳으로 가 봐야 될 것 같아요. 당신 몸 건강하시고 우리 지영이와 내가 보고 싶으면 언제라도 오세요. 우린 늘 당신 편이고, 당신을 사랑하는 그 힘으로 지영이와의 사랑도 키워가고 있어요. 편히 주무세요. 이만 안녕.

        1977년 10월 17일 당신의 아내 드림.

선미 글
1977년 11월 23일

그리운 당신께.
진눈깨비가 내린 오늘은 아마 첫눈이 온 날이 될 것 같군요. 이 추운 날씨에 별고 없으신지요. 우린 별일 없답니다. 지영이는 며칠 전 감기 때문에 고생했어요. 요즈음은 괜찮은 것 같지만 언제 또 아프게 될지 엄마 된 심정으로 항상 불안하고 초조하답니다.
사람들이 커갈수록 몰라보게 예뻐지고 있다네요. 키도 크고 아주 튼튼해요. 보시면 놀라실 거예요. 일주일 전부터 물건이나 사람을 볼 때, 마치 무엇을 아는 것처럼 뚫어지게 쳐다본답니다. 옆에서 "지영아" 하고 부르면 옆을 쳐다보고 또 저리가서 지영아 부르면 목을 돌려 소리나는 쪽을 쳐다봐요. 혼자 옹알이도 하고 내가 엄마인 줄 다 아는 듯 익숙한 표정으로 반겨줘요. 하루하루 달라지는 귀여운 우리 아기를 보고 있으면 정말 신기하고 대견스러워요. 당신께서도 많이 보고 싶을 테죠. 미안해요, 나만 봐서.
방학이 다가오는군요.
빨리 방학이 오면 우리 세 식구 다 모여 재미있게 살았으면 좋겠어요.
방학 전에 가능하면 한 번 다녀가세요. 그래야만 방학이 되고 난 뒤 한 번 더 오실 여유가 있을 테니까. 건강에 유의하시고 하광하실 때까지 지영이 돌보며 간절히 기다리겠습니다. 안녕.

1977년 11월 23일 선미드림.